政治与法律评论　第十一辑

帝国与地缘政治

主编　孔　元

当代世界出版社

帝国与地缘政治

《政治与法律评论》第 11 辑

主办单位：北京大学国家法治战略研究院

主　　编：孔　元

编辑委员会：（按姓氏笔画排序）

于　明　华东政法大学法律学院
孔　元　中国社会科学院欧洲研究所
田　雷　华东师范大学法学院
刘　晗　清华大学法学院
陈　颀　中山大学法学院
邵六益　中央民族大学法学院
欧树军　中国人民大学政治学系
章永乐　北京大学法学院
赵晓力　清华大学法学院
强世功　北京大学法学院
魏磊杰　厦门大学法学院

助理编辑：王显宁

目　录

【主题文章】

帝国改革、宪法发展与神圣罗马帝国的"近代性"
　　　　/王银宏/ 3

托克维尔与"阿尔及利亚问题"
　　　　/林国荣/ 35

洛克的正义战争学说与奴隶制问题
　　　　/石烁/ 72

"自然贵族"与购买路易斯安那问题
　　　　/任鑫/ 102

纳粹德国的世界秩序
　　　　/汪乾/ 158

【麦金德论地理和地缘政治】

人力作为衡量民族国家和帝国力量的标准
　　　　/ [英] 哈尔福德·麦金德　著　刘文娟　译/ 185

地理学与历史学
　　　　/ [英] 哈尔福德·麦金德　著　刘文娟　译/ 194

人类的栖息地
　　　　/ [英] 哈尔福德·麦金德　著　吴彤　译/ 196

作为技艺和哲学的地理学
　　　／［英］哈尔福德·麦金德　著　余先发　译／214
地理学的发展
　　　／［英］哈尔福德·麦金德等　著　余先发　译／226

【评论】
例外论
　　　／［美］丹尼尔·T. 罗杰斯　著　石烁　译／241
美国例外论再思考
　　　／［美］丹尼尔·T. 罗杰斯　著　石烁　译／270

【论文】
国家形成、国家想象与国家实践
　　——国家人类学研究的理论变迁
　　　／黄锦辉／297

主题文章

帝国改革、宪法发展与神圣罗马帝国的"近代性"

王银宏[*]

摘要：为解决帝国存在的诸多问题，自1495年起，神圣罗马帝国试图通过"帝国改革"来维持帝国内部的和平与秩序，同时也在一定程度上解决皇帝与帝国各阶层之间的权力秩序问题。"帝国改革"实质上是权力妥协的结果，基于"帝国改革"而产生的诸多被称为"帝国基本法"的宪法性文件体现出帝国统治的"契约性"，这使得帝国皇帝的统治契约化和帝国阶层的政治参与扩大化，促进了帝国权力的制度化和规范化发展。但是，由于神圣罗马帝国本身自始即存在的诸多制度性缺陷，并且帝国阶层和皇帝都低估了对方的实力，因而自1495年开始的"帝国改革"并未取得较多的预想成果。尽管如此，通过"帝国改革"，神圣罗马帝国在制度形式上具有了更多的"近代性"。

---

[*] 王银宏，法学博士，中国政法大学法律史学研究院副教授，博士生导师。本文系以《1495年"帝国改革"与神圣罗马帝国和平秩序建构之制度困境的反思》（载《比较法研究》2016年第4期）和《"帝国基本法"与统治的契约化——契约观念下神圣罗马帝国的"帝国改革"（1500-1521）》（载《史学月刊》2017年第10期）增删修改而成。

关键词： 神圣罗马帝国　帝国改革　统治契约　帝国基本法

神圣罗马帝国在 15 至 16 世纪进行的"帝国改革"（Reichsreform）在德意志法律史上具有重要的地位和意义。海因茨·杜赫哈特（Heinz Duchhardt）教授将 1495 年称为神圣罗马帝国制度发展的"转折点"。自 1495 年起，神圣罗马帝国皇帝马克西米利安一世（Maximilian I.）或主动或被动地通过沃尔姆斯帝国议会（Wormser Reichstag）采取多项措施来进行"帝国改革"，意图解决帝国当时面临的一些问题。1500-1521 年的"帝国改革"是 1495 年"帝国改革"的继续。"帝国改革"集中反映了帝国皇帝与帝国各阶层之间的博弈和妥协，奠定了神圣罗马帝国此后宪法政治制度化发展的基础。本文依据相关原始文献，试将"帝国改革"作为神圣罗马帝国"宪法"发展和"契约化统治"的一个阶段来进行论述，以明晰这一历史时期的"帝国改革"及其法律和政治意义，进而明确神圣罗马帝国的"宪法"发展及其宪法政治之基础。[1] 本文所述的"统治契约"主要聚焦于神圣罗马帝国的世俗权力的两个主要方面——作为神圣罗马帝国统治者的皇帝与作为地方领地统治者的选侯（诸侯）之间的"权力契约化"。因而，本文所谓的"统治契约"主要是指"国家权力"意义上的"契约"，亦即帝国世俗权力之间的契约化。这里的"契约"实际上既具有"公法"上契约的性质——作为帝国的制度性存在的皇帝与选侯之间的契约，也具有私法上契约的性质——作为个人的皇帝与选侯之间的契约。

---

[1] 关于"神圣罗马帝国"的称谓，一般认为，公元 962 年开始称"罗马帝国"，11 世纪开始称"神圣罗马帝国"，15 世纪末开始称为"德意志民族的神圣罗马帝国"。据此，本文所述的时期属于"德意志民族的神圣罗马帝国"时期［赫尔穆特·诺伊豪斯（Helmut Neuhaus）认为，"德意志民族的神圣罗马帝国"的称号是在 1512 年正式采用］。为表述方便，本文一般称之为"神圣罗马帝国"或者"帝国"。此外，根据 1356 年《金玺诏书》的规定，神圣罗马帝国的七位选侯者中，有三位教会选侯，即美因茨大主教、特里尔大主教和科隆大主教，他们有着自己的统治领地，并且也在自己的领地范围内行使着世俗权力。限于主题，本文不明确区分世俗选侯和教会选侯。

一、"帝国改革"的意涵

在一般意义上,"改革"一词蕴涵了"革新"和"进步"之意,这一时期的德意志民族的神圣罗马帝国的"帝国改革"也可以作如是理解。"帝国改革"这一概念在德语学术界有着较为明确的涵义,通常是指神圣罗马帝国在15世纪和16世纪进行的使帝国适应近代国家发展要求的尝试,其目的是希望通过改革使帝国能有效地协调各领地诸侯之间的关系,从而实现维护帝国内部和平与外部安全的目的。"帝国改革"不仅展现出帝国各等级追求和平与更好的法律秩序的目的,同时也反映出皇帝与帝国阶层(Reichsstände)之间的政治斗争,而这在更高的层面上涉及帝国的"统一"和存续问题。[2] 应当指出的是,神圣罗马帝国在15世纪和16世纪所进行的"帝国改革"在很多政治文献中也被称为"宪法运动"(Verfassungsbewegung),此时的"宪法运动"和"帝国改革"并不是要创造新的"宪法形式",其目的毋宁是恢复和重建古代的"良善"秩序。[3] 实际上,对这种"良善"秩序的追求在最低限度上就是对帝国内部和平与外部安全的追求,而实现这种秩序的现实基础则是帝国阶层与皇帝的权力诉求及其权力妥协。

虽然"帝国改革"始于1495年,但是其时限范围并没有得到广泛地认同,多数学者将其限定为1495年至1521年(或者延至"第二帝国咨政院"结束),但是,此时"帝国改革"远未结束,也有少数学者将其下限延至1555年《奥格斯堡宗教和约》。如众者所知,1648年《威斯特伐利亚和约》才对帝国的相关问题,特别

---

[2] Heinz Angermeier, *Reichsreform und Reformation*, München: Stiftung Historisches Kolleg, 1983, S. 3.

[3] Vgl Karl-Friedrich Krieger, *König, Reich und Reichsreform im Spätmittelalter* (2. Aufl.), München: Oldenbourg, 2005, S. 49.

是帝国改革所涉及的诸多问题，做出根本性的规定。[4] 因此，本文选取学术界公认的属于"帝国改革"时限范围内的 1495 年至 1521 年的"帝国改革"作为论析的对象。在此期间，除 1495 年 8 月 7 日沃尔姆斯帝国议会通过的《永久和平条例》、《公共芬尼条例》和《帝国最高法院条例》之外，作为"帝国改革"成果的"基本性法律文件"还主要有：1500 年 7 月 2 日颁布的《帝国咨政院条例》（Regimentsordnung）、1519 年 7 月 3 日皇帝卡尔五世签署的《选举让步协议》以及 1521 年 5 月 26 日通过的新《帝国咨政院条例》等。值得一提的是，在 17 世纪之前，几乎所有神圣罗马帝国法律文件的开头都写道："我们受上帝庇佑的罗马人国王/皇帝（统治着……）"，这无疑宣示了帝国皇帝的权力及其在帝国的统治地位。由于神圣罗马帝国的"制度性缺陷"，"帝国改革"首先涉及帝国的执行权（行政权）问题，而这与皇帝的命令权和执行权之间存在着矛盾和冲突，因而"帝国改革"自始就存在于皇帝与诸侯的斗争和妥协之中。[5]

在 1495 年"帝国改革"之前，一些世俗和宗教人士即认识到帝国的基本法律制度、司法制度和财政制度等方面的缺陷，认为帝国皇帝没有能力阻止战争和维持和平。[6] 他们针对当时帝国制度存在的弊病提出了诸多改革建议和解决方案，而帝国实际上也进行了一些改革尝试，但成效不彰。[7] 到 15 世纪末，被称为"最后的

---

[4] Hans Boldt, *Deutsche Verfassungsgeschichte* (Band 1) (3. Aufl.), München: Dt. Taschenbuch-Verl, 1994, S. 255.

[5] Hans Boldt, *Deutsche Verfassungsgeschichte* (Band 1) (3. Aufl.), München: Dt. Taschenbuch-Verl, 1994, S. 254.

[6] Karl-Friedrich Krieger, *König, Reich und Reichsreform im Spätmittelalter* (2. Aufl.), München: Oldenbourg, 2005, S. 49-50.

[7] 详见王银宏：《1495 年"帝国改革"与神圣罗马帝国和平秩序建构之制度困境的反思》，载《比较法研究》2016 年第 4 期。

骑士"的马克西米利安一世当选为帝国皇帝之后[8]，帝国内部的和平与秩序问题愈发地突显出来，进行改革已是不得不为之事。马克西米利安一世的改革成果主要表现为1495年沃尔姆斯帝国议会上通过的具有重要意义的改革决议，即试图通过制度建设和法律保障来达到维持帝国内部的和平与秩序的目的。这不仅涉及帝国内部权力秩序的重构，还涉及皇帝的司法权力和帝国的司法机制问题，因为帝国司法机制的改革在15世纪上半叶就成为诸多人士呼吁帝国进行改革的重要方面。

二、1495年沃尔姆斯帝国议会与和平秩序的建构

1495年的沃尔姆斯帝国议会被看作是"帝国改革之基石"，皮特·沃尔夫特（Peter Wolfter）将此次帝国议会视为"帝国历史上最重要的国家事件"[9]。在1495年沃尔姆斯帝国议会上，帝国首席总理、美因茨大主教贝尔托德·冯·亨内贝格（Berthold von Henneberg）在推进改革方面发挥了比皇帝马克西米利安一世更为重要的作用。他被视为"改革派"的首领，也是帝国各阶层参与帝国政治的坚决的支持者。[10] 美因茨大主教的一些主张得到皇帝马克西米利安一世和出席帝国议会的帝国阶层的认可，帝国议会以此通过了一些具有深远意义的改革决议：一是颁布《永久和平条例》（Der Ewige Landfriede），武力自卫被无条件地禁止；二是颁布《公共芬尼条例》，在全帝国范围内征收一种普遍的、帝国各阶层都缴

---

[8] 准确地说，马克西米利安一世于1508年2月在特伦托大教堂宣布自己是"当选皇帝"之前，他仅是"德意志国王"，但为表述方便，文中一般称马克西米利安一世为"皇帝"。

[9] Peter Wolfter, *Geschichte der Veränderungen des deutschen Reichsstaates*, Zürich: Orell, Geßner, Füßli, 1789, S. 344.

[10] Dietmar Willoweit, *Deutsche Verfassungsgeschichte. Vom Frankenreich bis zur Wiedervereinigung Deutschlands* (6. Auflage), München: Beck, 2009, S. 101.

纳的帝国赋税——公共芬尼（Gemeiner Pfennig）；三是颁布《帝国最高法院条例》，设立帝国最高法院（Reichskammergericht），在一定程度上取代了皇帝及其王室的司法权力。这些改革决议旨在针对性地解决帝国的内部秩序问题、财政匮乏问题和司法机制问题，以实现帝国的和平与秩序。

（一）《永久和平条例》：达至帝国和平的法律基础

《永久和平条例》被看作是1495年沃尔姆斯帝国议会颁布的"最重要的法律"，是保障帝国和平的基础，也是"帝国改革"的基础。《永久和平条例》的目的，如其"序言"所述，是"保障、促进、维护神圣帝国和德意志民族的普遍和平"。《永久和平条例》共12条[11]，其中前11条主要是对该《永久和平条例》的地位、作用、效力以及违反后果的强调，而第12条则是对于《永久和平条例》之效力的限制性规定：不能依此条例而废除帝国现存的其他法律。依据《永久和平条例》，所有公开的武力自卫和武力性的私力救济在全帝国范围内被禁止和废除（第2条）。任何人都不得建议、帮助或者以其他方式实施犯罪，任何人无论其社会地位如何，都不得对他人发动战争或者使其遭受灾祸，受侵害者将受到帝国最高法院和帝国议会的救济和帮助（第1条、第6条）。若违反该条例，可由皇帝宣告违反者不受帝国法律的保护，也将失去其特权和其他权利，并要受到相关的刑罚（第3条、第5条、第10条）。违反教会的法律，与违反世俗的法律一样，要受到处罚（第8条）。任何人，无论其特权和地位如何，都不得藐视该条例，任何法律亦不能废除该条例，与此相对立的特权、习俗和结盟亦被禁止（第9条、第11条）。

《永久和平条例》成为帝国继续改革的基础，依此，武力自卫

---

[11] Karl Zeumer, *Quellensammlung zur Geschichte der Deutschen Reichsverfassung in Mittelalter und Neuzeit*, Tübingen: Verlag von J. C. B. Mohr (Paul Siebeck), 1913, S. 281-284.

和肆意的私力救济在全帝国的范围内被无条件地禁止,帝国内的冲突各方不能以武力来自行解决争端,而是由司法机构——帝国最高法院最终进行裁决,帝国最高法院亦需承担起维护《永久和平条例》实施的职责。帝国在"宪法"范围内确立了对这种司法权力的垄断,至少在形式上满足了帝国各阶层对和平与法律的吁求,形成了一个以法律规范为基础的"和平与法律共同体"[12]。帝国的选侯、侯爵和帝国城市等各方均有义务保障《永久和平条例》的贯彻实施,需在其权力范围内维持帝国内部的和平。基于此,帝国内部的和平与秩序成为可能,《永久和平条例》对于帝国的重要意义,无论如何强调都是不过分的[13]。但是,《永久和平条例》的颁布并不必然意味着帝国内部的和平:莱茵河、多瑙河和美因河畔的一些邦国仍继续采取武力自卫的方式来实现其权力和利益诉求,因为一些违反《永久和平条例》的邦国总是可以找到支持者和庇护者[14]。直到17世纪70年代,地方领主才普遍摈弃"武力自卫"的纠纷解决方式,通过司法的方式来解决纠纷成为帝国的常态[15]。

(二)《公共芬尼条例》:谋求帝国和平的财政基础

1495年沃尔姆斯帝国议会的另一项重要决议是,在帝国范围内征收一种为期四年的普遍性赋税——公共芬尼。依据1495年8月7日的《公共芬尼条例》[16],年满15周岁的帝国臣民,无论男女、老幼,抑或侯爵、伯爵、男爵、教士等,均需缴纳这种赋税(第1-4条)。由皇帝、选侯、诸侯、伯爵、男爵、骑士等分别任

---

[12] Vgl Micheal Kotulla, Vgl Micheal Kotulla, *Vom Alten Reich bis Weimar* (1495-1934), Berlin [u. a.]: Springer, 2008, S. 21-22.

[13] Heinz Angermeier, *Die Reichsreform* 1410-1555, München: Beck, 1984, S. 174.

[14] Georg Schmidt, Geschichte des alten Reiches, *Staat und Nation in der frühen Neuzeit* 1495-1806, München: Beck, 1999, S. 34.

[15] [英] 彼得·威尔逊:《神圣罗马帝国,1495-1806》,殷宏译,北京大学出版社2013年版,第79页。

[16] Karl Zeumer, *Quellensammlung zur Geschichte der Deutschen Reichsverfassung in Mittelalter und Neuzeit*, Tübingen: Verlag von J. C. B. Mohr (Paul Siebeck), 1913, S. 295-296.

命的七位司库（Schatzmaister）和赋税征收专员（Comissarien）须根据规定和誓言来履行职务，《公共芬妮条例》还规定了这些官员以及各级领主在税收方面的义务和责任（第6-11条）。第13条规定，任何人不得帮助、建议或者企图帮助土耳其人或其他人为不利于基督教世界、帝国和德意志民族之事。第14条申明了增进基督教信仰、维护帝国和平和保障人民权利的原则。

公共芬妮是帝国第一次未经地方诸侯而直接征收的普遍性赋税，其首要目的不是用于军队，而是作为帝国机构的财政基础，[17]特别是作为帝国最高法院的财政支出[18]。由此，《公共芬妮条例》的颁布与赋税的征收是服务于帝国的和平秩序的，但是由于帝国缺乏自己的执行机构，这种税收甚至要依靠教会的地方组织进行征收，因而公共芬妮的征收并未得到完全的实施。此外，这种赋税的征收导致了一些与其目的相反的后果——引起了地方邦国，特别是瑞士的一些邦的反对和抵抗。

（三）帝国最高法院的设立：实现帝国和平的司法保障

1495年帝国最高法院[19]的设立与《永久和平条例》的实施有着密切的联系。在1495年的沃尔姆斯帝国议会上，皇帝和各邦要求在全帝国范围内消除武力自卫，通过法律和司法程序来解决彼此之间的冲突和争端。因而，设立帝国最高法院的主要目的之一就是

---

[17] Heinz Angermeier, *Die Reichsreform* 1410-1555, München: Beck, 1984, S. 169.

[18] 在结束征收公共芬妮之后，1507年的康斯坦茨帝国议会决议（Konstanzer Reichsabschied）征收一种由皇帝和帝国阶层均缴纳的帝国税——为维持帝国最高法院正常运转而征收的赋税（Kammerzieler），其目的是负担帝国最高法院的财政费用，因为当时的帝国财政已经不能负担帝国最高法院的日常支出。这种税赋的征收至1544年结束，并且后来只有帝国阶层缴纳，因为帝国最高法院作为一个独立于皇帝的机构，不可能得到皇帝的支持，故只能由帝国阶层维持其财政支出。

[19] 有论者将"Reichskammergericht"（帝国最高法院）译为"帝国枢密法院"，笔者认为，这是不合适的，因为"Reichskammergericht"一词中没有任何"枢密"之意，并且它被看作是一个限制皇帝司法权力、体现了帝国阶层利益的司法机构，反而是被称为"帝国王室法院"的"Reichshofrat"含有"枢密"之意。依其实际地位和作用，笔者将"Reichskammergericht"称为"帝国最高法院"。

通过法律程序保障《永久和平条例》的实施，以实现帝国内部的和平，这也体现在《帝国最高法院条例》的"序言"中："我们有各种不同的理由为罗马帝国和德意志民族创立一种普遍的和平，但是没有正义、良善和有益的法律，这是很难实现的，为了诸位和我们帝国的共同利益，我们在沃尔姆斯举行集会，通过神圣帝国的议会设立一个帝国最高法院……"正是基于帝国最高法院的设立及其司法职能，安格梅尔（H. Angermeier）将1495年看作是德意志"司法国家"的产生时期。[20]

《帝国最高法院条例》共32条[21]。依据第1条的规定，帝国最高法院的院长（须为教会或世俗的侯爵、伯爵或者男爵）由皇帝任命，由16位（1570年增为41位）法官（Beisitzer/Urteiler）[22]组成，其中半数须为精通法律之人，半数为贵族（至少为骑士阶层出身）。帝国最高法院的下级机构仍为各领地的法院，这些法院依据各自领地的法律、习俗与惯例进行审判（第29条）。而帝国最高法院须依据"帝国的普通法"以及诸侯、领主及其法院呈递的正义、良善与合理的条例、规章和习惯进行判决（第3条）。这里的"帝国普通法"，即罗马法——在德意志地区继受的罗马法。对于帝国最高法院而言，地方的法律和习惯只是附属性的法律渊源。通过帝国最高法院，罗马法亦逐渐渗入地方领地的立法和司法裁判之中，促进了罗马法在德意志地区的继受。

帝国最高法院最重要的职能是通过确定的司法程序解决武力自卫（Fehde）和武力争端问题，以保障帝国内部的和平与秩序。对

---

[20] Heinz Duchhardt, *Deutsche Verfassungsgeschichte 1495-1806*, Stuttgart [u. a.]: Kohlhammer, 1991, S. 15.

[21] Karl Zeumer, *Quellensammlung zur Geschichte der Deutschen Reichsverfassung in Mittelalter und Neuzeit*, Tübingen: Verlag von J. C. B. Mohr (Paul Siebeck), 1913, S. 284–291.

[22] 1495年《帝国最高法院条例》原文中使用的是"Beisitzer"，现在意为"陪审法官"，但是这里的"Beisitzer"实际上就是行使审判权的"法官"，一些德语学者在论述中直接使用"Urteiler"（即"审判者"）。为避免引起歧义，本文直接使用"法官"一词。

于与"禁止复仇条例"有关的争端，帝国最高法院有初审管辖权；对于直属帝国中央和皇帝管辖的领地或个人之间的争端以及因地方领地拒绝权利保障而提起的诉讼，帝国最高法院则是作为上诉法院行使职权，而一些大的领地，如选侯领地，则继续保留其司法上的上诉地位。[23] 帝国最高法院的所在地均是选在远离皇帝的帝国城市（《帝国最高法院条例》第18条规定的是"一个合适的城市"），最初是在美茵河畔的法兰克福，1507年起在雷根斯堡（Regensburg），自1509年在沃尔姆斯（Worms），1527年迁至斯派耶（Speyer），1693年起在韦茨拉尔（Wetzlar）。这些"合适的城市"的选择均体现了帝国阶层的利益，也显现出帝国阶层的影响以及他们想要从皇帝手中夺取帝国最高司法权力的努力。在帝国最高法院设立之前，司法的最高审判权共同归于皇帝和地方诸侯，皇帝的司法权力受到地方诸侯的司法权的限制。在帝国最高法院设立之后，皇帝的最高司法审判权进一步受到侵削，因为帝国最高法院对案件进行判决无须皇帝的同意或参与。基于此，马克西米利安一世于1498年又设立了一个听命于自己的帝国最高司法机构——帝国王室法院[24]。直至1806年神圣罗马帝国灭亡，帝国王室法院与帝国最高法院均为帝国的最高司法机构，两者的职能之间部分地存在竞合关系。

在设立最初的几十年间，帝国最高法院并未发挥起所预想的职能，而阻碍其履行职能的，虽有外在的因素，但是其自身的制度性缺陷亦不容忽视：法官人数太少。鉴于当时帝国内部的秩序紊乱状

---

[23] Micheal Kotulla, Deutsche Verfassungsgeschichte: *Vom Alten Reich bis Weimar* (1495-1934), Berlin-Heidelberg: Springer, 2008, S. 22.

[24] 帝国王室法院（Reichshofrat）（亦可译为"帝国枢密院"），并非仅是一个司法机构，同时也是帝国的最高决策机构，亦为奥地利领地的机构，其主要任务是维护皇帝的特权，其成员由皇帝任命。帝国枢密院最初是皇帝的咨询机构，之后亦具有司法职能，成为除帝国最高法院之外的另一个解决帝国冲突的最高机构。帝国阶层也曾试图占据该机构的职位，对其施加影响，但未获成功。Vgl Hans Boldt, *Deutsche Verfassungsgeschichte* (Band 1) (3. Aufl.), München 1994, S. 269.

况，帝国最高法院所担负的维护帝国和平与秩序的重要职责与其法官人数是不成比例的，仅仅 16 位法官根本担负不起维护全帝国的和平与秩序的职能。后来的法官人数虽成倍地增加，但是由于税收征收不利，财政匮乏，有相当一部分法官并未实际到岗工作。[25] 歌德认为，这是帝国最高法院的一个根本性缺陷，即"以不充分的人力财力来办大事"。[26] 另外，帝国最高法院还存在着因繁冗的程序所带来的效率低下等严重问题，相形之下，帝国王室法院的工作效率比帝国最高法院要高得多。尽管如此，帝国最高法院的设立为帝国内部纷争的解决提供了一种制度化的解决机制，特别是那些没有军事能力、将纠纷的解决寄希望于帝国制度和法律的领地诸侯将此视为维护自己权益的重要途径。彼得·克劳斯·哈特曼亦评论道，帝国最高法院"特别保障了帝国的和平秩序与受尊重的权利秩序，为各种大小不一的领地邦国和城市之间和平相处提供了保证"，使得帝国的法律与和平秩序"继续为人们所承认和尊重"，也为"各领地之间的合法统一"奠定了司法和法律基础，同时也在一定程度上限制了邦君的违法行为和对司法权的滥用。[27]

1495 年沃尔姆斯帝国议会为 15 世纪和 16 世纪的帝国改革带来的重要成果是，为维持帝国的法律、和平和安全提供了必要的基础。《永久和平条例》的颁布、公共芬尼税的征收、帝国最高法院的设立以及"和平与正义的实施"都对帝国具有重要意义，这些改革措施在很大程度上为建构帝国内部的和平秩序提供了保障。米歇尔·考图拉（Micheal Kotulla）教授认为，沃尔姆斯帝国议会开始了"帝国宪法的法律化和制度化"进程，帝国由此成为一个"法

---

[25] Karl Kroeschell, Albrecht Cordes, Karin Nehlsen-von Stryk, *Deutsche Rechtsgeschichte* (*Band 2*, 9. *Aufl.*), Köln [u. a.]: Böhlau, 2008, S. 278.
[26] [德] 歌德：《歌德自传：诗与真》，刘思慕译，华文出版社 2013 年版，第 500 页。
[27] [德] 彼得·克劳斯·哈特曼：《神圣罗马帝国文化史 1648-1806 年：帝国法、宗教和文化》，刘新利、陈晓春、赵杰译，东方出版社 2005 年版，第 37-38 页。

律共同体"[28]。此论虽有过分赞誉之嫌，但1495年沃尔姆斯帝国议会确立了帝国和平与秩序的法律基础却是不争的事实。

三、1500—1521年的"帝国改革"：权力妥协与帝国阶层追求权力的努力

虽然1495年沃尔姆斯帝国议会确立的"帝国改革"为维持帝国的法律、和平和安全提供了必要的基础，但是由于神圣罗马帝国本身存在的诸多制度性缺陷，1495年的"帝国改革"并未取得较多的成果。[29] 因而，"帝国改革"势必要继续进行。

（一）帝国咨政院和帝国大区的设立

在1495年的沃尔姆斯帝国议会上，帝国首席总理、美因茨大主教贝特霍尔德·冯·亨内贝格（Berthold von Henneberg）就提议设立一个帝国咨政院（Reichsregiment）[30]，它被设计为一个独立于皇帝的、由帝国阶层掌握权力的"帝国政府"，其目的是独立行使帝国的行政权力，将皇帝的统治权力排除在外。[31] 由于这一机构明显侵害了皇帝的权力，而且上巴伐利亚公爵阿尔布莱希特（Herzog Albrecht von Oberbayern）在1495年即要求成为帝国咨政院

---

[28] Vgl Micheal Kotulla, *Deutsche Verfassungsgeschichte: Vom Alten Reich bis Weimar* (1495-1934), Berlin-Heidelberg: Springer, 2008, S. 23.

[29] 王银宏：《1495年"帝国改革"与神圣罗马帝国和平秩序建构之制度困境的反思》，载《比较法研究》2016年第4期。

[30] 帝国咨政院是帝国各阶层（Reichsstände）参与帝国政治的一个重要方式，但是在帝国的政治实际中并未发挥出其所设想的那些职能，亦有学者将其译为"帝国最高执政""帝国执政府"等。根据"帝国咨政院"在帝国权力架构中所处的地位和实际发挥的作用，笔者认为将其译为"帝国咨政院"较为适宜。由于卡尔五世统治时期（1521—1531年）亦曾设立过帝国咨政院，故此次设立的帝国咨政院亦被称为"第一帝国咨政院"，卡尔五世时设立的帝国咨政院被称为"第二帝国咨政院"。

[31] Heinz Angermeier, *Die Reichsreform* 1410—1555, München: Beck, 1984, S. 169.

的总理，[32] 因而马克西米利安一世反对帝国咨政院的设立。[33] 然而，由于战争、税收等方面需要帝国阶层的支持，马克西米利安一世又不得不同意设立帝国咨政院的要求，所以他尽可能地推迟其设立并且希望帝国咨政院成为一个听命于自己的权力机构，直至1500年7月2日奥格斯堡帝国议会（Reichstag zu Augsburg）颁布《帝国咨政院条例》，帝国咨政院才在形式上组织起来。帝国咨政院的设立体现出帝国阶层替代君主权力的努力，被部分学者视为"帝国改革"运动中帝国阶层追求帝国中央权力的"高潮"。[34]

《帝国咨政院条例》共50条[35]，此前还有一个较长的"序言"。帝国咨政院的成员被称为"帝国咨政"（Reichsregenten），共由20位成员组成，包括德意志国王（任主席）、6位选侯、1位教会侯爵、1位世俗侯爵、1位奥地利的代表、1位勃艮第（马克西米利安唯一的婚生子——"美男子"菲利普的公国）的代表、1位高级教士、1位伯爵、1位帝国城市的代表以及6位新设立的帝国大区的代表（第1-11条）。帝国咨政院设立的目的是执行法院的判决、调解争端、执行《永久和平条例》以及涉及基督教世界和神圣帝国的其他事务（第1条）。帝国咨政院的主要职责有：监督执行帝国的财政、防卫、进行战争及决定外交政策等，帝国咨政院还有权召集帝国议会，并且对内和对外代表帝国，[36] 而这些原本是

---

[32] "Herzog Albrechts Anspruch auf das Präsidentenamt 1495", in Lorenz Weinrich ed., *Quellen zur Reichsreform im Spätmittelalter*, Darmstadt: Wiss. Buchges, 2001, S. 425.

[33] 关于马克西米利安一世的反对意见，vgl: "Gegenentwurf König Maximilians 1495", in Lorenz Weinrich ed., *Quellen zur Reichsreform im Spätmittelalter*, Darmstadt: Wiss. Buchges, 2001, S. 427-433.

[34] Gerhard Oestreich, *Verfassungsgeschichte vom Ende des Mittelalters bis zum Ende des alten Reichs* (8. *Auflage*), München: Deutscher Taschenbuch-Verlag, 1999, S. 22; Heinz Angermeier, *Die Reichsreform* 1410-1555, München: Beck, 1984, S. 192.

[35] Karl Zeumer, *Quellensammlung zur Geschichte der Deutschen Reichsverfassung in Mittelalter und Neuzeit*, Tübingen: Verlag von J. C. B. Mohr (Paul Siebeck), 1913, S. 297-307.

[36] Gerhard Oestreich, *Verfassungsgeschichte vom Ende des Mittelalters bis zum Ende des alten Reichs* (8. Auflage), München: Deutscher Taschenbuch-Verlag, 1999, S. 22.

属于帝国皇帝的权力。《帝国咨政院条例》还以相当多的条款规定了帝国各阶层（包括犹太人）的税赋义务（第30-42条）、各教区所担负的军队组织义务（第24-27条）等，第50条还规定了帝国咨政院中各选侯、侯爵、伯爵等所担任的帝国职位。

帝国咨政院是"帝国阶层参与帝国共同统治"的一种重要方式，它行使着帝国整体的统治权，享有最高的命令和监察权，被看作是"帝国阶层的中央集权机构"[37]，因为根据《帝国咨政院条例》第1条的规定，这个机构"享有全部（帝国）权力……有权执行所有罗马人国王和神圣帝国的事务、正义与和平……"。依此，虽然马克西米利安一世任帝国咨政院的主席，但是这明显是一个虚设的主席，因为没有帝国阶层的同意，其权力的行使是无效的，而帝国咨政院却可以在皇帝缺席的情形下处理帝国的所有对内和对外事务，作为主席的皇帝并没有否决权。[38] 虽然这个帝国咨政院在形式上建立了起来，但是由于自始即受到皇帝的反对，同时也缺乏自己的执行机构和必要的财政基础，因而它没能发挥出所设想的职能，最终在内外矛盾的侵扰之下，仅存在两年之后便宣告解散。在神圣罗马帝国，以各自领地统治为基础的帝国阶层大都将自己的利益置于帝国的整体利益之上，因而在帝国阶层中，只有少数具有责任心并参与有利于帝国整体的事务，所以帝国咨政院受到帝国各阶层的威胁并不比受到皇帝的威胁少。帝国咨政院若要发挥其职能，不仅要在法律上，更要在事实上拥有自己的权力。其可悲之处正在于，主导设立帝国咨政院的帝国阶层的力量不够强大，并且没有将不可替代的帝国皇帝的权力放在眼里。[39]

---

[37] Dietmar Willoweit, *Deutsche Verfassungsgeschichte: Vom Frankenreich bis zur Wiedervereinigung Deutschlands* (6. Auflage), München: Beck, 2009, S. 101.

[38] Fritz Hartung, *Deutsche Verfassungsgeschichte* (9. Aufl.), Stuttgart: Koehler, 1950, S. 20.

[39] Micheal Kotulla, *Deutsche Verfassungsgeschichte: Vom Alten Reich bis Weimar* (1495-1934), Berlin-Heidelberg: Springer, 2008, S. 24.

在 1500 年——1495 年沃尔姆斯帝国议会召开五年之后——"帝国改革"又前进了一步：将帝国范围内的领地在总体上按照地理位置划分为多个帝国大区（Reichskreise），每个大区包括多个地方诸侯的领地，这可以看作是地方诸侯在地区上的联合。帝国大区的中心机构为大区会议（Kreistag），由大区内的诸侯（侯爵）召集，大区内各等级的代表参加，共同商讨，做出决议。最初（1500 年）划分的帝国大区为 6 个［法兰克（Franken）、巴伐利亚、施瓦本、上莱茵、下莱茵—威斯特法利亚和萨克森］，选侯领地和哈布斯堡家族的世袭领地不在帝国大区之列。1512 年，帝国大区增为 10 个，选侯领地和哈布斯堡家族的世袭领地也被划入帝国大区，即增加了奥地利、勃艮第、上萨克森（包括勃兰登堡选侯和萨克森选侯领地）以及莱茵选侯大区（包括美因茨大主教、科隆大主教、特里尔大主教和普法尔茨选侯领地），[40]但是帝国所属的意大利地区以及哈布斯堡家族的波希米亚地区等仍未划属帝国大区。帝国大区的数量、规模及其职责，直至 1555 年《帝国执行条例》的颁布才确定下来。[41]

与设立帝国咨政院相适应，划分帝国大区的目的之一是选举帝国咨政院的大区代表，而其最初目的则是在皇帝和帝国阶层之间设立一个中间层级，以加强维持帝国内部的公共秩序。后来帝国大区又逐渐具有了其他职能：选举帝国最高法院的法官（1507 年）、执行帝国最高法院的判决、协调征收赋税、监督货币管理、协调各领地提供军队参与维持秩序等。[42]帝国大区在 17 世纪除了维护内部和平之外，还具有了对外防御的职能，特别是防卫法国的入侵和干

---

［40］ Gerhard Oestreich, *Verfassungsgeschichte vom Ende des Mittelalters bis zum Ende des alten Reichs* (8. *Auflage*), München: Deutscher Taschenbuch-Verlag, 1999, S. 23.

［41］ Hans Boldt, *Deutsche Verfassungsgeschichte* (*Band* 1) (3. *Aufl*.), München: Dt. Taschenbuch-Verl, 1994, S. 257.

［42］ 参见［英］彼得·威尔逊：《神圣罗马帝国，1495-1806》，殷宏译，北京大学出版社 2013 年版，第 92-93 页。

涉。[43] 经过长时间的发展，帝国大区在地区的统治方面逐渐起到重要作用，在一定程度上成为地区性的"自治行政机构"及维持帝国和平与秩序的"联盟"[44]。

（二）1521年沃尔姆斯帝国议会与"第二帝国咨政院"

在1521年的沃尔姆斯帝国议会上，设立帝国咨政院的要求被再次提出，要求皇帝卡尔五世（Karl V.）予以设立。帝国阶层要求对1500年的《帝国咨政院条例》进行修改，而卡尔五世则拒绝进行修改，最后在双方的妥协下，于1521年5月26日通过了新的《帝国咨政院条例》，共38条[45]。与1500年的《帝国咨政院条例》相比，新的《帝国咨政院条例》减少了12条，在帝国咨政院的组成方面增加了两位皇帝的代表（即帝国咨政院成员的人数由原来的20位增为22位），增加了皇帝不出席情形下对帝国咨政院的限制，保留皇帝的封地决定权、缔结盟约以及自己家族的世袭领地等方面的权力。从这些方面可以看出，卡尔五世远比祖父马克西米利安一世强大，为自己和家族争取了不少权益。相应地，卡尔五世也做出一些让步：新的《帝国咨政院条例》取消了帝国咨政院的成员对皇帝的宣誓制度，皇帝世袭领地的特殊地位也被取消，这些方面显现出帝国阶层的努力和影响。[46] 由于皇帝卡尔五世同时还是西班牙的国王，他从1521年到1530年间并未在帝国境内驻跸，并且第二帝国咨政院没有真正属于自己的权力和自己的执行机构，同时也面临着第一帝国咨政院所面临的那些问题，因而第二帝国咨政院在改

---

[43] Hans Boldt, *Deutsche Verfassungsgeschichte* (Band 1) (3. Aufl.), München: Dt. Taschenbuch-Verl, 1994, S. 271.

[44] Hans Boldt, *Deutsche Verfassungsgeschichte* (Band 1) (3. Aufl.), München: Dt. Taschenbuch-Verl, 1994, S. 257.

[45] Karl Zeumer, *Quellensammlung zur Geschichte der Deutschen Reichsverfassung in Mittelalter und Neuzeit*, Tübingen: Verlag von J. C. B. Mohr (Paul Siebeck), 1913, S. 318-324.

[46] Micheal Kotulla, *Deutsche Verfassungsgeschichte: Vom Alten Reich bis Weimar* (1495-1934), Berlin-Heidelberg: Springer, 2008, S. 31.

革方面几乎没有取得任何成果。[47]

此外，1521年沃尔姆斯帝国议会还对《帝国最高法院条例》进行了部分修改，并且重申了1495年的《永久和平条例》。这一时期的神圣罗马帝国在执行帝国最高法院判决和贯彻《永久和平条例》方面主要还是依赖于此前设立的帝国大区。

1521年沃尔姆斯帝国议会另一个重要的决议是，皇帝于1521年5月8日颁布"沃尔姆斯敕令"（Wormser Edikt），宣布马丁·路德不受帝国法律保护，他的教义被宣布为异端，其著作也要被烧毁，不允许阅读和传播。此外，所有以此为主题的著作也在大学的神学院被禁止。但是，该敕令实际上并没有得到完全执行，因为它并没有得到所有帝国阶层的同意，许多地方的领主和民众仍坚持路德新教，并且皇帝卡尔五世此后长时间不在帝国［由他的弟弟费迪南德（Ferdinand）代理德意志地区的事务，他后来亦成为帝国的皇帝］，因而作为基督教世界及其信仰的保护者的神圣罗马帝国皇帝并未对此真正履行起职责。[48]

在马丁·路德公开宣扬教会的理论错误和宣布脱离教会组织之前，宗教方面的改革问题与"帝国改革"中皇帝和帝国阶层之间的权力关系问题类似，也面临着处理教皇和宗教会议之间的关系问题。但是，马丁·路德使得宗教问题改革的范围和程度都加深了。以此，"帝国改革"在宗教争议方面主要受两个因素的影响：一是皇帝的统治意愿，二是帝国阶层的自由诉求。[49] 由于"沃尔姆斯敕令"的颁布，自1521年始，帝国没有具有普遍约束力的规则来

---

[47] Fritz Hartung, *Deutsche Verfassungsgeschichte* (9. Aufl.), Stuttgart: Koehler, 1950, S. 23.

[48] Micheal Kotulla, *Deutsche Verfassungsgeschichte: Vom Alten Reich bis Weimar* (1495-1934), Berlin-Heidelberg: Springer, 2008, S. 32-33.

[49] Dietmar Willoweit, *Deutsche Verfassungsgeschichte: Vom Frankenreich bis zur Wiedervereinigung Deutschlands* (6. Auflage), München: Beck, 2009, S. 108.

解决宗教方面的异议和争端,也没有公认的标准来判断某一行为的"对错"或"合宪"与否。[50]"帝国改革"混入了更多的宗教因素。即使在施马尔卡尔登战争（Schmalkaldischer Krieg）（1546/47）之后,帝国在宗教信仰问题上仍没有形成一个统一的解决方案。直至1555年《奥格斯堡宗教和约》,帝国内部关于宗教和平的基本规则才确立起来。[51]

四、统治的契约化：作为"帝国基本法"的1519年《选举让步协议》

《选举让步协议》是新当选的德意志国王（即神圣罗马帝国未来的皇帝）与帝国的选侯之间达成的协议,是未来的德意志国王和帝国皇帝对选侯和帝国各阶层的"书面承诺",亦是帝国未来的皇帝与选侯之间的"统治契约",是"帝国的宪法生活"制度化的一个重要方面。[52] 克里斯蒂安·贝克（Christian August Beck）曾教育当时年轻的大公爵、后来成为帝国皇帝的约瑟夫二世（1741-1790）：皇帝签署的《选举让步协议》已经成为"当今最重要的帝国基本法,其中规定了皇帝的权力和义务,其约束力明显系于帝国阶层",它受到人们"特别地关注,因为其中蕴含着整个帝国的国家法"。[53]

神圣罗马帝国的第一份《选举让步协议》订立于1519年。当时,选侯们接受马克西米利安一世的孙子——卡尔五世的巨额贿赂,选举他为未来的德意志国王和帝国的皇帝,但是他们也意识

---

[50] Dietmar Willoweit, *Deutsche Verfassungsgeschichte: Vom Frankenreich bis zur Wiedervereinigung Deutschlands* (6. Auflage), München: Beck, 2009, S. 107-108.

[51] Hans Boldt, *Deutsche Verfassungsgeschichte* (Band 1) (3. Aufl.), München: Dt. Taschenbuch-Verl, 1994, S. 261.

[52] Micheal Kotulla, *Deutsche Verfassungsgeschichte: Vom Alten Reich bis Weimar* (1495-1934), Berlin-Heidelberg: Springer, 2008, S. 30.

[53] Gerd Kleinheyer, *Die kaiserliche Wahlkapitulation*, Karlsruhe: Müller, 1968, S. 1.

到，让统治着西班牙、意大利、北部"低地国家"和哈布斯堡王朝广大领地的卡尔五世来做德意志的国王是非常危险的，因而必须明确这个强大的皇帝在帝国中的法律地位，要其做出"书面承诺"，并且要"对上帝和神圣的帝国宣誓"（《选举让步协议》第30条），承诺保证他们的权力、地位和利益不会受到侵犯。1519年7月3日，卡尔五世与选侯之间达成《选举让步协议》，这是神圣罗马帝国历史上第一个《选举让步协议》，但是该《选举让步协议》并非卡尔五世亲自签订的，而是在其未出席的情况下，由其特使代为宣誓签署的。[54] 之后，每一位当选的德意志国王都依此惯例，与代表着帝国阶层的选侯签署《选举让步协议》，而他们签署的《选举让步协议》中对选侯权力和利益的承诺远比卡尔五世承诺的更多，其内容则最终决定于皇帝与选侯之间的妥协程度。至1711年，《选举让步协议》最终具有了固定的格式化内容。基于此，《选举让步协议》被视为"帝国宪法的基本特征"[55]。

1519年《选举让步协议》共33条[56]，其内容主要是规定皇帝单方面的义务、限制皇帝的权力，确认选侯与帝国阶层的权利、特权和地位，尤其是他们在政治参与方面的权力。依据《选举让步协议》，卡尔五世要坚持古代良好的制度、自由和习俗以及之前颁布的禁止武力自卫等帝国的法律条例（第1—2条），还要重新设立于1502年被解散的帝国咨政院，以使帝国处于一种良好的秩序（第3条），帝国的选侯、诸侯、伯爵、男爵等均依据其阶层享有自己的权利、特权与公正（第4条），没有选侯的同意，皇帝不能与外族缔结盟约或者发动战争（第7条），不能将外国的军队引入帝

---

[54] Gerd Kleinheyer, *Die kaiserliche Wahlkapitulation*, Karlsruhe: Müller, 1968, S. 5.

[55] Heinz Duchhardt, *Deutsche Verfassungsgeschichte 1495–1806*, Stuttgart [u. a.]: Kohlhammer, 1991, S. 91.

[56] Karl Zeumer, *Quellensammlung zur Geschichte der Deutschen Reichsverfassung in Mittelalter und Neuzeit*, Tübingen: Verlag von J. C. B. Mohr (Paul Siebeck), 1913, S. 309–313.

国,否则帝国阶层可以采取任何措施予以对抗(第11条),帝国议会不能在帝国之外举行(第12条),任何外国人,无论其出身、道德品质如何,均不能担任帝国的官员(第13条),帝国的文件只能以德语或拉丁语写成(第14条),帝国的选侯、诸侯、伯爵、男爵和其他臣民不受帝国之外的法官的审判(第15条),只有经过正式的程序才能宣布帝国阶层中的某人不受帝国法律保护(第22条),皇帝只能依据现行的帝国法律进行统治(第30-32条)。此外,没有选侯们的同意,《选举让步协议》亦不得单方面解除。

一方面,虽然卡尔五世是一位"世界君主国"的统治者和"为上帝而战的斗士",有着统一基督教世界的宗教和政治的伟大目标,[57]但是从《选举让步协议》的内容来看,它在更大的程度上确定了选侯的权力,帝国皇帝的权力受到极大的限制并且为自己家族和世袭领地谋取利益也变得更为困难。虽然选侯和帝国阶层倾向于限制皇帝的权力,但是他们还是希望皇帝能积极作为,以在更大的范围内促进帝国的和平和公共利益,[58]因而他们需要在扩张自己权力和限制皇帝权力之间权衡,以达到一定的平衡。《选举让步协议》在一定意义上是这种权衡的结果和具体表现。另一方面,《选举让步协议》也可以看作是新当选的德意志国王对选侯们选举他为德意志国王和将来帝国皇帝的回报。但是,《选举让步协议》没有规定和解决的一个重要问题是,皇帝总是将自己和家族世袭领地的利益超越于帝国之上。[59]

《选举让步协议》在17世纪就成为学术讨论的对象,当时的国家理论试图用博丹的主权观念来阐释《选举让步协议》的本质及其

---

[57] [英] G. R. 埃尔顿编,中国社会科学院世界历史研究所组译:《新编剑桥世界近代史》(第二卷),中国社会科学出版社2003年版,第391页。

[58] [英] 彼得·威尔逊:《神圣罗马帝国,1495-1806》,殷宏译,北京大学出版社2013年版,第60-61页。

[59] Hans Boldt, *Deutsche Verfassungsgeschichte* (Band 1) (3. Aufl.), München: Dt. Taschenbuch-Verl, 1994, S. 259.

与皇帝的"个人权威"之间的关系,在 18 世纪,每一次德意志国王的选举都会因此产生一批关于"帝国基本法"的论著。[60] 对于《选举让步协议》的重要意义,格尔德·克莱因海尔(Gerd Kleinheyer)指出,我们不仅可以从选举承诺的角度探究帝国宪法制度的发展,还可以利用早期的《选举让步协议》来解释当时存在的制度。[61] 法律史学者一般都将《选举让步协议》视为"帝国基本法"或者"宪法",因为相较于帝国其他的法律性文件及惯例习俗,它们起到了规制国家权力(或曰帝国最高权力)的作用,这被视为神圣罗马帝国"宪法"的一个重要特性。然而,部分宪法学者并不将其视为帝国的宪法性文件,认为它们不具有现代意义上宪法的意涵,因为它们对帝国最高权力的限制并非现代国家建构意义上对国家权力的限制。

五、神圣罗马帝国的"宪法"观念及其权力秩序问题

神圣罗马帝国以"帝国改革"为基础的制度发展与当时的"宪法观念""契约观念"有着密切的联系,不仅如此,中世纪西欧的"封建制度"[62](姑且如此称之)也蕴涵着契约的观念。契

---

[60] Gerd Kleinheyer, *Die kaiserliche Wahlkapitulation*, Karlsruhe: Müller, 1968, S. 1-2.
[61] Gerd Kleinheyer, *Die kaiserliche Wahlkapitulation*, Karlsruhe: Müller, 1968, S. 1.
[62] 据析,"Feudal"系 17 世纪的法国和英国的法学家为论述中世纪的"法律制度"、法律习俗及政治机构而创造的一个概念,该词源于法语中的"领地"(feu, feud 或 feudum),并由此产生了"feudalism"的概念。弗郎索瓦·冈绍夫认为,它"创造并规定了一种自由人(附庸)对另一种自由人(领主)的服从和役务——主要是军役——的义务,以及领主对附庸提供保护和生计的义务"。《简明不列颠百科全书》将"封建主义"的基本特性概括如下:"一种以土地占有权和人身关系为基础的关于权利和义务的社会制度。在这种制度中,封臣以领地的形式从领主手中获得土地。封臣要为领主尽一定的义务,并且必须向领主效忠……在这样的社会里,那些完成官方任务的人,由于同他们的领主有私人的和自愿的联系,接受以领地形式给予的报酬,这些领地可以世袭。封建主义的另外一个方面是采邑制或庄园制,在这种制度中,地主对农奴享有广泛的警察、司法、财政和其他权利。"参见冯天瑜:《"封建"考论》(第二版),武汉大学出版社 2007 年版,第 146-152 页。

约现象和契约观念是中西古代社会文化中都普遍存在的一种社会现象和思想观念。[63] 维诺格拉多夫（Paul Vinogradoff）曾指出，"封建制度"在中世纪的西欧占据了支配地位，但是我们不可能对其准确地予以定义，因为各个地区在不同时期的发展程度是不一样的，所以各个地区的"封建制度"都各具特色。[64] 尽管如此，西欧的封建制度既体现出人身关系，也体现出财产关系，其中既包含私权利，也涵括公义务，同时也具有忠诚和服务的意涵。领主和封臣之间的这种关系类似于一种契约关系，契约双方既享有一定的权利和利益，又需承担一定的义务和责任。马克·布洛赫认为，"附庸的臣服是一种名副其实的契约，而且是双向契约。如果领主不履行诺言，他便丧失其享有的权利。因为国王的主要臣民同时也是他的附庸，这种观念不可避免地移植到政治领域时，它将产生深远的影响。"[65] 在这种契约中，虽然双方的地位是不平等的，但是他们之间存在着相互依存的义务关系：附庸（封臣）服从的条件是领主认真履行契约所规定的义务。[66] 在《封建社会》一书的最后，马克·布洛赫指出，西欧封建主义的独特性在于，它强调一种可以约束统治者的契约观念。[67]

尽管这种"封建契约"的观点受到一些学者的批评，但是借助于这种观点，我们可以更好地理解神圣罗马帝国的制度状况以及"帝国改革"所体现出的一些思想观念。在神圣罗马帝国，这种领

---

[63] 详见王银宏：《"帝国基本法"与统治的契约化——契约观念下神圣罗马帝国的"帝国改革"（1500-1521）》，载《史学月刊》2017年第10期。

[64] 参见[美]乔治·萨拜因：《政治学说史：城邦与世界社会》（第四版），托马斯·索尔森修订，邓正来译，上海人民出版社2015年版，第340页。

[65] [法]马克·布洛赫：《封建社会》，张绪山译，郭守田、徐家玲校，商务印书馆2004年版，第712页。

[66] [法]马克·布洛赫：《封建社会》，张绪山译，郭守田、徐家玲校，商务印书馆2004年版，第367页。

[67] [法]马克·布洛赫：《封建社会》，张绪山译，郭守田、徐家玲校，商务印书馆2004年版，第714页。

主和封臣（附庸）之间的契约关系体现得更为明显。被誉为神圣罗马帝国最伟大的国家法专家的约翰·斯蒂芬·皮特（Johann Stephan Pütter）（1725-1807）在1784年论道，"帝国是由联系松散的主权国家组成，如同欧洲国家之联合。"神圣罗马帝国可被视为一个由一些具有"较大独立性"的世俗和教会领地通过"契约关系"而联合在一起的集合体。在神圣罗马帝国，皇帝是选侯们选出的"德意志国王"，同时也是这种契约关系中的一方当事人。作为帝国及其家族世袭领地的"统治者"的皇帝与帝国各阶层之间达成的"统治契约"成为帝国得以存续的重要基础。在此意义上，这种"统治契约"即帝国的"基本法律"（leges fundamentales）或曰"宪法"。在中世纪，欧洲诸国不存在实质意义上的成文宪法和一般性的立法活动，机构和个人法律地位之确定基本是通过个别的"特权法"（Privilegienrecht）来予以规定的。[68] 在神圣罗马帝国，被称为"帝国基本法"（Reichsgrundgesetz）的1356年《金玺诏书》开创了帝国"制宪"之先河，并以此确立了帝国的基本宪制架构。1495年和1521年的两次沃尔姆斯帝国议会（Wormser Reichstagen）所通过的一些法律文件也被部分学者称为"帝国基本法"或者"帝国宪法"，因为这些"基本法律"（leges fundamentales）在总体上确定了神圣罗马帝国此后的制度发展方向。

据考析，德语中的"宪法"（Verfassung）一词，最早出现在14世纪，但其涵义与其现代意义无涉，法律上的协约、关于争端的调解协议等均可以被称为"宪法"，其中涵括了社会共同生活的多个层面和多种形式。"宪法"之具有政治和国家法意义上的内涵是自16世纪开始从政治和法律规则中发展和抽象出来的，尤其是对政治体、王室和政治联盟状况的描述。基于自然法理论以及美国

---

[68] Eckhard Müller-Mertens, "Geschichtliche Würdigung der Goldenen Bulle", in Wolfgang D. Fritz ed., *Die Goldene Bulle. Das Reichsgesetz Kaiser Karls* IV. *vom Jahre* 1356, Weimar: Böhlau, 1978, S. 17f.

革命和法国革命的影响，宪法的概念在 18 世纪具有了规范性的内容，其政治性功能在 19 世纪达到高潮——通过权力分立和对国家权力的法律控制来保障个人的权利和自由。在 20 世纪，宪法的概念具有了"内在性差别"，一方面，如格奥尔格·耶利内克（Georg Jellinek）所言，"每一个国家都有一部宪法……是必要的"，另一方面，通过适用宪法来实现特定的国家统治成为可能。[69] 因而，本文所言的神圣罗马帝国的"宪法"并不是现代国家法意义上具有统一的成文形式的法律性文件，而是在"基本法律"（leges fundamentales）的观念下对传统惯习及实践中所确立和适用规范的确认。

"宪法"的一个基本特征是具有效力等级上的优先性。在欧洲，"宪法"的优先性观念是基于自然法而确立起来的。托马斯·阿奎那所论的"人类的法律"实际上也是从自然法规范推导而来的。自然法是最高的规范，统治者颁布的法律要受其约束。若人类的法律违反了自然法，则不再是真正的法律，而是堕落和败坏的法律（Gesetzesverderbnis），因而不能将其用以审判。这种法律等级的观念通过西班牙的后期经院哲学为近代的法律思想所承继。[70] 虽然自然法可以为世俗的法律提供"高级法"的基础，但是在实际效力方面还是有明显的"缺陷"。在此，我们可以求助于"契约思想"，将其作为"统治契约"观念的基础，作为统治者和各阶层之间"契约"的基础。在此意义上的"契约"即为"基本法律"（leges fundamentales），国家的权力亦应依其行使，因为在自然法上，"约定必须遵守"（pacta sunt servanda）是一个基本的原则。因此，在自然法和契约观念的基础上，"基本法律"（或曰"宪法"）规范

---

[69] Vgl Adalbert Erler u. a. (Hrsg.), *Handwörterbuch zur deutschen Rechtsgeschichte* (V. Band), Berlin: Schmidt, 1998, S. 698f.

[70] Christian Starck, "Vorrang der Verfassung und Verfassungsgerichtsbarkeit", in Christian Starck, Albert Weber ed., *Verfassungsgerichtsbarkeit in Westeuropa*, Teilband 1: Berichte, Baden-Baden: Nomos Verl. -Ges, 1986, S. 15-16.

的优先性得以确立。[71]

在德意志地区,"基本法律"虽然不是现代意义上的宪法,但是同样包含了高于一般性规范的观念,这体现在王位继承法、统治者与帝国各阶层之间订立的基本性契约之中,所以17世纪和18世纪的德意志国家法理论首先涉及的是这些"基本法律"的效力以及与统治者的"主权"相关的问题。[72] 在德意志宪法史著作中,"宪法"在实质意义上大多是作为"国家组织法"来理解的,因而,哈布斯堡家族的王室法、继承法及1713年《关于哈布斯堡领地继承权的王室法》等均属于"宪法",因为在一个"绝对主义"君主国中,关于王位继承的规定是极为重要的宪制问题。[73]

从无序向有序的发展是帝国政治制度发展的一个趋势。"有序化"发展必然要通过各种制度来加以保障,而"有序化"发展的基础是帝国内部的和平与秩序。"秩序"一方面意味着"服从",另一方面意味着"通过停止私人暴力来保持和平"。[74] 这两个方面都是当时的神圣罗马帝国所需要解决的问题:在前一方面,帝国的皇帝想让帝国的各阶层服从于他,帝国的各阶层也想让皇帝受到他们的制约,而他们最终都服从于具有共识性的"法律契约"成为一种较好的选择;在后一方面,通过禁止各领地诸侯间的"武力自卫"来维持帝国内部的和平与秩序自始就是"帝国改革"的重要目的。[75] 安格梅尔(Heinz Angermeier)亦指出,此时帝国各阶层

---

[71] Christian Starck, "Vorrang der Verfassung und Verfassungsgerichtsbarkeit", in Christian Starck, Albert Weber ed., *Verfassungsgerichtsbarkeit in Westeuropa*, Teilband 1: Berichte, Baden-Baden: Nomos Verl.-Ges, 1986, S. 19.

[72] Christian Starck, "Vorrang der Verfassung und Verfassungsgerichtsbarkeit", in Christian Starck, Albert Weber ed., *Verfassungsgerichtsbarkeit in Westeuropa*, Teilband 1: Berichte, Baden-Baden: Nomos Verl.-Ges, 1986, S. 19.

[73] Kurt Heller, *Der Verfassungsgerichtshof*, Wien: Verlag Österreich, 2010, S. 85.

[74] [英] J. S. 密尔:《代议制政府》,汪瑄译,商务印书馆1984年版,第19页。

[75] 王银宏:《1495年"帝国改革"与神圣罗马帝国和平秩序建构之制度困境的反思》,载《比较法研究》2016年第4期,第123-124页。

所追求的是帝国的和平与法权秩序。[76] 但是，神圣罗马帝国几乎从未被视为一个享有独立主权的"国家"，而是被视为"诸侯的联盟"（Fürstenföderation）或者"选侯共和国"（Kurfürstenrepublik）。[77] 鉴于帝国的政治传统、权力结构和地理位置，维持帝国内部和平的难度也许并不比维持帝国外部安全的难度小。[78]

当代国际关系现实主义理论家爱德华·卡尔教授特别强调权力在政治秩序中的重要意义："在任何政治秩序中，权力都是不可或缺的组成部分。"[79] 权力的分配是权力秩序构成中的一个基础性要素，只有达成了最低限度共识的权力分配才能形成较为稳定的权力秩序。1356年颁布的《金玺诏书》不仅规定了德意志国王（加冕后为神圣罗马帝国皇帝）由选侯选举产生的制度[80]，同时也在很大程度上确认了选侯们的"领地主权"，选侯们在领地内享有铸币权、关税权、领地内的最高司法权等权力。从宗教改革时期的萨克森公爵敢于站在教皇和皇帝的对立面，支持马丁·路德的改革运动，即可看出地方领地诸侯所享有的权利之大。相形之下，中世纪的神圣帝国皇帝的权力则与承袭其名号的真正的罗马帝国皇帝的权力相去甚远，帝国皇帝在更多的情形下只是被视为德意志国家名义上的代表，甚至被一些学者称为"没有统治权的统治者"[81]。随着

---

〔76〕 Heinz Angermeier, *Reichsreform und Reformation*, München: Stiftung Historisches Kolleg, 1983, S. 3.

〔77〕 Eckhard Müller-Mertens, "Geschichtliche Würdigung der Goldenen Bulle", in Wolfgang D. Fritz ed., *Die Goldene Bulle. Das Reichsgesetz Kaiser Karls Ⅳ. vom Jahre 1356*, Weimar: Böhlau, 1978, S. 19.

〔78〕 Heinz Angermeier, *Die Reichsreform 1410-1555*, München, Beck, 1984, S. 150.

〔79〕 [英] 爱德华·卡尔：《20年危机（1919-1939）：国际关系研究导论》，秦亚青译，世界知识出版社2005年版，第210页。但是，任何秩序的建构都不能仅仅依赖于权力与强制，"普遍认可"也是稳定的秩序建构之基础。

〔80〕 详见王银宏：《1356年〈金玺诏书〉与德意志国王选举制度》，载《史学月刊》2016年第7期。

〔81〕 Arno Buschmann, "Kaiser und Reichsverfassung Zur verfassungsrechtlichen Stellung des Kaisers am Ende des 18. Jahrhunderts", in Wilhelm Brauneder ed., *Heiliges Römisches Reich und moderne Staatlichkeit*, Frankfurt am Main [u. a.]: Lang, 1993, S. 41.

世俗和教会邦国之领地化的进展以及"中央权力"与"离心力量"之间的冲突，神圣罗马帝国皇帝在帝国层面的"中央权力"亦逐渐丧失。若选举产生的帝国皇帝想在帝国有所作为，则势必会引起皇帝与邦国诸侯之间权力关系的紧张。

歌德在其自传中指出了当时帝国内部的混乱状况：由于德意志人，特别是骑士阶层的"寻仇好斗"的心理，德意志地区连年的内部纷争使得"小邦们彼此间增加了麻烦，如果它们联合起来，连大的邻邦也受威胁，结果德国国内秩序紊乱，对外的战斗力也濒于瘫痪。"[82] 中国自古就有"尊王攘夷"以及"攘外必先安内"等说法，这在15世纪和16世纪的神圣罗马帝国身上也得到了体现。15世纪时，帝国在很大程度上已无力维持内部的和平和保障对外的安全，帝国首先需要通过"改革"来实现帝国内部的和平与秩序。而实现帝国内部的和平与秩序的基础首先在于解决帝国皇帝与领地邦国之间的关系问题，更准确地说，是皇帝的权力要求与帝国的政治现实——地方邦国享有广泛的政治权力——之间的矛盾。易言之，帝国阶层与帝国皇帝之间的权力秩序需要重新确立。[83]

神圣罗马帝国内部权力秩序之确立涉及两个主要层面：一是在制度建设层面，通过"制度化"和"法律化"确认各方之间的权力关系，促进各邦国领地之间的信赖与合作；二是在思想意识层面，通过"身份认同"和"制度认同"来达到"帝国认同"，亦即诸多论者所谓的"统一的民族国家"。1495年开始的"帝国改革"主要集中于前者。对于"帝国改革"，皇帝和帝国阶层的出发点是不一样的：皇帝想要通过改革来增强自己和帝国中央的权力；大部分领地诸侯则是想要通过改革来限制和控制皇帝的权力，扩大自己的权力和政治参与，将自己的领地利益最大化，而确保帝国内部的

---

[82] [德]歌德：《歌德自传：诗与真》，刘思慕译，华文出版社2013年版，第500页。
[83] Dietmar Willoweit, *Deutsche Verfassungsgeschichte: Vom Frankenreich bis zur Wiedervereinigung Deutschlands* (6. Auflage), München: Beck, 2009, S. 102.

和平是其共同的基础和最低限度的共识。"帝国改革"是在处于统治地位的皇帝和处于参与地位的帝国阶层相互妥协和博弈的过程中确立和继续的,可以说,让步和妥协是"帝国改革"得以进行的基础。在此意义上,"帝国改革"既是权力妥协的结果,亦是权力斗争的手段。以妥协为基础的"帝国基本法"或者"统治契约",是神圣罗马帝国"宪法观念"的集中体现。

六、小结:"帝国改革"与神圣罗马帝国的"近代性"

现代欧洲文明中的许多核心观念和原则都可以追溯至古代的希腊和罗马时期,但是其诸多核心观念和原则具有的"近代性"(或曰"现代性")却是蕴于中世纪和近代早期。西方学术界一般将公元1500年左右至第一次世界大战的时期称为"近代",但是自公元1500年左右至公元1800年左右,有些国家和地区并不具备"近代"(或曰"现代")的意义和特性,因而一般将此时期称为"近代早期"。神圣罗马帝国的发展,特别是"帝国改革"时期亦明确和典型地体现出西方"近代早期"发展的诸多特性,这不仅体现在神圣罗马帝国开始进行"帝国改革"的时间(1495年)和神圣罗马帝国覆亡的时间(1806年)与"近代早期"(约公元1500年至1800年)的历史时期划分相契合,更体现为神圣罗马帝国在此期间制度发展的"近代性"转向。神圣罗马帝国的"近代性"也体现为15世纪末和16世纪初帝国称谓的变化——从"神圣罗马帝国"到"德意志民族的神圣罗马帝国"(Das Heilige Römische Reich deutscher Nation)的变化,定语"德意志民族的"显现出德意志民族意识的抬升,将帝国限定为一个"民族国家",同时也可以在一定意义上解释为一种统治权力和统治地域的限度。[84]

---

[84] Hans Boldt, *Deutsche Verfassungsgeschichte* (*Band* 1) (3. *Aufl.*), München: Dt. Taschenbuch-Verl, 1994, S. 263.

"帝国改革"深受帝国阶层和皇帝的改革意图及其政治力量的影响,但他们最终都没能使"帝国改革"按照自己的意愿进行,其中一个重要原因在于,皇帝和帝国阶层在"帝国改革"的整个过程中都低估了对方的实力。帝国咨政院、帝国大区等机构的设立扩大了帝国阶层的政治参与和影响力,使帝国宪法政治的发展更具开放性,同时也在一定程度上限制了皇帝的权力,皇帝权力的行使越来越受到帝国阶层的限制,之后的任何帝国皇帝想要加强其统治权力都明显地会越来越困难。虽然帝国阶层为自己赢得了更多的政治权力,但是相对于帝国皇帝的权力和实力,他们在这一时期还没有取得明显的优势地位。这两种政治力量及其在宪法上的政治地位成为此后帝国宪法和制度发展的重要影响因素。[85]

通过"帝国改革",神圣罗马帝国初步发展出自己的权力分立制度:制度化的帝国议会、以皇帝为代表的帝国行政权力和曾短暂设立的帝国咨政院以及 1495 年设立的帝国最高法院。但是,这些机构之间权力的分立并不能等同于现代意义上立法权、行政权和司法权之间的分立,因为这些机构之间的职能并未得到明确的厘定和划分。[86] 与今日的议会不同,帝国议会中的代表只代表自己,不代表特定的社会阶层,更不代表其臣民或者帝国的居民,所以,其合法性不是基于"民主",而是基于其出身或者职位。[87] 尽管如此,帝国议会还是具有较为广泛的参与性和代表性,它在实际上成为体现帝国各阶层利益和诉求的重要机制。在帝国议会中,皇帝与帝国阶层之间的权力竞争关系得以展现,皇帝的权力不可避免地受到帝国阶层的参与权的限制。总的看来,帝国议会逐渐成为皇帝和

---

[85] Micheal Kotulla, *Deutsche Verfassungsgeschichte*: *Vom Alten Reich bis Weimar* (1495-1934), Berlin-Heidelberg: Springer, 2008, S. 26.

[86] Heinz Angermeier, *Die Reichsreform* 1410-1555, München: Beck, 1984, S. 170.

[87] Vgl Micheal Kotulla, Deutsche Verfassungsgeschichte, *Vom Alten Reich bis Weimar* (1495-1934), Berlin: Springer, 2008, S. 20.

帝国与地缘政治

帝国各阶层进行政治博弈的重要场合，皇帝和帝国阶层之间的关系得到了重新调整。

帝国缺少自己的执行机构，这是"帝国改革"之前已经认识到的一个制度性问题，而帝国的行政权力也是帝国的诸多权力之中最弱的一种，帝国的皇帝被一些学者称为"没有统治权的统治者"，而曾经设立的帝国咨政院虽然是规划为帝国政府，但是由于其设立自始即受到皇帝的反对，同时也缺乏自己的执行机构和必要的财政基础，因而帝国咨政院始终未能充分发挥其作为"帝国政府"的作用，帝国决议和帝国最高法院判决的执行主要依赖于新设立的帝国大区，而非帝国的各邦。帝国最高法院在其初设时期没能发挥真正的司法职能，但是 17 世纪之后，帝国最高法院成为帝国最具活力的制度之一，逐渐成为帝国常态化的纠纷解决机构。此外，帝国和各邦国之间也缺少明显的职能划分，帝国更像是各邦的松散联合，而非一个等级制帝国。[88] 根据现代的国家理论，我们很难确定神圣罗马帝国的性质和类型，其中既带有君主制的特征，又混有贵族制的因素，还具有部分邦联—联邦制的性质。

与此相联，"帝国改革"所没有解决的一个重要问题是，帝国与地方领地之间的关系问题。帝国的皇帝不仅仅是帝国的皇帝，更是自己领地的领主，而且是帝国诸多领地中极为重要的一个，这就决定了帝国的皇帝更专注于其家族和王室领地的事务，经常将自己家族的利益置于帝国的利益之上。在神圣罗马帝国的历史上，有不少皇帝过度关注自己家族的利益，而忽视帝国的整体利益。[89] 可能正是认识到帝国的皇帝过于注重自己家族和王室的利益，约翰内

---

[88] Hans Boldt, *Deutsche Verfassungsgeschichte* (*Band 1*) (3. Aufl.), München: Dt. Taschenbuch-Verl, 1994, S. 268.

[89] 例如，在位近五十年的皇帝弗里德里希三世，即使是想在帝国有所作为的马克西米利安一世、卡尔五世等较为强大的皇帝在很大程度上都是为了实现自己家族及领地的利益。马克西米利安一世曾说道，他宁愿当一位有所作为的奥地利公爵，而不愿当一位无用的德意志国王。

斯·舍勒（Johannes Schele）在巴塞尔宗教会议期间（1433年）所提出的关于世俗改革建议中曾主张皇帝将波希米亚王国"赠与"帝国，[90] 因为辽阔富饶的波希米亚王国是哈布斯堡家族的世袭领地，不用承担帝国的任何职责和义务，其所有收益均为皇帝个人及其家族所有。在中世纪的神圣罗马帝国版图上，波希米亚王国等哈布斯堡家族的世袭领地并不在帝国"国界"的范围之内。由于各地方诸侯也非常关注自己的利益和权力，邦国领地的"离心化趋向"是帝国始终没有解决的一个重要问题。

作为帝国的皇帝与选侯之间的"统治契约"，《选举让步协议》既具有一般意义上"契约"的精神内涵，也体现出以"契约"为基础的宪法观念和近代早期的宪法观念：尊重、协商、合作，以及"合意"和"共识"基础上的"权力妥协"。在本质上，这种"政治契约"即是法律，并且是一种具有更高位阶的"基本法律"，其中涵括了法律上的政治义务和遵从义务，因而具有了正当性和合法性基础。后来的"社会契约"思想将"宪法"视为统治者和被统治者之间的协议，或者全体人民关于自身应该如何治理的协议。[91] 这种将协商结果以书面形式记录下来的"契约机制"使得传统的协商机制确定化和制度化，更有利于帝国的和平与秩序以及帝国本身的维续，古典时代罗马帝国的"权力服从"机制也因此在神圣罗马帝国时期转变为"契约化"的"权利妥协"和"权力合作"机制。[92] 通过这种具有"转向"性质的"帝国改革"，神圣罗马帝国开始具有一定的"近代性"，尽管这是一种早期的"近代性"。

---

[90] Johannes Schele, "Avisamentum. Vorschläge zur Reform（1433）", in Lorenz Weinrich ed., *Quellen zur Reichsreform im Spätmittelalter*, Darmstadt: Wiss. Buchges, 2001, S. 169.

[91] [美]约翰·麦克里兰：《西方政治思想史》，彭淮栋译，海南出版社2003年版，第209页。

[92] 在神圣罗马帝国，这种统治的"契约性"实际上在1356年《金玺诏书》就有了明显的体现。1356年《金玺诏书》本身也是帝国统治的契约化成果，其中规定的德意志国王（"罗马人的国王"）的选举制度在本质上也是对选侯们妥协结果的契约化肯定。

正如海因茨·杜赫哈特（Heinz Duchhardt）所指出的，"帝国改革"是"政治制度方面由中世纪向近代的过渡"，是使国家结构和宪法秩序适应近代国家发展之要求的尝试。[93] 其目的是希望通过改革使帝国有效地履行职能。

由于神圣罗马帝国自始即存在的诸多问题，"帝国改革"在很大程度上也受到哈布斯堡王室过多地卷入国际纷争、宗教改革运动所引起的宗教分裂以及骑士和农民起义的阻碍和影响，[94] "帝国改革"显然不可能一劳永逸地解决帝国所存在的"过多问题"（problem overload）。在严格的意义上，"帝国改革"并未取得较多的成果，但是"帝国改革"与帝国的"宪法发展""宪法运动"三位一体，使帝国宪法政治的发展更具活力和开放性，在一定程度上促进了帝国权力的理性化、制度化和以法律为基础的规范化发展。通过"帝国改革"，神圣罗马帝国在制度形式上具有了更多的"近代性"，"帝国改革"既是当时"契约"观念的体现，也反映了当时的"宪法"观念，在很大程度上促进了后世国家学说和理论的发展。通过"帝国改革"的历史，如迪特马尔·维罗维特（Dietmar Willoweit）教授所言，我们不仅要领悟宪法形式变迁过程中的权力斗争，更要反思误解和竞争的双方是如何达成共识的。[95] 唯有如此，我们才能更好地理解神圣罗马帝国皇帝如何在统治中通过妥协与帝国阶层达成共识并促进了帝国宪法政治的近代发展。

---

〔93〕 Heinz Duchhardt, *Deutsche Verfassungsgeschichte* 1495–1806, Stuttgart〔u. a.〕：Kohlhammer, 1991, S. 13.

〔94〕 Hans Boldt, *Deutsche Verfassungsgeschichte*（Band 1）（3. *Aufl.*）, München：Dt. Taschenbuch-Verl, 1994, S. 258.

〔95〕 Dietmar Willoweit, *Deutsche Verfassungsgeschichte. Vom Frankenreich bis zur Wiedervereinigung Deutschlands*（6. *Auflage*）, München：Beck, 2009, S. 102.

托克维尔与"阿尔及利亚问题"[*]

林国荣[**]

一、帝国新议程的工匠

"法兰西殖民复兴工程的工匠",[1] 无论是作为思想家,还是作为政治人物,这都是托克维尔的另一重身份;实际上,托克维尔的这个身份颇为清晰,作为1830年代法兰西帝国复兴潮流在议会的主要推动者,他代表了路易-拿破仑政变之前法兰西帝国思想的主流;《论美国的民主》和《旧制度与大革命》之间的这段时期,在很多人眼里是托克维尔职业生涯当中一段不太重要的朦胧期,实际情况恰恰相反,托克维尔在这段时期围绕"阿尔及利亚问题"展开了持续

---

[*] 托克维尔的帝国和殖民地文献数量巨大,在阿尔及利亚问题上,本文主要选取如下六份关键性的通信、议会报告和论章,作为基本素材:1. Some Ideas About What Prevents the French from Having Good Colonies. 2. First Letter on Algeria. 3. Second Letter on Algeria. 4. Essay on Algeria. 5. The First Report on Algeria. 6. The Second Report on Algeria. 这些文献散见于大量的二手著作或者文献汇编当中。

[**] 林国荣,宜春学院公法与政治学研究中心。

[1] M. Lawlor, *Tocqueville in the Chamber of Deputies*, Catholic University of America Press, 1959, p. 134.

且稳定的政治实务工作，同时也不断推出相关的通信和论章；事实上，这段时期是托克维尔全部生涯当中最为紧张也最为亢奋的时期；工作量和文字量之巨大是令人震惊的。这些文字完全剥离了《论美国的民主》和《旧制度与大革命》那标志性的华丽修辞和格言警句，更没有所谓的哲学沉思，但恰恰就是这个原因，才令这部分文字拥有了特殊的价值。在某种意义上可以说，《论美国的民主》是托克维尔这段帝国生涯的前奏，《旧制度与大革命》则是这段帝国生涯的尾声。这样一条思想轴线在托克维尔写于 1833 年的短论《法国为何没有像样的殖民地》中得到了集中印证：

"看看吧，法国在新世界建立了一个巨大的殖民体系。规划可谓精良，地点更是精挑细选，试图藉由一条绵延不断的拓殖地链条将圣劳伦斯和密西西比河联结起来，据此在北美大陆的中央地带创建一个巨大的殖民帝国，以加拿大和路易斯安娜为出口。为了达成目标，法兰西付出了巨大的人力、物力和财力。她的政府为此忙碌不堪，汲汲于拓殖地链条的构筑，不曾有片刻疏忽怠惰。然而，这个殖民帝国最终却是沉沦下去；拓殖地的区域迅速扩大，甚至超越了法兰西殖民者的前进步伐，但这一切终归徒劳，法国人还是未能进驻周边的蛮荒沃野，殖民群体几乎没有任何扩航，反而是无知在四处拓展，这个新社会一直就这么静止着，无论是力量还是财富均没有新的斩获，最终，在外来压力之下，只能选择屈服，尽管进行了不可谓不英勇的斗争。"〔"Some Ideas About What Prevents the French from Having Good Colonies（1833）"〕

在提出问题之后，托克维尔便着手效仿孟德斯鸠的解析方式，将法国在海外殖民事业上的失败首先溯源于地理、气候以及民族性情，而后便是法律因素，更确切地说，就是所谓的"法的精神"；此种分析模式正是《论美国的民主》集中展示过的。首先是地理因素，作为母国的法兰西拥有良好的地理位置，地大物博，土壤肥沃，令陆地成为法兰西之权能和荣耀的天然舞台，海上贸易体系则只是作为民族权能和荣耀的次要附属物和装饰品而存在，法兰西的海外行动既没有得到民族之财富和才能的支撑，也不曾强烈地吸引过法兰西民众的热情甚至同情。接着就是"国民性"因素，法兰西民族性格是由两种矛盾元素融合而成，一方面，法国人爱好内向且安逸的家庭生活，另一方面他们却对纯粹的冒险充满激情，若要创建一个稳定的殖民体系，这两种性情恰恰是危害最甚的，可以说是毁灭性的。在地理因素和民族性格因素之外，还有一种因素令情形雪上加霜，那就是法兰西根深蒂固的中央集权体制，这样的体制令巴黎方面对殖民地事务的遥控到了事无巨细的地步，在挫伤法兰西殖民者的自主自治能力、创造能力的同时，也令殖民地失去了自我发育的能力。托克维尔在此以英格兰人的殖民进程作为对照，在帝国舞台上重新演绎了"日耳曼丛林"的自由故事，这个故事在《论美国的民主》呈现的"西进运动"的舞台上当然是重现了的："英格兰殖民者一旦踏足新世界的土地，便断了母国的奶水，母国基本上也不会去统治他们。于是，他们一开始就有了自己的政治议事会机制和司法机制，自行选任官员，自行组建民兵，经济自主，并不断砥砺自我立法的天分和能力。就这样，母国绝少尝试控制或者介入殖民地自己的事务，顶多只是从外部为他们提供商业保护而已。……于是，这些拓殖地很快便成为财富和启蒙的重镇。我们必须承认，而且经验也已经证明，要让法兰西去创建自己的殖民帝国，就等于是让法兰西沦落危险境地，成败与否完全是未定之数，命运更是反复无常。"["Some Ideas About What Prevents the French from Having Good Colonies（1833）"］

在此，托克维尔显然是在演绎一个"中央集权"导致政治堕落的剧情，但他忽略了一个重大历史情状，正是这个情状令法国创建海外帝国的能力大为折损；查理十世推行的极端保守体制，显然是既不愿意也没能力去触碰海外热点，否则将很容易再次激发拿破仑时代的帝国热情，这样的热情是这套保守体制无法承受的。在托克维尔书写《论美国的民主》的时候，欧洲的帝国境遇发生了重大的变化；大英帝国差不多完全弃守新世界，将重心转向东方，确切地说，就是转向印度；法国则是将西半球，特别是新世界的殖民地陆续转让给大英帝国之后，于1830的时候攫取了阿尔及尔。帝国境遇的这场转变显然不再意味着简单的帝国扩张，恰恰相反，正是从这场转变开始，附属国开始对母国脆弱的民主体制产生重大的反向影响，核心的问题当然就是民主身份的政治边界问题，说白了就是：面对全然非欧洲的、非民主的族群或者国度，作为母国的欧洲民主体制该如何自我界定。法国正是在这个问题上，患上了极为严重的身份焦虑症。阿尔及利亚问题之所以会在1830年代的法国重新激发令人震惊的帝国热情，原因就在于此，这跟18世纪自由帝国传统中的经济利益考量完全没有关系，甚至可以说二者的诉求乃是背道而驰的。帝国热潮之前的托克维尔虽然借助《论美国的民主》极力伸张说，自由和民主乃是普遍的历史潮流，甚至将之说成是历史宿命，但置身1830年代帝国热情当中的托克维尔实际上跟此前秉持反帝国倾向的右派的基佐和左派的路易·勃朗一样，都已经心知肚明：无政府和专制的轮流交替才是法兰西的当前宿命，此等情形之下，藉由帝国热忱激发而出的民族主义情感和民族荣耀感，是不可低估的政治资本，将产生强有力的政治催化剂，令已然陷入分裂、软弱且碎片化的法兰西体制重归团结和强大，这就是阿尔及利亚问题的价值所在。

发生在18世纪末的大革命传递并推行的根本信念就是：为了铲除"哥特"余孽，驱散社会分裂的威胁，民族应该成为一个均质的、自给自足的整体；这个观念的最激烈表述当然是出自居罗代（Guiraudet），他说，"法兰西民族是一个由大约两千五百万个个体组成的社会"。[2] 大革命要用一个全新的世界来取代一个由行会、等级、团体组成的欲望丛生、支离破碎的社会。说白了，民族不是行会、等级、团体的杂合体，而是一个单一的整体。最集中也是最著名的表述当然是西耶士在《第三等级是什么》的那句格言："民族应当是脱离了社会联系的个人的集合。"圣鞠斯特将"友谊"和"公民德性"实施了政治上的绝对化，使之成为消除个人与个体之社会差异的两种主要手段，这种对整体性和一致性的狂热崇拜，虽然导致了"天真的极权主义"，并最终令伦理完全穿透了政治，但这其中遵循的逻辑却仍然是居罗代和西耶士的集中表述过的那种逻辑。这的确是十足的历史反讽，大革命时代的人们力求建造一个新世界，最终却是满怀激情地逼使社会向着古代倒退。尽管"伯克与托克维尔以各自的语言抨击法国人对抽象的狂热崇拜，并视之为一切陋习与罪恶之源。从贡斯当到丹纳，19世纪的自由保守主义者也在不停地以不同的语汇抨击抽象崇拜。但法国的案例仍然需要置于更为广阔的视野中来看待，否则便很难认识其价值。法式的抽象主义其实源自一个影响了所有民主政体的潮流。要遵守平等原则，或者说要使每个人都成为法律的臣民和分享主权的公民，就必须把个体从特殊性当中剥离出来。……要与就世界的'野蛮巨人'做斗争，就必须用民族这个'无敌巨人'来取代它；这个新巨人只有在吸收了社会的全部活力，成为统合整个社会的惟一整体之时，才能真正站立起来。因为，社会的抽象性是集体力量的直接条件，而集体力量又是平等的条件。"[3]

然而，在政治光谱的另一个侧面，即便是激烈反对特权团体的霍尔巴赫也认为，在没有其他代表形式的情况下，特权团体势必成为最高权力和臣民自由之间始终必要的壁垒。孟德斯鸠当然是此一

---

[2] 转引自［法］皮埃尔·罗桑瓦龙：《法兰西政治模式》，高振华译，生活·读书·新知三联书店2012年版，第5页。

[3] ［法］皮埃尔·罗桑瓦龙：《法兰西政治模式》，高振华译，生活·读书·新知三联书店2013年版，第89-90页。

思想的集中表述者，就如同路易十四时期，巴黎高等法院是此一思想最强劲的支持者一样。正是这样的情形，使得法国的自由主义者在捍卫自由以及拓展自由主义改革举措的同时，也不得不为维持特权而斗争；令他们很难跟早期的"玛姆鲁克"极端保守派以及后来的正统派乃至奥尔良派，在政治分野中完全区分开来，说白了，在法国，自由从本质上讲就是一种"贵族记忆"。这也就是托克维尔对现代自由和传统自治之间的关系如此敏感的真正原因所在，他说，"市镇自治之于自由就好比小学之于科学。"[4] 尽管他小心翼翼地将此论断置于美利坚的民主情境当中，但这话显然是针对法兰西民主制度而来的。贡斯当更在《论征服精神》当中着重阐述了这样一个政治准则：自由永远都是具体的、特殊的，抽象和普遍因此就是自由的死敌。

两相挤压，令法国政治习惯性地陷入了无政府和专制的交替循环当中，看来是难以自拔了。1830年代藉由阿尔及尔问题催生的帝国热情正是在这样的历史境遇之下，提供了挣脱此一致命循环的光明前景，甚至可以说是捷径。托克维尔在《论美国的民主》结尾部分予以着重申述的美利坚帝国扩张之"宿命"，正是在这样的背景下展开的；法兰西传统的自由主义"良知"当然促使托克维尔对美利坚民主集团对以土著和奴隶为代表的边缘群体的虚伪且无情的压迫，展开字面上的批评；不过，一旦问题回转到民主身份及其边界界定问题，托克维尔此番评说所蕴含的"边疆"隐喻便跃然而出；确切地说，无论托克维尔的这种传统自由主义的批评语式何等强烈，他都绝对无意让人就此得出结论说，帝国扩张是不正当的；恰恰相反，他将美利坚的帝国扩张视为命运的规定，这也就意味着，帝国扩张乃是美利坚民主的题中之意，绝不是偶然的、非道德

---

[4] [法]托克维尔：《论美国的民主》，董果良译，商务印书馆2013年版，第74页（引文稍有变动）。

的历史事件；显然，托克维尔在这段出了名的论述中，已经极为切实地体悟到了美国人依靠自己的经验尚且需要两代人才能体悟到的"边疆"因素之于民主的决定性意涵；这也正是为什么托克维尔在《论美国的民主》中拒绝正面阐述土著族群和奴隶群体的法律地位问题，而是特意地将此问题留待帝国背景当中予以处理，并别出心裁地将民主社会的这些"边疆群体"称之为"没有民主的美国人"（American without being democratic）。托克维尔的此番全然非美利坚的政治体悟显然是植根于他对同一时期法兰西政治情状的认知和焦虑：法兰西自由主义和民主进程必须跟帝国进程深深地纠结在一起。

正是在这样的帝国背景之下，才能充分解析《回忆录》（特别是第一章）当中强力宣泄的革命期待，那样的期待不免令英国的小穆勒大惊失色；小穆勒当然能够清晰地意识到，此等近乎末世论的革命期待是跟法兰西那平庸且细碎化的政治环境息息相关的，那里面的托克维尔虽然哀叹七月王朝的逝去，但这并非人们通常认为的末世贵族的哀叹，恰恰相反，托克维尔是怒其不争，琐碎且分裂的日常权力争斗以及冷漠、麻木的公众，这一切都在敦促托克维尔期待并召唤古典共和意义上的"德性行动"和古老荣光。在第一封"阿尔及利亚信笺"的开篇，托克维尔直抒胸臆："我毫不怀疑，我们应当竭尽全力，在非洲海岸树起民族荣耀的巨大碑石。"（First Letter on Algeria）而这就是托克维尔心目当中，所谓"阿尔及利亚问题"的总纲和总的诉求。

初见阿尔及尔，那是一片繁忙之地，也是一片混乱之地，"所有的一切都在同时发生和发展。人们修建街道，建造房舍，各种垃圾堆得到处都是。一切都像是发烧了一般，自我从美国返回之后，便再也没有见到此番场景了。"托克维尔显然难掩兴奋，他告诉自己的弟弟，"我想我再一次置身美利坚了。"仿佛一切都不会消失，一切又都在创造，他迫切地希望弟弟自己"去评判这急速创造背后的寓意。"[5] 此时的托克维尔完全忘记了信中的阿尔及尔并非新世界的自由土壤,而是已经人满为患的东方帝国残余,差异之大就如同不列颠帝国的印度和马萨诸塞一样;信中的阿尔及尔俨然就是一派美利坚的"边疆"风情。《论美国的民主》着重谈到了"边疆"战争和猛烈的西进运动对拓殖者和被拓殖者双方都带来的野蛮化影响,但在阿尔及利亚问题上,托克维尔难掩征服的兴奋;他希望奉行职业军事体制的法兰西,在阿尔及利亚的土地上,不要让职业军队成为征服者,而要像新世界那样,发动一场总体战,让法兰西全社会都参与其中;尽管这中间有残酷、有恐怖,但最终结果终究是美满的:"一座跨越地中海的民族荣耀的巨大丰碑。"(Second Letter on Algeria)"第二信笺"呈现出极具悖论特质的极化观念,一方面,托克维尔推崇殖民战争及其残酷和恐怖,另一方面,托克维尔又如同 18 世纪的启蒙主义者那样,对征服者和被征服者的融合抱持巨大希望,"一个在法兰西法律和法兰西总督统领之下的统一的人口群体将会崛起。"(Second Letter on Algeria)然而,无论是查理十世的极右政府还是路易-菲利普的合宪政府,最终都因为急于通过海外行动来挽救内部危机,纷纷将阿尔及利亚最好的土地收为己有,并以纯粹暴力手段在这个帝国"边疆"推行中央集权,最终令整个阿尔及利亚社会在非殖民化浪潮袭来之前的漫长时光里,始终处于剧烈的动荡和飘摇当中。

如果说托克维尔早先的关切重点是阿尔及利亚在法兰西民族荣耀和帝国威望的重建当中将扮演怎样的角色,那么从 1841 年的"阿尔及利亚论章"(Essay on Algeria)一直到 1847 年的"第一报告"(The First Report on Algeria)和"第二报告"(The Second Report Algeria),托克维尔的关注重点就已经发生了戏剧性的转变,

---

[5] "Letter to Edouard, 30 May, 1841", *Selected Letters on Politics and Society*, University of California Press, 1968, p. 211.

开始关注阿尔及利亚社会本身的情状和前景了。显然,"论章"和两份"报告"是以议会委员会的政策建言方式写就的,这就逼迫着托克维尔以现实主义眼光去勘察殖民地实况;最终得出的结论显然是要令托克维尔早先那乐观的启蒙派身姿一下子坍塌下来,两个族群显然是无法融合,更无法同化的;实际上,这也是一切帝国诉求在传统的东方帝国残余世界的普遍遭遇。他在"第二报告"中承认,"倘若要殖民进程有任何的推进,我们不仅必须使用暴力手段,更要动用毒辣手段。这场争斗显然不再是政府之间的争斗,而是族群之间的争斗。"(The Second Report on Algeria)实际上,早在"1841年论章"当中,现实便已经迫使托克维尔放弃了对阿尔及利亚的美利坚式的"边疆"期许,他在极度哀婉中写道:"……倘若我们认为阿尔及利亚的古老居民都需要踩踏或者摧毁的障碍……那么两个族群之间的问题便将会是谁去死、谁去活的问题。阿尔及利亚迟早要变成封闭之地,变成城墙高筑的舞台,两个族群将在这里残忍厮杀,必有一方灭亡。上帝啊,救救我们,不要让我们遭遇这样的命运!不要让我们在19世纪中叶的这个时候,重新开启美利坚征服史。"(Essay on Algeria)

帝国政治的灼热景象及其热望,而非宏观历史的冷静而悲悯的叙述,在此突变为托克维尔的叙事主体和叙事风格,他将当下事件及其驱动力量呈现得如此具体、生动,那种自动喷发的道德力量和语言力量,仿佛一部情节简洁、但赋有巨大表现力和语言感染力的人文主义悲剧。这个剧情当中的托克维尔显然是激情四射、道德热力已然是无可遏制的群众煽动家,跟后来《旧制度与大革命》中的那个精致的社会分析家判若两人,不能不承认,托克维尔身上可能具有的多重性格以及随机而变的多重才能。他亲眼见证了路易·菲利普是如何从一个潜在的革命者,变成一个主张经济紧缩、和平和微小改革的统治者,又如何成为反民主的统治者。这种变化并不只是发生在一个人身上，几乎全部的贵族、军队和工商业阶级都看到了实现经济合理化和政治改革碎片化的前景，并为此暗自欣喜。不过，也绝对不可低估此时期法兰西下层民主的深刻性和激烈性，同样也不可轻视了此时期法国资产阶级或者有产者的惊恐和反革命心理。托克维尔在其《回忆录》中颇为成功地把这种心理同一个没落贵族的哀婉心理混同为一体，如同罗马共和国晚期的西塞罗以从容赴死的心态哀叹共和的失落那样，在托克维尔的当代历史图景中，缺失了基于财产的负罪感和不安全感而带来的"社会恐惧"心理。因此，毫不奇怪，托克维尔在同一本回忆录中同时也抱怨1815—1850年间的"人民的冷漠"，这是因为这一时期的法国政治中虽然存在大量的选举骚动、亚政治层次的暴乱革命以及传统的街垒战等等，但他从一种理想中的古典政治或者孟德斯鸠式的贵族政体出发看待问题，他并不觉得激进候选人取得压倒性的多数有助于提高"公民"的政治参与感，在这一点上，他实际上与英格兰的中产阶级功利主义者持有同样的观念，假设财产和选举权的普及危及"自由"，他们宁愿放弃前者而选择后者。无论对穆勒来说，还是对托克维尔来说，他们本来就知道根本不用把乌合之众放在心上；代议制政府，无论体现为一院制还是两院制，就政府本身而论，都应当像一个类似于新教徒式的封闭而严格的社团。而在英格兰和法国，这个社团就是由土地利益集团和工商业利益集团组成，只有这些集团才拥有代表权。统治的要害就在于避免土地利益集团和工商业利益集团再次发生类似于英格兰斯图亚特王朝时期或者法国旧制度时期的那种精英集团内部的分裂，对他们来说，这样的分裂实在是人为的悲剧，以愚蠢和目光短浅为基础，而不是社会自然的进化进程的附属物。这一时期，无论是英格兰还是法国，社会实情注定了代议制只能满足行政机构和管理政治，而不可能满足议会政治本身，理想形态的议会政治在穆勒的《代议制政府》中只是得到了再模糊不过的阐述。

在法国，这种情况更甚。大革命期间公共土地和教会土地的出售以及后来《拿破仑法典》的出台，为贵族和资本家创造了一个更为资本主义化的环境；大革命虽然增加了法律和政治上的自由主义，但在政权的精心管理下，法国经济现代化的最终成果只是保卫了资本主义和官僚政治。正如拿破仑在1808年给其兄弟、巴伐利亚创始国王的信中所透彻观察的那样："在德意志，如同在法国、意大利和西班牙一样，人们渴望和平和自由。《拿破仑法典》的益处、公开法院的法律程序、陪审团，这些东西将使你的君主制非常杰出。"[6] 没有谁比拿破仑更善于观察人情世事，支配"漫长的19世纪"的精神要义的残酷实质就是以社会公民权取代政治公民权。马克思曾评论说："1871年，在凡尔赛，他们从一开始就被挤到后台，去给梯也尔的统治充当'共和主义'的装饰品，并以他们的在场使波拿巴的将军们反对巴黎的战争合法化！这些可怜虫陷于自我嘲讽而不自觉，还在网球场里举行他们的党的会议，来表明与他们的1789年前辈相比，他们已堕落到怎样的地步！"[7] 马克思指出了1789年代和1830年代之后的"共和政治"的不同，但未能指出造成这种差异的原因所在。对后世善于比较的普通观察者来说，这样的差异作为公众事实很清楚地摆在眼前了。1789年，共和主义在旧制度时期已经培养起强大的生命力，并且将旧制度作为共同和强大的敌人，不管各个派别对共和主义有着怎样不同的理解。在那一年代，尤其是在政治斗争被迫突破实用主义政治的限制性范围之后，政治本身成为一桩真正的美学事件，其中的观念、动机和情感的力量足以感染千千万万的人，历史进程和具体的行动往往就是观念和意志的直接结果，资产阶级正是要从这样的一系列结

---

[6] 转引自[英]迈克尔·曼：《社会权力的来源》第二卷（上），上海世纪出版集团2008年版，第260页。

[7]《马克思恩格斯选集》第2卷，人民出版社1995年版，第423页。

果中脱颖而出，撕破旧制度的特权网络体系。要唤起大众的情感和支持，就必须放弃启蒙运动家们对理性的哲学化思考，必须发挥情感、意志和偏见的力量。

但是当民主进程进入1830年代的时候，法兰西已经逐渐定型为资产阶级国家，并在议会制度的框架内运行，政治在这样的情况下不再是一桩野心勃勃的事情；历史进程和政治行动往往并不能直接从观念或者情感中得到解释，正是这一点构成了在"政治家"和"政客"之间进行区别的试金石。事实上，从1815到1871年，法国政治的历次变迁便再无法用观念和意志动机的因素进行解释，众多的具体事件只是政客和民众无意识行动的间接而迂回的结果而已。无论是路易·菲利普、梯也尔，还是波拿巴，都只是以当前的混乱状态为前提来干预法国的自由事业和革命传统的。他们所有的文治武功都称不上野心勃勃，都只是对秩序的要求，都只是和目力所见的非常狭小的局部事实相联系而已。他们静观公众生活中所发生的变化，准备迎合在乱世中所可能产生的一切有利机运，以功利的方法计算着从这些变化中能得到什么好处。在法国议会政治的历史中，人们绝不可能见到某种"观念的统一"。对于共和主义者来说，共和政体是一种将各种各样从属于它的名义的政治形态都包含在内的事态而已，其中既包括严厉的、混合的和松散的贵族制，也包括相对的专制、寡头民主制，必要的时候当然也能包容帝制。

马克斯·韦伯关于"为政治而活"和"靠政治而活"的区分，也可用于对两个时代共和主义政治之差异的一种刻画。正如恩格斯为《法兰西内战》所作的导言中所说："这种情形不但在世袭的君主国内可以看到，而且在民主的共和国内也可以看到。正是在美国，'政治家'比在任何其他地方都更加厉害地构成国民中一个特殊的和富有权势的部分。那里，两个轮流执政的大政党中的每一个政党，都是由这样一些人操纵的，这些人把政治变成一种收入丰厚的生意……大家知道，美国人在最近三十年来是如何千方百计想要摆脱这种难堪的桎梏，可是尽管如此，他们还是越来越深地陷入贪污腐化的泥沼中去。"[8] 无论是英格兰古典的代议制、法国的以多党随意变迁组合为特征的国民议会制度，还是类似美国的以大众政党政治为基础的议会制度，都不可能造就或者容纳赋有政治天赋的克里斯马类型的、为政治而活的变革之才，因为这样的变革人物本身通常就代表着对全部资本主义法律框架的冲击；也许会有一些闪光点成为例外，但都又迅速遁入常规状态，比如西奥多·罗斯福和格莱斯顿对本党政纲的冲击以及对大众政治的诉求。至此，政治不但丧失了作为"国家幸福的科学"的起码标准，甚至更丧失了那种在大革命时期以及在拿破仑时期得到鲜明体现的方向感。马拉早在1791年就以出色的洞察力预言了下层改革派必然遭到抛弃或者镇压的铁律："宫廷的可怜虫倒毙了，可很快麇集起贵族、僧侣、军官团、市政参事、高级行政官员、金融家、投机家、公开的吸血鬼、空谈家、刀笔吏、宫廷毒虫，一言以蔽之，就是所有那些将地位、财产和希望建立在滥用政府权力的基础上的人；所有那些从政府权力的罪恶、事业和挥霍浪费中得利的人；所有那些对维护种种弊端感兴趣的人。在这些人周围又聚集起另外一个圈子：商人、高利贷者、小手工业者和奢侈品工业的工人、文人、学者、艺术家；此外还有大商贩和资本家，喜爱舒适生活的公民，对他们来说，自由无非就是消除妨碍他们赚钱的障碍，无非是保障他们财产的安全，保障他们的生活不受干扰。"[9] 正如基佐在《法国文明史》中呈现的那样，1815年之后的整个19世纪，法国所谓的自由，实际上就是马克思所谓的"无秩序党"的自由，这种自由深深扎根在马拉所列举的上述各个集团和阶层当中。

---

[8]《马克思恩格斯选集》第2卷，人民出版社1995年版，第334—335页。
[9] 转引自[德]库诺：《马克思的历史、社会和国家学说》，上海世纪出版集团2006年版，第135页。

此等情形之下，法兰西政治意志的形成并非一桩纯粹的技术性工作，代价是必须付出的，意志所采取的终极立场不可能由科学手段或者所谓的主流公共舆论来定夺；因此，尽管自由主义精英集团的历史学家和思想家们倾向于将大革命史的写作称为"分析"（基佐）或者"叙述"（梯耶里），米什莱则一反"公民国王"时期的"时代精神"或者"时代要求"，将自己的《法国革命史》视为一种"复活"，这是有充分根据的；大革命在米什莱看来乃是一桩世界历史中独特的、不可能重复的事件，它从"存在之混沌"当中升起诗歌的、悲剧的乃至神话的墓碑，永恒地矗立在人类生活这一普遍混沌而无意义的大平原的地平线之上，这座墓碑以其不可超越、不可模仿，甚至不可接近的理想形态，时刻告诫法兰西：它所能做的一切只能是决定在多大程度上远离而不是接近1789年夏天的理想。

很显然，19世纪法国文化、艺术同经济-社会事实之间的这种断裂和矛盾，实际上既制造了贯穿整个19世纪的民主难题，这一难题更是主宰了整个19世纪的法国政治生活。从夏多布里昂、拉法耶特到托克维尔，都委婉地暗示法国共和文化和政治意向可以在美国找到自己的未来形象，尽管没有人会认为这一形象是足够完美的。然而，更多的法国人，即便是共和派精英，也都在南北战争之后，纷纷指斥美国文化不过是一种充斥着奢欲的商业社会的个人主义，实际上，早在拿破仑三世执掌帝国之前，来历并不明确的种种政治势力就开始鼓吹社会化和集体化的共和体制，拿破仑三世登台之后，种种势力开始提出明确的政治-文化或者说是文化-政治诉求，将政治同价值观融合起来，借此疏离共和派在前帝国时代含辛茹苦且步履艰难地展开的自由主义净化工作，保守派，无论是天主教势力，还是波拿巴派或者奥尔良派，在文化价值观领域迅速达成妥协，主张远离盎格鲁-撒克逊经验，确切地说，就是要建立一种注重"全民公决"、注重领袖崇拜而非注重议会日常运作的政治文化；实际上，托克维尔早在 1848 年的时候就已经在一系列的通信中表达了对议会事务的厌倦和憎恶，他的理由很简单，这样的琐碎工作不够浪漫。在他看来，1789 年秘密的语言风格满载激情，传递着华兹华斯和拜伦的精神，灌注着民族的荣誉感，"在激情炽烈的年代，在骄傲和慷慨的雄心腾飞的年代，年轻人开始领航，他们的记忆，尽管有铺张之嫌，还是会永远珍藏。1789 年是一个恣睢纵横的年头，无与伦比的辉煌。""……一蹶不振的人不但从此不能成为具有伟大美德的君子，而且他们几乎更没有能力去犯什么滔天大罪。"此一时代的政治完全式微，降格为琐屑的阴谋诡计和无原则的妥协，甚至"权力政治"也成了遥远的理想。托克维尔最后评论道："革命的滋味要比围绕在我们身边这种死水一潭的生活要好十万倍。"托克维尔在法兰西的帝国扩张和征服中看到了比民族国家自身更为伟大、也更具前途的东西，在海外行动中，托克维尔看到了法兰西民族乃至整个欧洲种族的再生，从昏睡中觉醒。针对英国的反对，托克维尔致信穆勒："附和那些大声嚷嚷、不计代价要求和平的人会更危险，这不是因为和平损害了国家安全，而是因为反对如我们这般组织起来的民族的最大祸害，就是逐渐软化的民德、理念的屈节、品位的平庸。"[10] 这种对一致性、想象力以及政治激情和热情的诉求，从来都是托克维尔政治思考当中的本质元素。而且托克维尔对此类元素的诉求是极为迫切的。也正是这一点催生了托克维尔的民族帝国观念和 J. S. 穆勒的自由帝国观念的本质差别，成为这两个 19 世纪帝国代言人之间一切分歧和争执的基础；并更进一步地令托克维尔"美利坚叙事"背后隐藏的法兰西诉求跟詹姆斯·布赖斯"美利坚叙事"背后蕴涵的英格兰诉求之间，形成了极为强烈的反差，"布赖斯乃竭尽所能地主张客观性原则，

---

[10] Tocqueville, *Memoir, Letters, and Remains*, Boston: Ticknor and Fields, 1862, pp. 270–276.

但无论如何,他本人也正是他所属的那个阶层的囚徒。在他呈现的美利坚图景当中,自由主义乃是基础色调,这样的自由主义有可能是英格兰格莱斯顿派的变体,也有可能是他在美国结识的那些正统自由主义者所奉行的精神原则。说白了,这些人都是东海岸区域的活跃分子,都身怀进步主义本能;这其中,没有一个人会同南方信条产生亲和感,也不会有谁愿意捍卫州权,并据此抵抗日益扩张的联邦权能。他们体现的乃是自由主义的国家主义诉求,他们对政府之提升人类境况的效能是秉持信心和信任的,而这同布赖斯本人有关政府之目标的观念和见解乃是深为契合的。这也就令布赖斯对他的这个美利坚朋友圈秉持了深度信任,正是这样的信任感,最终令他的这部作品不可避免地沾染了主观色彩,虽然他一直都在竭力避免这样的主观性。"[11]

---

[11] Gary L. McDowell, "Introduction to James Bryce's *American Commonwealth*", in James Bryce, *American Commonwealth*, Liberty Fund, "Introduction", Ⅲ. 伍德罗·威尔逊给出了这样的比较性评论:"人们当然会将布赖斯先生这部令人仰慕的作品同托克维尔的伟大作品《论美国的民主》进行比较和对照,这是不可避免的。这两部作品之间的关系,差不多呈现出全然的对照格局,这样的对照自然是有助于凸显布赖斯先生这部作品之特质的。托克维尔来到美国是为了观察政府原则之运作,当然也是为了给如下问题寻找靠谱答案:民主是如何运作的?布赖斯先生也曾来到美国,而且不止一次,而是多次,不过,布赖斯先生的目的却是要看一看美利坚制度之实际发展,而且布赖斯先生早早地就已经觉察到,抽象的政治理论几乎是不可能介入这样的制度发展进程并成为其中的塑造力量的。说白了,布赖斯先生乃是带着这样的问题来到美利坚的:英格兰人究竟在美利坚培育起怎样的制度呢?托克维尔既是为了满足自己的好奇心,更是为了满足法兰西人特有的那种剧烈且昂扬的哲学欲望,才前来美国见证杰克逊时代那粗野且躁动的美利坚民主的。相反,布赖斯先生所见证者乃是今日之美利坚,这样的美利坚差不多已经发育成熟,而且也已经在光阴淬炼之下,变得清明庄重了,因此可以说,布赖斯先生更有机会、也更有资格对美利坚民主作出公正评判。……布赖斯先生的文风当然跟托克维尔先生不能比,不过,这可不是贬低布赖斯先生;我要说的是,布赖斯先生要传递的思考以及布赖斯先生要阐发的东西,乃跟托克维尔完全不是一回事情,托克维尔给出的评判之论当然也跟布赖斯先生的这部作品不是一回事情;确切地说,布赖斯先生根本就没有打算用哲学观念来评判事实王国;布赖斯先生这部作品的诉求乃在于解释而非评判。说白了,布赖斯先生压根儿就无意在托克维尔最为擅长的领域同托克维尔一争高下。因此,若要成就这样一部作品,就需要全然不同的东西,在这方面,布赖斯先生可以说是做到了极致;他写就的这部作品于比较政治研究者而言,乃是有着无可估量的价值的,此等价值恰恰就在于其充分、精确、率直以及那种睿智稳健的现实判断力,甚至可以说,那样的判断力是充满智慧的。"("Woodrow Wilson on Bryce's American Commonwealth", in James Bryce ed., *American Commonwealth*, Liberty Fund, Appendix Ⅲ, pp. 1585–1586.)

托克维尔与"阿尔及利亚问题"

这恰恰也是托克维尔的自由主义同"空论派"自由主义的深层分歧所在。同较之以贡斯当为代表的"空论派"自由主义者们,托克维尔更为深刻地意识到法国议会自由体制面临着至深的认同危机,他对身边政客们的平庸感到悲悯。在"空论派"满足于因政治稳定而带来的现实收获时,托克维尔深知一个自由民主政体的产生和维持单凭民主进程本身是很难实现的,因为无论是议会派的民主自身,还是这种民主所处的历史境遇都会提出一些重大问题,而议会民主不具备解决这些问题的能力和条件。1789年之后,法国政治实际上经历了很多可以改变民主命运的关键时刻,但是在这些时刻,议会政客们都未能采取重大行动,尤其是在1848年的时候,绝大多数人甚至都没有做好行动的准备。究其原因,托克维尔指出,不稳定和碎片化的代议制政府是根源所在,这种政府形式培养了一批因缺乏政治想象力而丧失品味的政客,致命的病源就在于这种治理形式所培育并加以迎合的现实主义风格。在给穆勒的信中,托克维尔写道:"亲爱的穆勒,我无需要向你说明,道德观念的逐渐弱化、思想的堕落、品味的平庸,是威胁像我们这样被组织起来的民族的最大疾患;那是未来存在巨大危险的地方。人们不能让一个像我国这样以民主制度构建的国家,一个种族的天然恶习不幸地与社会国家的天然恶习同时存在的国家,轻易地染上这样的习惯,即为了宁静而牺牲伟大,为了小事而牺牲大事;以下现象是不正常的:允许这样一个国家相信它在世界上的地位变小了,相信它正从祖先所处的地位上下降,相信它必须通过建设铁路并使每个人的个人幸福在和平(无论这种和平的条件是什么)中增强并安慰自己。那些行进在这个国家前列的人,如果不想让法国的道德观念水平降到很低的话,就有必要经常保持一种自豪的态度。"[12] 很显然,人民当中涌动着对平等的永不满足的渴求,这种渴求并非"空论派"

[12] Tocqueville, *Memoir*, *Letters*, *and Remains*, Boston: Ticknor and Fields, p.140.

眼中的乌托邦诉求，也并非某种不切实际的自然法伦理要求，相反，这是切实的法兰西政治生活。1830年之后的历次内部斗争，都表明自由派议会政治既无法控制、也无法领导这种强有力的政治生活；法国政治在这样一个"贵族制已经逝去、民主制尚未成形"的时期，需要的是公共美德的引领。托克维尔素来对这个问题有着极度强烈的体认，并以此自傲。

对启蒙叙事和共和文化所遭遇的此种沉重打击，安东尼·德·巴克有着颇为公允的评述："神权的作用，并不是没有得到浪漫主义魔术师不断的追捧和颂扬……1826年，孔德在《神权评论》中回顾了中世纪神权和世俗权力的分离，并指出，'在当今社会，一个国家的文化越是发达，越是急切地需求形成一种新的神权秩序'，它的'特有用途就是为政府制造舆论'，为主要的职权指定教育方向。50年后，勒南在《哲学对话录》中就开始梦想一个学者的专政。第三共和国，以请求勒南提供保证并同时将教育变成国家宗教的方式，实现了这一梦想。要了解思想家在民族文化制定中的中心位置，莫过于瞻仰并拜读茹伏鲁瓦的名文《怎样结束教条》，作者在这篇文章中提出了思想审查的主张。于是，'恐怖时代'降临了，无可避免的后果就是政权落到阴谋家和堕落分子手中，公众改革化为乌有，自由主义活力丧失殆尽。接着，便是德性不足但机谋有余的'新一代的崛起'。……他们是一代新人，拥有自封的'使命感和对自身时代的理解'，正在建立'真理的合法帝国'，他们是一些跟哲学知识和政治权力联结在一起的'先知'。尽管他们的特性千差万别，但有一个共同的生存目的，那就是为政权而掌握知识，为建立新的信条而超越启蒙。其中的佼佼者就包括了茹弗鲁瓦、基佐、孔德、雨果、拉马丁、勒南以及雷诺维耶。"（《法国文明史》，第二卷）很显然，问题的关键并不在于重建议会自由主义，而在于重建社会纽带；毫无疑问，造成此种局面的根本原因就在于自由主义经济在19世纪法国的糟糕表现，这样的表现令激情政治塑造出的一代人无法承受、更不愿坦然面对多元利益政治之平淡琐碎。为了驱逐此种多元利益的纷争格局，重要的是要指出一种具有足够说服力的"普遍的社会利益"，而且，重要的不是此种"普遍社会利益"之切实内容，而是其蛊惑力或者说服力。拉梅内以"信仰之德性"作为社会纽带之有效工具，圣西门派则反其道而行之，转而信奉实证原则和科学知识之效能，当然，极具社会主义色彩乃至民粹色彩的种种诉求也无可避免地勃发而出，诸如"国家工场"之类的集体主义安排。种种设想可谓千差万别，但在最根本的一点则保持一致，那就是：并不在乎经济上的现实性和可行性，也不在乎自由主义活力之重塑和再现；说白了，这些人真正关心的是教育指向问题，确切地说，就是如何将一己之观念转化为国教性质的教育纲领，希望法国社会在观念之神权权杖之下，向前推进。在这其中，特别是托克维尔和基佐的立场是相当模糊的，他们所信靠的是"有干才""有声誉"的新贵阶层的普遍感染力，毫无疑问，这样一个"新贵阶层"是很难在如此博杂且纷争的利益格局当中获得准确界定的，不过，在这其中，自由主义力量也同样毫无疑问的是享有一席之地和成长空间的。此种局面之下的自由主义，无论是外缘还是内涵，都是无法进行明确界定的，原因很简单，此一时期的法兰西自由主义并非以利益和稳定的社会群体为依托，议会政治的殒殁则更是无法令自由主义活力凝聚为常规化的体制形态；实际上，这样的自由主义不得不放弃常规的政治和文化诉求，转而以纤弱网络的形态，断断续续地在整个社会范围内散开，同种种千奇百怪的社会势力产生部分的、往往是很可怜的交集。这实质上也意味着法国共和文化和自由主义力量已经在保守派、浪漫派和法国社会的底层民众尤其是农民阶层的联手夹击中，被逼入了退无可退的绝境；这也正是七月王朝政治境遇的真实写照。

安东尼·德·巴克将法国自由主义的多蹇命运归因于共和文化自身的弱点，立论颇具说服力："为什么这种共和文化没能更早地取得胜利呢？它的第一个弱点无疑与它本身的唯意志论有关。'更新'的计划很快便表现得过于仓促，自由主义传统在这个计划中没有足够的时间找到位置。建立一个由相互矛盾的利益之间的竞争及游戏所引导的社会，这样的思想在'更新'论调范围内是不可能有发育之机的。在持久地失去自由主义活力的同时，共和文化有一段时间没有了轴心思想，只是在大革命一代人退出舞台之后，这个轴心思想才开始激发19世纪上半叶的自由主义活力和现代化。大革命在这个时刻并未成为未来文化之载体。糟糕的是，它成了可怕的恐怖和混乱的代名词，经常用来吓唬选民，19世纪的保守派势力常常借助修辞的力量，竭力将选民引向怀旧文化的轨道，这种怀旧文化是由老记忆、老雕像、老礼仪、鼓动情感的英雄轶事和理想化的价值观组成的。共和主义的第二个弱点是让波拿巴夺取了大部分的象征意义和礼仪常规，最终令共和文化在世人眼中展现出独裁文化的态势……拿破仑乃是一个意向模糊的守护神。他在抽空共和文化的一大部分内容的同时，又很懂得利用共和之形式，也正是他使得共和文化在19世纪法国民众眼中信誉扫地，因此，人们才常常说，现代民主观念远没有在法国式的共和主义中扎下根。一方面是恐怖式的'更新'，另一方面是恺撒主义，这就是19世纪在普及共和文化道路上，其本身所产生的逆反效应的两大暗礁。作为革命神话，共和文化的第三个弱点乃植根于它的基本表述形式。对历史断裂的表述，对突然爆发的变革之起因的诗意描述，把大革命提到了一种文化神话的状态，这种描述在热情洋溢的各共和派圈子之外的大部分法国人的思想和期待中造成了沉重的后果。有很长一段时间，人们认为要达成共和理想必然是极为艰险的，是要经过严峻考验的。正如林·亨特所写：'这并不是许多政治选择中的一种选择，而是要把一个神话和一个时代大动荡连在一起，把它和一些深刻的分裂冲突联结在一起，和一个前所未有的文化雄心联结在一起。在这个意义上，共和文化以它的激进理想、它的毫无妥协可言的原则诉求、它的象征意义和沉重的改革、它的创新和它的参照性法律制度，使得在19世纪建立一个共和体制更显得难上加难。这种文化要求使得共和主义更接近于各种激进运动，如布朗基主义等，而远离了一切可行的体制规划。'"（安东尼·德·巴克，《法国文明史》，第三卷）

　　从查理十世的放逐到拿破仑三世的倒台，历史清晰地揭示出一段惊心动魄的历程，贯穿这一历程的则是法国普遍主义的启蒙观念令人沮丧的败落，先是资产阶级民族领导权在内斗中的瓦解，接着便是自由派主流社会力量试图借助对外的民族荣誉原则来克制内部的纷争和危机，拿破仑三世娴熟地运用全民公决这一终极政治手段击碎了前1848年代自由派有关帝国观念的宏伟构想，并成功创建了第二帝国。但是同样的矛盾和同样的逻辑也使得拿破仑三世在帝国框架内寻求民族文化认同、在欧洲框架内（也许英格兰不在拿破仑三世的文化框架内）寻求文化领导权的努力功未成身先退。情况至此已经很明显，任何的内部政治艺术都不可能仅仅凭借理智的力量担当起帝国观念所要求的文化使命。文化使命同政治艺术所要求的理智原则形成了极性的对立态势，它要求一种神秘主义的力量，要求这种力量直接诉求人类心灵当中的情感要素和非理性要素，因为只有这种力量才能同拿破仑三世凭借全民公决行动而激发出来的保守主义情绪形成对立和对抗。无论从客观上讲还是从主观上讲，这也许就是作为传统自由主义者的托克维尔在这个帝国时代的最大期望了。

　　然而，令人无法再抱持幻想的现实反而极为诡异地催生出托克维尔对殖民地人民强烈的道德关切和内心的良知诉求；这种情况发生在托克维尔这般传统的自由主义者身上倒也不难理解。但不管怎么说，这背后却也隐含了托克维尔这样的自由主义者在帝国使命当中避无可避的悲剧处境，他一度设想过靠着温和且开明的政策举措，来维持法兰西的这个帝国"边疆"，但那样的政策举措在法兰西内政那极度碎裂且极化的情境当中，根本就是无法推行的；在本来用以化解内部危机的"民族荣耀的丰碑"黯然坍塌之后，托克维尔显然又不愿意就此拒斥帝国影像本身就会散射出来的光彩，于是，便只能用强烈甚至有些极端的道德关切和良知诉求来取代"民族荣耀"，据此来唤醒沦落细碎政治境地无法自拔的同胞，希望他们团结起来，在纯粹道德旗帜的引领之下，同不列颠帝国一争高下。这也就解释了为什么托克维尔会在法兰西帝国境内的奴隶制问题上，释放出如此强劲且极端的道德宣言的原因，而在《论美国的民主》一书中，托克维尔却一直都是回避正面触碰奴隶制问题的："作为一切专制和暴政的敌人，我备感痛心，这个世界之上最为自由的民族，竟然在这个时候仍然容许人身奴役制度在境内存续……作为人，我也对人对人的这种压迫深深触动，我希望有一天我能看到法律将平等的公民自由推及一切的帝国人口，就如同上帝没有任何保留地将自由意志赋予这大地之上的所有人一样。"[13]

　　在此需要特别指出的是，《论美国的民主》之所以对奴隶制问题采取了极为严密的回避态度，显然是因为托克维尔深知奴隶制问题是何等深沉、复杂，应该说，这方面，托克维尔看得比任何人都更为深刻和敏锐，因为正是他第一个预言了美利坚联邦将要面对的最大难题就是"黑人的到来"。实际上，就在托克维尔随同博蒙特巡游美利坚的那个时段，美国社会的精英阶层已经开始了一场大分裂，甚至连联邦参议院都出现了被撕裂的强劲苗头；南方种植园主

---

[13] Hugo, Victor, *Letters on American Slavery*, Boston: American Anti-Slavery Society, 1860, p. 8.

开始选择叛离之路,同时,新的社会群体崛起开始追逐身份贵族这一社会身位,比如军中将领、报刊编辑以及文学人物等等,老联邦主义者对这些新群体的诉求是一概予以拒绝的;于是,这些人便都在未来的斗争中成为民众的潜在领袖,引领民众为政治权力而战。奴隶制的废除引发的将是"黑人的到来"。黑人跟最初的印第安人一样,并没有被纳入最初的立国契约当中,这就令内战之后人们在"黑人的到来"问题上能够设想的最终极解决办法就是在南方那巨大的公民不服从运动背景之下实施种族隔离制度;黑人选民的确降临了,但是代议制度本身已经丧失了公民的实质参与,同时,大众政党制度的演进也无可避免地令政党除了政党机器之外,不再代表任何公民群体;此等情形之下,黑人问题便只能诉求非政治的个人良知了,这也就是为什么民权运动总是不由自主地偏向抽象道德观,总是如此轻易地宣告一切制度都是邪恶的,这样的道德观当然也就无助于改进人性,也无助于改进制度。在战前美利坚精英阶层大分裂的背景下,奴隶制问题显然就是最集中的危机触发点。对此,托克维尔当然不会没有觉察。但是奇怪的是,当同样的奴隶制问题置于法兰西帝国舞台上的时候,托克维尔竟然释放出如此强烈的道德能量,如此直截地任凭纯粹的道德和良知穿透政治。这样的做法无论是放在美国还是放在法国,毫无疑问都将会制造出极为严重的"共和的危机";这就如同阿伦特在《共和的危机》当中评说的那样:"跟别处一样,良知在这里也是非政治的。它主要不是对罪恶发生的世界或者这些罪恶会对世界进程产生怎样的影响感兴趣。这不是像杰斐逊说的那样,'每当我想到上帝是正义的,我就会为我的国家忧虑万分;他的正义不会永远沉睡',因为他为个人自身及其正直担忧。所以他会更加彻底,并且如梭罗说的那样,'人们必须停止蓄奴,停止对墨西哥的战争,虽然这会使他们作为一个国家付出代价',而对林肯来说,正如他在1862年时候说的那样，即便在奴隶解放斗争中，'至高目标'仍然是'挽救联邦……而不是挽救也不是毁灭奴隶制'。这并不意味着林肯不知道'奴隶制本身极端的非正义'，他在八年前正是这么说的；这意味着，他很清楚他的'职责'和'所有人处处都有自由的愿望'之间的区别。如果人们剥离这一区别上总是复杂而含混的历史情境，它最后其实就是马基雅维利说的'我爱我的国家胜过爱我的灵魂'。"[14]

二、帝国观念的变迁与托克维尔的自由主义

18世纪中后期到19世纪初，欧洲人的文化优越性观念是靠着启蒙滋养和支撑起来的，在这样的情况下，帝国的必然性实际上意味着"使命"，欧洲人负有向非欧洲人传播文明的责任和义务。但是在托克维尔时代，文化优越性开始和种族优越性结合起来，随着欧洲迎来"帝国主义时代"的黎明期，欧洲开始不那么热切期待同化欧洲以外的人了，而是更多地考虑用国家利益取代"天赋"的帝国使命。于是，作为天定命运的冲突取代了昔日的责任意识、人道意识和平等观念，即便温和如索尔兹伯里勋爵的人，在这样的时代大潮之下，也学会了毫不犹豫地选择武力征服。到了19世纪中期，法国在这方面表现得尤为强烈；这主要是因为大革命显然并没有改善法国的经济表现，反而令其变得更糟，国内的阶层、等级和文化竞争较之任何国家都更为剧烈，托克维尔的《回忆录》本质上就是在呈现革命潮流是如何加剧内部的不安全感和焦虑感，毫无疑问，《回忆录》中的法兰西，无论是政府还是民众，自我防护意识和挑衅性的攻击意识不但以极为悖论的方式并存，而且烈度也越来越大，所有人都是那么轻易地就会被激怒，甚至到了狂怒的地步，完

---

[14] [美] 汉娜·阿伦特：《共和的危机》，郑辟瑞译，上海人民出版社2013年版，第46页。

全超出了理智的范围，托克维尔本人在空空如也的巴黎市政厅的哀婉表现既是末日贵族的症候，但也是对时代症候的体悟。在这样的情况下，一种帝国的世界观便一下子变得无可或缺了，当然也会有克里蒙梭这样的人，如同英国的格雷斯顿一样，清楚意识到这种纯粹的"文化帝国主义"观念不但不能化解国内危机，反而会在国内外招致巨大危险，但无论如何，帝国使命感，即便是虚假的，也一定是必须的，文化自信、教育自信、民族自信以及军事热力很自然地成为此种帝国使命感的关键要素。这当然是这一时期欧洲的普遍现象，但法国在这方面再次首当其冲，强大的帝国传统尚且记忆犹新，但是历次的革命和动荡令法国备受挫折，于是，此时的法国比任何欧洲大国都更需要在面对本国民众以及面对他国之时，树立强大且统一的国家形象，借助海外形象来对内表述国家形象，这毫无疑问是一条成本最小的捷径；就这样，民族苦难意识、民族悲情同帝国形象形成了强有力的联动机制，很显然，在法兰西那种再典型不过的人人自危的防范型社会里，任何集团、群体、阶层乃至个人的野心，无论是良性的、中性的还是邪恶的，都能够在这样的帝国形象工程当中，找到充分的立足和发挥之地，以民族优越性、国家利益的美妙辞藻包裹起来，由此很轻易地就能够获得整个社会的普遍支持。不过，政治光谱自然会有核心区域，帝国考量的重点自1830年代革命洗礼和沉淀之后，逐渐浮现出来，那就是秩序、社会稳定、政治保守主义，避免社会肌体遭受"红色"共和派和极右"玛姆鲁克派"的侵袭；帝国扩张的实质诉求就是民族和国家的统一性，而非18世纪和19世纪早期不列颠传统帝国观念当中的公司利益或者集团利益。说白了，帝国背景下的法兰西政治，"形象"取代了利益。很显然，法兰西的帝国道路从根本上继承了大革命的一个重要特点：真心支持并鼓吹帝国的人都是焦虑万分且最容易有挫败感的布尔乔亚阶层，更准确地说是这个阶层的中下层，从职业角度来看，主要是政客、学者、记者、律师、公立教育体系中的教师，务实的商贸阶层则很少有人会混迹这个"帝国"圈子，因此，结论就很明显了，在法国，"理想的帝国政策并非以法国的资本主义为诉求，而是要实现法兰西民族主义的最高境界。"[15] 深重的社会-经济变革引发的巨大压力和危机，自然会刺激各个阶层乃至所有的人寻求尽可能便捷且小成本的解决之道，帝国便是这么一条极为有效的捷径，这一点是毫无疑问的；也正是因此，那些主张在内部压力和危机如此深重的情况下应当尽可能克制帝国形象的人，当然就会沦落为少数派。

相形之下，英国在印度的克制自有其充分的理由。完全暴力的统治只有在正常权力逐渐沦丧的地方才会有效，欧洲帝国主义因为逐渐丧失权力，而不得不在非殖民化和纯粹的暴力乃至屠杀政策之间做出抉择，这就足以证明这一点。民主国家或者自由宪政国家在这个问题上更面临特殊危险，正如康马杰在1960年代类似的帝国背景之下所说的那样，"倘若我们摧毁世界秩序，破坏世界和平，我们就不可避免地首先颠覆并破坏我们自己的政治体制。"[16] 对自由制度或者民主制度来说，帝国议程当中的非常态行为，特别是强制行为，都将会对自身体制产生极为可怕的反作用，令母国自身在这样一个反弹链条当中，反而会成为如克兰默勋爵所说的帝国的"最后一个附属国"。这也正是 J. S. 穆勒在同托克维尔的一系列"帝国信笺"中一直致力于提醒托克维尔的。

然而，托克维尔显然并没有领穆勒的情；内部危机迫使法国让世人信服，要用一个没有任何战略分量的"边疆"之地来考验法国的解放能力，据此保持大国形象和大国地位，这便是唯一持久的目标，这目标既不在乎权力，也不在乎利益，更不是要影响甚至重塑

---

[15] C. Andrew, "French Business and the French Colonialists", *History Journal*, 1976 (19), p. 981.

[16] "Can We Limit President's Power?", *New Republic*, April 6, 1968, p. 17.

眼前的现实世界，而仅仅是为了形象，形象成了目的本身，其他一切的为着具体且真实的利益而采取的政策都只能是随时可以更替的短期手段，现实和常识更没有可能成为行动和政策的准则。从这个角度来看，托克维尔的自由主义帝国观念跟拿破仑三世作为政治筹码推出的"拿破仑观念"并无任何的实质性区别，惟一的区别就是后来的路易-拿破仑用意大利取代了阿尔及利亚罢了。这也说明了为什么这个国家的行动、这个国家的帝国议程总是缺乏国家利益及其边界的引导和限制，总是近乎疯狂地将资源白白浪费在错误的地方，那样的错误之巨大、创伤之深重，简直到了令人匪夷所思的地步。

三、自由与帝国双双败落

复辟时期同样也迎来了"自由主义重组"的时代，敌人变了，面对极端保守派极力倡导并推行的地方特权和团体特权政策，自由派也开始调整自己的议程和策略。基佐是这场"重组"运动的中间人物，他将法兰西自由史乃至文明史首先解释为"布尔乔亚"阶层的解放斗争史，是自由与专制的对抗史，他写道，"在一个至高王权掌握一切权力又不负任何责任的绝对政权统治下，公民缺乏或者全无保障，需要在别处寻求。他们在君主面前表示臣服，但只要有可能便尽力捍卫自己的权利；因此，法庭成了政治机关；省市政府不断寻求特权和独立，在不质疑最高权力的情况下，想尽办法减少遵循中央政令带来的损失而获得更多的安全。"[17] 很显然，地方团体、社会团体、文化集团和利益集团的合理性在基佐这里得到了历史情境化的处理，被限制在大革命之前的时代，更确切地说是限制

---

[17] 转引自［法］皮埃尔·罗桑瓦龙：《法兰西政治模式》，高振华译，生活·读书·新知三联书店2012年版，第171页。

在重农主义崛起和内克尔财政改革之前的时代。同样明显的是，在那样的历史时段，贵族自由主义的政治逻辑跟自由主义本身的政治逻辑无论原则还是目标都是一致的。但是基佐接着申述说，"现在，我们政府的原则和形式跟从前已经是不可同日而语了。其原则是争取所有人的最大福利和尊重每个人的权利；而其主要形式是公开讨论，以此确认政府的原则未遭遗忘，并指导政府行动。公民可从中获取所有保障；对征税的投票表决、选举、新闻自由、司法独立、情愿权利等制度组成或应该组成完整的民权保障机制。而我们能在地方政府和特权体系当中获得的保障将是相当不完整的。"[18] 很显然，复辟时代的人们更为敏锐地体悟到，法兰西的个人自由需要统一，需要中央集权，极端保守派的自由仍然是贵族主义的自由，这样的自由跟自由本身已经分道扬镳了。在《欧洲文明史》中，自由和集权在现代性进程中的相辅相成并最终通过代议制实施政治和社会融合的进程（既是历史进程也是思想进程），乃成为核心议题。传统自由主义或者更确切地说是"贵族自由主义"乃植根于孟德斯鸠那一代人，特别是孟德斯鸠对英格兰"混合政体"的"再解释"，面对基佐对现代自由主义的"再解释"，以托克维尔、贡斯当为代表的传统派自由主义者当然要展开反击，在这场斗争中，托克维尔令人称奇地将法兰西贵族集团，特别是极端保守派赋予"市镇"这个社会实体的中世纪意涵，直接转移到美国市镇体制的历史情境当中，以此等扭曲的方式来表达一种法兰西的贵族乡愁；但无论如何，到了七月王朝的时候，贵族自由主义已经无力再形成一种稳定的政治文化了。基佐在《法国文明史》中确立起来的自由-集权的辩证关系成为现代法兰西政治景观的中枢；在这种景观当中，传统的团体精神、作为王权对抗者的等级特权精神，简言之，就是

---

[18] 转引自[法]皮埃尔·罗桑瓦龙：《法兰西政治模式》，高振华译，生活·读书·新知三联书店2012年版，第171页。

孟德斯鸠-托克维尔的自由主义精神，显然已经无法再造法国了，法国在整个19世纪极度糟糕的经济表现和政治作为已经将这个情况揭示得体无完肤了；法兰西的解放事业应当以"公共利益和公共权力"而非团体特权或者个体权利为原则和目标来展开，惟有中央集权才有能力满足社会和民众的深层次需求。这样的思考距离共和派以及第二帝国的统治哲学和社会哲学已经不远了，说白了，"权力是自由的开端"，乃是二者共同信奉的政治格训，依据这样的格训，自由并非来自对权力的削弱，而是来自对权力的良好组织。

复辟时代当然也迎来了反新教思潮，德·梅斯特将新教思潮称为"宗教王国的无套裤汉运动"，很显然，他们是站在保守派的立场上从中看出了邪恶的民主现象。到了托克维尔书写《论美国的民主》并确认美国的新教特质之时，反新教主义的思想重心发生了重大转变，此时的新教成了个人主义的根本源泉，而非民主和平等的源泉，并且这个时期的保守集团的攻击重点也发生了变化，在他们看来，正是个人主义造成了社会的失序和政治的混乱；相形之下，天主教倒是成就了法兰西的民族精神，成就了法兰西的统一性和一致性；托克维尔确立的"美利坚民主"形象便在这股潮流当中沦为批评对象，成为经济个人主义-社会个人主义-道德个人主义之"三位一体"的典范；就法兰西"民族"历史而言，对个人主义及其新教源头的这种批判竟然最终也宣扬、推动并成就了中央集权的立场，这的确是十足的历史反讽。要理解这反讽背后的相反相成的观念逻辑并不困难，因为，这逻辑背后隐藏的支配性原则就是同基佐式的自由主义所传承的18世纪政治理性主义的决裂，同时也是同贡斯当-托克维尔式的贵族自由主义的决裂。政治上的非自由主义如今成了中央集权的骨架；社会和文化层面的有机论和集体意识成了中央集权的筋肉，正是在这样的历史情境之下，斯宾塞将社会解释成一个无限复杂且自行演化的有机体，而不再是自然法传统当中的契约造物，无论这契约是霍布斯-卢梭式的个人-国家契约，还是洛克式的平面的社会性质的契约。很显然，经历了历次的动荡和革命之后，法兰西人民确实感到有必要让这个疲惫不堪的国家稳定下来，结束在矛盾原则之间的来回摇摆；要达成这个目标，要求首先在思想和观念上有所改变、有所沉淀，沉淀到"现实"的轨道上，举例来说，人们仍然在批评或者支持个人主义或者自由主义，但是评析的角度已经不再是道德和政治方面，而是经济-社会结构层面，确切地说，就是"现实"层面，在这个层面上，任何社会-经济结构都不可能是一盘散沙的纯粹个人主义状态，也不可能是传统自由主义或者政治理性主义光照之下的和谐体系或者理智体系；即便是个人，也不是什么一元化的理智体，而是社会当中一个可分化的多元体，一个复杂的社会-经济和文化存在。简言之，现实中的人同1789年革命想象当中的抽象存在完全不是一回事情；当然，跟托克维尔的那种贵族自由主义存在也扯不上任何关系。

依据这种"现实"准则，自孟德斯鸠以来的法兰西政治话语一直就实实在在地暴露了法兰西政治从来都不愿也不能直面现实，自大革命之后，通常的情况下，人们实际上就是真诚地说着孟德斯鸠-托克维尔的政治话语，内心里惦念着却是罗伯斯庇尔的政治行动；这恰恰就是马克思极为形象地呈现的"后视镜"现象。为了制定改革方案，就必须创造一个想象中的政治敌人并将之妖魔化，这个敌人要么是中央集权，要么是等级、团体或者地方特权。法国政治因此陷入非现实甚至反现实的恶性循环，每次循环开始，便很快会被现实当中的危机打断，但是重归现实却也总是并不长久，只是为了应付暂时性的危机；政治生活就这样在一轮又一轮的非现实循环当中，逐渐撇开了现实，并且习惯了营造虚幻世界。"当雅典人的城邦国家称自己的整体为平权体制，或者罗马人说公民团体是自己的政府形式，他们脑子里的权力和法律概念，其本质并不依赖于命令-服从关系，更不会将权力和统治或者法律和命令等同起来。18世纪大革命的人们翻遍古代文献，试图构造一种政府形式——一个共和国，在那里，建立在人民权力基础之上的法律统治会终结他们认为是'为奴隶准备的政府'的人对人的统治。这时候，他们所追求的正是古典传统。很不幸，他们也仍然要谈论服从，虽然不是对人的服从，而是对法律的服从……这样的服从从来就不是毫无疑问的，就可靠性而言，也根本不可能比得上强力所能要求的真正的'毫无疑问的服从'。"[19] 这也就是为什么大革命时期，古典公共美德的参与者会迅速转变成"愤怒者"，以罗伯斯庇尔为代表的一派人物不是在向不正义开战，而是在向古典美德的"伪善"和"公共快乐"开战，将"自由的专制"转变成"恐怖体制"。经历了第二帝国"领袖政治"和普法战争共同熔铸而成的大洗礼之后，涂尔干从"义务"而非"权力"的角度对托克维尔贵族自由主义的思想源头——古典共和观念，提起了"现实主义"批判，他特别谈到了古典政治观念当中、特别是人文主义政治观念当中"义务"概念的匮乏："希腊罗马时期的道德学家对义务概念是闻所未闻的，或者至少可以说，他们对此只有一种非常模糊、缺乏依据的观念。不管是在希腊文还是拉丁文里，都没有任何术语及其变格对应于义务概念。他们不是把道德理解成一种绝对律令，发出命令，并且只因为发出了命令就必须遵行；而是理解成一种很有诱惑力的理念，有着内在的吸引力，可以自动地指引任何成功地看清它的人的意愿。对这些道德学家来说，道德的问题表现为：什么是至善，什么是最值得追求的对象或者什么是最值得过的生活？虽然关于幸福之路在何方，他们各执己见。不过，他们都认为德性与幸福的境界不可分割。正因为这一点，他们所有的学说，哪怕是最高远出世的学

---

[19] [美]汉娜·阿伦特：《共和的危机》，郑辟瑞译，上海人民出版社2013年版，第104页。

说，哪怕是斯多亚派的那些学说，都是从他们永远无法摆脱的幸福伦理中衍生出来的。"现代社会的道德中枢就是作为绝对律令的义务感和责任意识，这样的情况下，"倘若让孩子生活在一个……充满了古典教育的环境里，那么惟一可能的结果便是使孩子的道德意识陷入困惑，他必将成长为一个道德上的混血儿，与自己产生隔阂，在过去与现在之间反复撕裂，被冲突弄得无精打采。"[20]

以此为据，涂尔干正式提出了一项反托克维尔论题，托克维尔历来将启蒙运动，特别是百科全书派的抽象性视为法兰西中央集权体制的同谋者，但是涂尔干以分析而非沉思的方式指出，托克维尔错判甚至颠倒了问题的本质："随着大革命的迫近……法国社会开始越来越直接地意识到社会自身，正在学着跳出所有古典的、人文主义的或者宗教性的象征体系来思考自身。人们越来越认识到，法国社会有其自身的独立存在，遂开始对这个现代且世俗的社会的种种需要和利益建立起充分尊重。"依据启蒙原则，"想让孩子们为自己的社会职责做好准备，就不能光是让他们遵照人文主义或者古典主义的方式，生活在纯粹理念的世界里。必须把他们引向现实世界的具体事物，因为他们日后将不得不和现实世界打交道……用狄德罗的话来说，古典或者人文主义教育'除了生产出牧师、僧侣、世人或者演说家而外，就没有别的目标了。'所以，也正如狄德罗所说，'需要用针对事物的研究取代对言词的研究。'在这里，不难见出，启蒙思想被赋予了具体科学相当的地位，令人们不禁会说，它是注重科学的教育学说，同人文主义者注重文学的教育学说形成对照。"[21] 这显然跟托克维尔经常予以谴责的启蒙主义的抽象特质恰恰是背道而驰的，确切地说，古典观念和人文主义观念恰恰是注重

---

[20] [法]涂尔干：《教育思想的演进》，李康译，商务印书馆2016年版，第307–308页。

[21] [法]涂尔干：《教育思想的演进》，李康译，商务印书馆2016年版，第422–425页。

抽象的人和抽象的原则，启蒙观念关切的重点反而是现实的世界和具体的事物。

在奴隶制问题上，托克维尔给出的结论性意见，对抽象正义和抽象道德原则的强烈诉求，几乎是到了康德所谓的"毁灭世界"的地步："统计数据能够告诉我们的一切，我们都知道了；经验能够告诉我们的一切，我们也都知道了……剩下的事情就只有一件了，那就是需要一个决断：我们再增添六七百万法郎的债务额度，在全球商业体系当中维持一个相当的份额，以便解放二十五万尚且处在奴隶境地的同胞，令他们脱离那不义的境地，这种做法是否代价太大了；在这个问题上，我们若不这么做，我们毫无疑问地将违背了人间公义，失去了我们对我们这个民族应有的世界角色的忠诚，并抛弃了我们曾经借以征服世界的那些高贵原则。这就是问题所在，除此之外，也就没有别的任何问题了。"[22] 在议会政策报告中提起此等丝毫不具备操作性和建设性的陈词，毫无疑问是令人震惊的，实际上，这份报告之后，托克维尔便结束了这段失败的帝国生涯，将全部的剩余岁月投注于法兰西的内部危机，去讲述一个中央集权和代议制的混合体如何在普遍民主进程的重压之下，归于挫败和瓦解的故事，也就是《旧制度与大革命》的故事。是托克维尔太过人道了吗？显然不是，至少不能高估这段陈词背后的自由主义人道精神，因为对托克维尔这样的自由主义者来说，在失败主义所导致的绝望情感的逼迫之下，是完全有可能出现极度的道德反弹的。

对于《论美国的民主》到《旧制度与大革命》之间的这段"帝国生涯"，托克维尔是这么自我总结和自我评价的："我是自由主义者，仅此而已；1830年之前，我是自由主义者，现在和以后，

---

[22] Tocqueville, "The Emancipation of Slaves", in Jennifer Pitts ed., *Writings on Empire and Slavery*, Baltimore: Johns Hopkins University Press, 2001, p. 226.

我仍然还是自由主义者。"[23] 但是，法兰西的自由主义也有自身的发展脉络，托克维尔只是这个发展脉络当中的一个组成部分，尽管如此，托克维尔的这段个人生涯还是能够揭示出19世纪法兰西政治的一个重要且突出的现象：这种植根于古典精神和人文主义的自由主义，在民族荣耀面前，是何等的脆弱，何等的容易屈服，几乎到了随波逐流的地步。由此也就不难理解，为什么"旧制度与大革命"叙事本质上是一种道德坐标，而非历史坐标，是藉由事例展现出来的高等真理，是伦理准则和政治真理之例证的汇聚，而非用于剖析的编年素材。他致力于保存的记载和事件，正是此类示例性质的东西，至于这些素材在时间中的位置、编年语境，则不是他关切的重点。这部史书当然是极具价值，不过，与其说那是历史叙事，倒不如说是道德叙事。托克维尔拥有近乎完美的叙事技艺，他对这一点太清楚了，而且他也深知如何利用这一点。尽管他在一开篇就竭力宣示他对历史素材的客观发掘和重视，但他在内心深处却并没有对历史的信仰。事实上，就在社会学和社会-经济史学已经崛起的时代，托克维尔仍然保持着对言辞之力量的信仰，并相信这种力量能够震荡并塑造群体和民族的命运，这至深的古典主义和人文主义信念，就如同他的自由主义信念一样，在他的全部生涯当中始终都是挥之不去的。如果说，托克维尔在"帝国生涯"当中的务实论章和通信（特别是有关阿尔及利亚问题的通信、论章和议会报告）确实将议会言辞和政治修辞视为一道幕障，幕障后面才是各个利益团体的真正沙场，那也要注意到，他在《论美国的民主》和《旧制度与大革命》当中，从来都是倾力呈现个体人物、具体民族的政治艺术和精妙特性，并且内心秉持的是反历史的观念。他对阿尔及利亚问题的表述方式足以证明，他拥有极为明辨的历史智虑，令他

---

[23] 转引自 S. Drescher, *Tocqueville and England*, Cambridge: Harvard University Press, 1964, p. 11.

完全能够轻易地从言辞和意识形态的魅惑力量当中超脱出来，不过，他本人的品性、教养以及他对言辞之奥义的深深眷恋，也总是让他一而再再而三地归附言辞的魅惑。托克维尔的这段"帝国生涯"究竟发生了什么？这依然是理解托克维尔整个职业生涯的关键。这么漫长的职业生涯当中，他作为"法兰西殖民复兴工程之工匠"的一切行动是他真正自觉的政治行动，相形之下，无论是书写"美国的民主"还是书写"旧制度与大革命"，应该说都是不得已而为之的；更重要的是，他的帝国论章并不是简单的宣传或者宣泄，而是实实在在的行动，是代议制政体当中的议会行动，并且是完全脱离了利益动机的行动；其中的强烈道德因素和非现实政治因素在常规的权力或者利益游戏当中，是极为罕见的；确切地说，他等于是将古典的或者人文主义的古老维度重新输入法兰西的这股帝国复兴潮流当中，这样的维度一旦介入并穿透政治，大多数的现实政治游戏就都成了犬儒主义者的玩笑；对这其中的效能机制，阿伦特给出了无偏见的总结："……当我们的感觉与心智为世界而做好充分准备时，我们并不是作为世界的既有组成部分而置入或嵌入其中的。我们能自由地改变世界，并且在世界当中开创新的事物。没有否定或肯定存在的心灵，没有说'是'或'不是'的自由——不仅是针对陈述或者命题以便表达同意或不同意，更是针对被给予我们感知和认知器官的事物，后者不仅限于同意或不同意——行动就不可能，而行动就是构成政治的基础材料……有意的谎言涉及偶然的事实；也就是说，涉及自身不具有固有真理、不具有如期所是的必然性的事情。事实真理从来都不是强制性的真。历史学家明白，我们在此之中度日的整个事实结构是多么脆弱，它总是处于危险之中，被个别谎言打穿或者被群体、国家或阶级的有组织的谎言摧毁，或者被大量的谎言否定和扭曲，并且经常被小心地掩盖起来，又或者只是变得湮没无闻。正是这种脆弱性令欺骗如此容易，如此诱人。这欺骗从未和理性产生冲突，因为事实结构很可能会被这欺骗所改变，并变得像欺骗者所坚持的那样。谎言常常看起来更合理，更诉诸理性而现实，因为说谎者有很大的优势事先知道听众希望或者期待听到什么，而现实则具有一种令人不安的特质，总是让我们遭受不期而遇且令我们毫无准备的事情。"[24]

至于此等效能机制的最终归宿，拥有第二帝国和普法战争所造就的宏富政治经验的涂尔干，当然是会提供敏锐洞见的，他评论说："古典精神、人文主义精神和基督教精神之间，有一种天然的敌视，在迄今我们经过的整个历史时期当中，可以说时时刻刻都会出现那么一个博学的基督教神学家来指点世人说，完全文学性的文化，尤其是素材都取自异教的文化，会带来种种危险，威胁信仰。但是现在，历史奇怪地发生了扭转。从19世纪开始，在大革命的余波中，人文主义、古典主义和教会之间结成了联盟。不管是在社会政治事务上，还是在宗教事务上，不管是言之有理还是强词夺理，传统主义的拥护者都从旧时的文学教育找到了对他们视为正确有益的教义或者原则的最佳支持。"[25] 无论如何，到了1851年，人文主义和传统主义的结盟，已然是无可争议的了。这也活生生地验证了埃米尔·左拉（Emile Zola）对第二帝国领袖政治文化的一番品评，他不无忧惧地指出，波拿巴家族是"一个诡异的家族，不会死去，是永恒存在，也许家族的子嗣会变得瘦弱且垂死……也许会变得身无分文，但总能够再次变得财大气粗，并且满血归来。他们可以住在皇宫庙堂，也可以死在荒岛石滩。他们用我们的鲜血铸造他们的货币。他们仍然活着，而且一直活着，时而卡着我们的脖颈，时而翻身跌落谷底，跌落谷底之后，他们当即匍匐起来，准备

---

[24]［美］汉娜·阿伦特：《共和的危机》，郑辟瑞译，上海人民出版社2013年版，第5-6页。

[25]［法］涂尔干：《教育思想的演进》，李康译，商务印书馆2016年版，第450页。

着随时跳上我们的肩头。"[26]

第二帝国解体之后,年轻一代是在"黑骑兵"阶层的教养之下成长起来的,这所谓的"黑骑兵"指的就是从巴黎派驻各个省区的共和派教师大军,他们奉行严格的共和主义准则并且身着黑色袍服。政治忠诚的这场转换过程,当然不会是一帆风顺的,不过,转换本身则是非常彻底的,1914年一名法国记者评论说:"这个国家就此交付到温和派手中,这些人不再像往日那样,肆意伸张傲慢信条,当然也不再四处宣示说要为法兰西塑造一套卓越制度……更不会再像以往那样,力图靠着什么特殊的制度来成就繁荣;法兰西自己就这么繁荣起来了。"[27] 应该说,此番评论是对这个转换过程的最好呈现了,这样一个转换过程当然是拜普法战争而非民族荣耀所赐。

---

[26] 转引自 David Baguley, *Napoleon III and His Regime*, Baton Rouge: Louisiana State University Press, 2000, p. 283.

[27] 转引自 Maurice Agulhon, *The French Republic 1879–1992*, New York: B. Blackwell, 1995, pp. 140–141.

洛克的正义战争学说与奴隶制问题

石 烁[*]

摘要：洛克研究的"后殖民转向"重新将洛克与奴隶制的关系问题带入争议之中。有学者认为，洛克在《政府论》中关于正义战争的论述，为欧洲人奴役非欧民族提供了辩护。对此，本文将重新梳理洛克的正义战争学说，并结合近代早期的殖民语境思考其与奴隶制实践之间的关系。此外，本文还将考察美国内战前奴隶制存废争论中洛克扮演的角色。在此基础上，本文试图回应就奴隶制问题对洛克进行责难的观点，在理论与历史两方面澄清洛克与奴隶制的关系。

关键词：洛克；奴隶制；殖民；正义战争；政治思想

引言：洛克研究的"后殖民转向"

长期以来，洛克的思想形象被自由主义的历史叙事主导着：他是《政府论》的作者，费尔

---

[*] 石烁，清华大学人文学院历史系博士生。

默父权论的批判者,绝对主义和专制王权伟大的挑战者之一[1];他是有限政府理论杰出的阐述者,人的天赋自由权与财产权的捍卫者,在他的学说中,政治体的创立必须依据人民的"同意"(consent),而人民有权反抗暴虐的政府;他是"论宽容"四封书信的作者,在与普洛斯特(Jonas Proast)的论战中坚定地阐发了宗教宽容的理论。由于以上的思想功绩,他被追认为"自由主义"政治思想的奠基人,美国国父们最直接的思想资源。[2]

20世纪中叶,对洛克的这种"辉格党式的历史解释"开始逐渐受到挑战。列奥·施特劳斯指出洛克实际上是一位隐蔽的霍布斯主义者。[3] C. B. 麦克弗森从左派的视角认定洛克是"占有性个人主义"的理论家,其理论意在为早期资本主义的占有行为辩护。[4] 而以波考克为代表的"共和学派"则对洛克做了降级处理,一方面否认了他在17世纪和18世纪政治思想史中的重要地位,另一方面否认了他对美国革命与建国的直接影响。[5] 此外,随着洛克早期著作的陆续出版,17世纪60年代尚为保守的君权主义者(monarchist)的洛克逐渐被学界所知。[6] 与上述观点相似,本文所要回应的研究动向亦可看作是对洛克传统形象的一次修正。

著名的洛克研究专家马克·戈尔迪(Mark Goldie)认为,20

---

[1] 要想知道这种立场在当时需要冒什么样的风险,可以对比洛克的好友西尼德(Algernon Sidney)。他因与《政府论》同性质的著作《论政府》(*Discourse Concerning Government*)而因言获罪,死于非命。

[2] 这种观点的代表性论述,见 [美] 路易斯·哈茨:《美国的自由主义传统》,张敏谦译,中国社会科学出版社2003年版。

[3] [德] 列奥·施特劳斯:《自然权利与历史》,彭刚译,生活·读书·新知三联书店2011年版,第206—256页。

[4] [加] C. B. 麦克弗森:《占有性个人主义的政治理论:从霍布斯到洛克》,张传玺译,王涛校,浙江大学出版社2018年版,第xv、201—271页。

[5] [英] J. G. A. 波考克:《马基雅维里时刻:佛罗伦萨政治思想和大西洋共和主义传统》,冯克利、傅乾译,译林出版社2013年版,第443—444、572—573页。

[6] 早期著作中最能代表其政治观点的是《论政府两篇》(*Two Tracts on Government*)。对洛克早期政治观念的总体概括,参见 Maurice Cranston, *John Locke: A Biography*, Oxford: Oxford University Press, 1985, pp. 57–67.

世纪 90 年代以来，洛克研究经历了所谓的"后殖民转向"（Postcolonial turn），学者们将"注意力转移到了帝国和奴隶制上，洛克在写作《政府论》时意图在于美洲殖民地的看法代替了意在英格兰国内政治的看法"。[7] 类似的说法同样能够在安·塔尔伯特（Ann Talbot）的著作《"知识的大洋"：旅行文学对洛克著作的影响》中找到："洛克曾被无可非议地视作自由和平等的哲学家，但在学术文献中，自由和平等的哲学家洛克逐渐被不平等的、社会等级的、殖民压迫及奴隶制的哲学家洛克所取代……对于洛克的看法很大程度上来自后殖民理论"。[8] 正如两位学者敏锐指出的，在一系列可以从属于这一研究动向的作品问世后，反对斯图亚特王朝专制的"自由主义者"洛克开始显得黯然失色，而他作为殖民主义实干家和理论家的形象则逐渐浮出水面。

具体来说，这一研究动向中，学者们大体上形成了两种对洛克的殖民责难。第一种责难涉及洛克的财产权学说。这种观点认为，洛克的财产权学说为欧洲人占领美洲土地提供了辩护。[9] 第二种责难涉及洛克的正义战争学说以及他对奴隶制问题的看法。一些学者认为，洛克的正义战争学说支撑了其对奴隶制正当性的肯定。[10] 本文的工作，在于辨析和回应对洛克的第二种责难。笔者试图说明以下两点。其一，从洛克的正义战争学说自身来看，这种学说不足以支撑制度化的奴隶制。原因部分地在于洛克对他所继承的、以格

---

[7] Goldie Mark, "Locke and America", in Stuart Matthew. ed., *A Companion to Locke*, Hoboken: Wiley, 2016, p. 546.

[8] Talbot Ann, *The Great Ocean of Knowledge: The Influence of Travel Literature on the Work of John Locke*, Boston: Brill, 2010, p. 279.

[9] James Tully, "Rediscovering America: The Two Treatises and Aboriginal Rights", in James Tully ed., *An approach to political philosophy: Locke in contexts*, New York: Cambridge University Press, 1993, pp. 137–176. 相似的论点，另见 Arneil Barbara, *John Locke and America: The defence of English colonialism*, Oxford: Oxford University Press, 1996, pp. 132–167. Ivison Duncan, "Locke, Liberalism and Empire", in Anstey Peter ed., *The philosophy of John Locke: New perspectives*, New York: Routledge, 2004, pp. 86–105.

[10] 相关文献见本文注释 21。

劳秀斯为代表的正义战争传统做出了限定。其二，从洛克的接收史来看，南北战争时期，洛克主要是作为废奴主义者（abolitionist）的盟友、奴隶制支持者（pro-slavery）的论敌而被援引的。如果这两点能够成立，笔者相信，我们将会有充分的理由对这种责难，乃至这一研究动向进行反思。

一、就奴隶制问题对洛克的批评：从历史到当代

无论是在正式发表的著作、手稿抑或通信中，洛克都未曾直接表达过对奴隶制的态度。[11] 因此，就奴隶制问题对洛克所做的种种诘难，无论来自于历史或是当代，往往都要诉诸洛克本人的生活经历。据彼得·拉斯莱特等人的研究，洛克的私人藏书馆中有关海外旅行的书有 195 本之多，以至于他能够在他那些伟大著作中信手拈来地引用"新世界"的事例。不仅如此，洛克曾受他的恩主沙夫茨伯里伯爵之邀，于 1669-1675 年间担任英属卡罗来纳殖民地的业主秘书，期间负责殖民地日常事务的管理，并参与起草了备受争议的"卡罗来纳基本法"（Fundamental Constitutions of Carolina）。这部法典开篇便明确拒绝民主政体，并认可了黑人奴隶制。后来，他还担任过贸易与殖民委员会（Council of Trade and Plantations）的秘书（1673-1674）、贸易局（Board of Trade）的委员（1696-1700），并在后一任期间主导过弗吉尼亚殖民地政府结构的改革。此外，洛克还投资过一些殖民贸易公司；甚至新大陆的一个小岛，即今天的埃迪斯托岛，还曾经以洛克的名字命名（Locke Island）。可以说，正是这些经历的存在，激发了人们对洛克的责难。

---

[11] 这里所说的"奴隶制"（slavery）需限定于欧洲人对黑人或者印第安人的奴役。因为当洛克在修辞意义上使用"slavery"一词指代绝对君主制对自由的英格兰人民的专制时，他表达了坚定的否定。对于洛克使用"slavery"一词的辨析，参见 Farr James, "'So Vile and Miserable an Estate' the Problem of Slavery in Locke's", *Political Theory*, 14.2 (1986), pp. 269-270.

在这些经历中,"卡罗来纳基本法"毫无疑问处于争论的核心地带。"基本法"规定:"每一位卡罗来纳的自由民,无论持何种意见或信仰,都享有对其黑奴(negro slaves)绝对的权力和权威";奴隶可以受洗成为基督徒,但是这不会改变他们被奴役的地位。[12]这相当于从法律上认可了卡罗来纳殖民地的奴隶制。在"沙夫茨伯里文献集"内收录的"基本法"手稿中,我们发现最初的版本并无"权力"(power)一词,而增补该词的笔迹正出自洛克。但这仍然可能是其他业主的修改意见而洛克仅作代笔。[13]虽然从来没有确凿的证据证明洛克应该对这部法典的每一条法令负责,并且这部法典也仅仅存在于业主们的理想之中,从未能付诸实践,但这都不能削减批评者援引"基本法"的热情。[14]

戈尔迪和塔尔伯特都将洛克研究的这一新动向与后殖民理论的兴起关联起来。但是,这种关联会导致一种误解,即认为在后殖民理论兴起之前,不存在从殖民角度对洛克思想进行的批评,而事实并非如此。18世纪末,美国国父约翰·亚当斯(John Adams)曾一针见血地指出:"他(洛克)以卓越的才华和功绩捍卫自由的原则和人类的权利,可是别忘了,当被受邀创作一项立法计划时,洛克

---

[12] 参看"基本法"第107、110条。"基本法"的全文见 Locke John, Mark Goldie, *Locke: Political Essays*, New York: Cambridge University Press, 1997, pp. 160-181. 亦见 Parker, Mattie Erma Edwards, *North Carolina Charters and Constitutions* 1578-1698, Raleigh: Carolina Charter Tercentenary Commission, 1963, pp. 128-185.

[13] "沙夫茨伯里文献"最初由学者兰登·切夫斯(Langdon Cheves)整理,收入1897年出版的《南卡罗来纳历史协会集刊》(*Collections of the South Carolina History Society*)第五卷。笔者所用的版本为该协会2010年出版的单行再版本。其中"卡罗来纳备忘录"见 *The Shaftesbury Papers*, South Carolina Historical Society, Charleston: South Carolina, 2010, pp. 346-356. 相关讨论见 David Armitage, "John Locke, Carolina, and the Two Treatises of Government", *Political Theory*, 32 (2004), p. 609. 或许是因为阿米蒂奇自己也意识到1669年"基本法"手稿中的洛克笔迹并不能够说明作者身份的问题,因此后来他将此文收入《现代国际思想的基础》(2012)一书时,删去了关于洛克添加"权力"一词的内容。见 Armitage David, *Foundations of modern international thought*, New York: Cambridge University Press, 2012, p. 99.

[14] 关于"基本法"的作者问题,笔者曾在硕士论文中给出过初步的考察。见石烁:《"全世界起初都是美洲":殖民语境下的约翰·洛克》,中国人民大学2018年硕士学位论文。

却以显而易见的荒谬之举让全世界大跌眼镜"。[15] 虽然这位国父的不满主要来自于"基本法"所构想的寡头制，而非奴役问题本身。而在半个世纪后，史家詹姆斯·格雷厄姆（James Grahame）则以一段格言式的长句指责洛克和其他在蓄奴问题上犯糊涂的"自由之友"们：

> 以其博爱之温存而闻名的拉斯·卡萨斯首倡将奴隶制引入墨西哥和秘鲁；那最为勇敢而狂热的宗教改革家乔治·福克斯（George Fox）要求其追随者不要减轻巴巴多斯的严酷；杰出的哲学家约翰·洛克素以宗教自由和政治自由的捍卫者而享有美名，竟也将对奴隶制的一条明确的认可引入了卡罗来纳基本法。[16]

不过，在当代新一轮殖民的或后殖民的洛克批判开展之前，比亚当斯和格雷厄姆更精致的批评来自于约西亚·塔克（Josiah Tucker）。这位 18 世纪自由贸易思想的先驱、美国独立的支持者，同时也是一位激烈的反洛克主义者。[17] 我们已知他至少在自己的三篇著作中对洛克和卡罗来纳宪制的问题发表过评论。[18] 塔克致力于

---

[15] Adams John, *A Defence of the Constitutions of Government of the United States of America* (Vol. 1, New Edition), London, 1794 (1788), p. 365.

[16] Grahame James, *The History of the United States of North America*, Vol. 1, Second Edition, Boston: Charles C. Little and James Brown., 1845, p. 152. 1850 年，在一封写给美国圣经学者摩西·斯图亚特（Moses Stuart）的匿名信中，作者引用了格雷厄姆的这段话，但却认为："洛克的这些观点没有减损他在我们先辈们心目中的形象"。见 Moses Stuart（Signed: Amicus.），*Slavery Among the Puritans*, *A Letter to the Rev.*, Boston: C. C. Little and J. Brown, 1850.

[17] 塔克对洛克全面的批评，见［英］波考克：《塔克论柏克、洛克和普赖斯：18 世纪保守主义变种之研究》，载《德行、商业和历史：18 世纪政治思想和历史逻辑》，冯克利译，生活·读书·新知三联书店 2012 年版，第 229—283 页。

[18] 分别是《对流行的反对意见的回应》（*A Series of Answers to Certain Popular Objections*, *against Separating the Rebellious Colonies*, *and Discarding Them Entirely*, 1776）、《论公民政府》（*A Treatise on Civil Government*, 1781）、《关于重要国民的四封信》（*Four Letters on Important National Subjects*, *Addressed to the Right Honourable the Earl of Shelburne*, 1783）。

揭示他笔下的"共和主义者"（Republicans）的虚情假意和前后不一。在他看来，"大部分共和主义者一方面赞成拉平他们之间的差别，另一方面却又支持欺压那些偶然或不幸地位于他们之下的人"，而洛克正是这种共和主义者的典型代表，[19] 因为他一面是"全人类普遍权利的赞助人、捍卫者和监护人"；另一面却又在"基本法"中赋予卡罗来纳自由民对其黑奴的"绝对的权力和权威"。接下来，塔克以退为进，先是为洛克寻找一个可能的辩护理由："基本法"起草的年代和《政府论》的创作年代之间存在明显的间隔，洛克会不会在这其中完成了巨大的思想转变？换言之，"基本法"起草时，"他（洛克）正生活在暴虐的斯图亚特王朝的统治下"，所以我们也就"不必惊异于他或多或少地沾染了那个时代的罪恶"。但是，塔克稍后就否定了这种理由的可能。在他看来，即便是在《政府论》中，洛克的正义战争学说同样可以被用来为"对可怜的黑人发动战争而正当地获取奴隶"进行辩护。[20]

有趣的是，思想史上确实有人以塔克"可能的理由"来为洛克进行辩护。19 世纪初，埃尔登勋爵（Lord Eldon）在上议院公开援引洛克的权威来证明奴隶贸易的合法性。政治家鲁特（J. T. Rutt）作"驳埃尔登勋爵"（Defence of Locke Against Lord Eldon, 1807）一文为洛克辩护。鲁特的辩护是诉诸年代间隔。他认为洛克参与起草"基本法"的时候 30 岁出头（其实已经 37 岁了），刚从医学研究转行到政治研究不久。所以我们应该说，他正处于缺乏政治经验的早期阶段。而写《政府论》的时候洛克已经接近 60 岁了，他正

---

[19] Tucker Josiah, *A Series of Answers to Certain Popular Objections, Against Separating the Rebellious Colonies, and Discarding Them Entirely*, Gloucester: T. Cadell., 1776, pp. 102-105. 在《论公民政府》中，他有着相似的话："显而易见像洛克、弗莱彻和卢梭这样最为杰出的共和主义者在温情脉脉地为自己的自由辩护时，却声称奴役其他人是正当的"，见 Tucker Josiah, *A Treatise on Civil Government*, in Three Parts, London: Printed for T. Cadell, 1781, pp. 200-201.

[20] Tucker Josiah, *A Series of Answers to Certain Popular Objections, Against Separating the Rebellious Colonies, and Discarding Them Entirely*, Gloucester: T. Cadell., 1776, pp. 102-105.

在为光荣革命辩护，处于思想成熟的时期。因此他认为，我们不能不考虑写作年代的差别，而给予"基本法"过多的关注，却忽视《政府论》（上卷）开篇中洛克对奴隶制的谴责。[21]

到这里，我们能够看出，就奴隶制问题对洛克的批评在18世纪和19世纪并不罕见，甚至已经出现了批评与辩护之间的交锋。因此，正如阿米蒂奇所言："首次揭露洛克式自由主义和英国殖民主义之间的共谋关系的，并非是自由主义内部的反思，也非后殖民理论的批评"。[22]

如前所见，乔西亚·塔克在18世纪就已经认为洛克的正义战争学说能够为欧洲人通过战争俘获黑人为奴提供辩护。这或许开启了一种新的批评思路：既然不能完全把"基本法"中的条文归结到洛克身上，那么人们就自然而然地把注意力转移到了洛克的学说上。换言之，如果洛克学理上是一位奴隶制的支持者，那么他拟定如此严苛的律法也就不足为奇了。如此一来，有关洛克的奴隶制问题争论就与对其正义战争学说的分析紧密地联系在了一起。

在塔克身后百年，这种思路又重新在英国作家莱斯利·斯蒂芬（Leslie Stephen）的笔端复活。后者在《18世纪英国思想史》（1876）中写道：

> 洛克关于奴隶制的教诲对于这样一位如此坚定的人类权利提倡者来说显得莫名地含糊不清。在1669年由他起草的"卡罗来纳基本法"中（虽然这些法条或许不能够在方方面面都代

---

[21] J. T. Rutt, "Defence of Locke Against Lord Eldon (1807)", in Goldie Mark ed., *The Reception of Locke's Politics*, Vol. 4, *Political Reform in the Age of the French Revolution*, 1780-1838, Pickering & Chatto, 1999, pp. 391-394. 鲁特的辩护是站不住脚的，因为1675-1696年这看似与殖民事务相去甚远的21年中，洛克并没有放下过他魂牵梦萦的卡罗来纳，而是积极参与了1682年第四版"基本法"的修订。详见David Armitage, "John Locke, Carolina, and the Two Treatises of Government", *Political Theory*, 32 (2004), pp. 602-627. 另外，鲁特提到的《政府论》（上篇）中洛克所反对的"奴隶制"并非是大西洋奴隶贸易意义上的奴隶制。

[22] David Armitage, "John Locke, Carolina, and the Two Treatises of Government", *Political Theory*, 32 (2004), p. 620.

表洛克的意见），自由民被授予了对其黑奴绝对的权威。在他的理论讨论中……认为奴隶制能够作为合法征服者和被俘者之间战争状态的持续而得以证立。显而易见，洛克未能识破老派的玄学论述，完全放弃了功利主义的试炼，并遗忘了他自己理论的高贵部分。[23]

几乎又是百年之后，学者们再次弹起了塔克和斯蒂芬的老调。不同以往的是，这番针对洛克的批驳"炮火"借着 70 年代欧洲人对自己殖民罪行的反思风潮而显得尤其密集，使得它近乎催动了开篇提到的洛克研究的新动向。殖民史研究权威者大卫·布里翁·戴维斯（David Brion Davis）和 18、19 世纪的前辈们一样，在对洛克奴隶制问题的讨论中引入了"基本法"第 110 条作为旁证。在其斩获普利策奖的名作《西方文化中的奴隶制问题》（1966）中，戴维斯认为洛克对于奴隶来源的契约论观点的拒斥实际上加深了奴隶的悲惨处境。[24] 塞利格（Martin Seliger）的分析将前文提到的两种责难结合起来。他认为，一旦把洛克的农垦学说和正义战争学说结合起来，将得出如下有利于殖民者的推论："土著人对征服他们荒地（waste land）的反抗反而使他们成了侵略者，而占用'荒地'的欧洲人则加入了阻止侵略的阵营"。[25] 和塞利格相似，布拉肯（H. M. Bracken）同样认为，按照洛克的理论，如果美洲或非洲的居民拒绝欧洲人占用他们的"荒地"，欧洲人能够对其发动正义战争，并将俘虏变为自己永久的奴隶。[26] 理查德·塔克则认为，洛

---

[23] Stephen Leslie, *History of English Thought in the Eighteenth Century*, Vols. 2, London: Smith, Elder & Co., 1876, pp. 138-139.

[24] Davis David Brion, *The Problem of Slavery in Western Culture*, Ithaca, N.Y.: Cornell University Press, 1966, pp. 118-121.

[25] Seliger Martin, "Locke, Liberalism and nationalism", in Yolton John ed., *John Locke: Problems and Perspectives*, London: Cambridge University Press, 1969, pp. 27-28.

[26] Bracken Harry M., "Essence, Accident and Race", *Hermathena*, (1973), 85. 类似的观点亦可参考 Welchman Jennifer, "Locke on Slavery and Inalienable Rights", *Canadian Journal of Philosophy*, 25.1 (1995), pp. 67-81.

克在《政府论》中有关战争与奴役的论述回到了严酷的格劳秀斯，而偏离了更为人道的普芬道夫。如此一来，洛克实际上是"故意拒绝"了更开明的奴隶制版本。[27]

我们看到，就奴隶制问题对洛克的批评已经存在了两百多年，堪称一段思想史上的"公案"。下面，笔者将对这一"公案"提出自己的看法。

二、洛克之前的正义战争与奴役学说

在西方思想传统中，正义战争的观念有着漫长的历史源流。近代之前，古典的和基督教的思想传统中都能够找到大量关于正义战争的论述。尽管这些学说不尽相同，但大体上都是对战争的道德合理性的思考，并且涉及战后胜利者与战败者之间的权利关系的裁定。在罗马法传统中，这一裁定最显著的论断是认为战争可以带来对战俘的奴役。一种流传甚广的词源学解释认为，拉丁文中奴隶一词"servus"来自于"servare"，而"servare"是动词"servo"的不定式，原意为"保存"，即指战争中对本可以处死的战俘网开一面，"保存"其生命为胜利者服务。这种说法最经典的表述来自6世纪的《查士丁尼法学阶梯》（*Institutiones Justiniani*）："奴隶之所以被称为'servi'，是因为主人要出售他的俘虏，也就保全（servare）了他们的生命，没有让他们去死"（Servi autem ex eo appellati sunt, quod imperatores captivos vendere ac per hoc servare, nec occide-

---

[27] [英]理查德·塔克：《战争与和平的权利：从格劳秀斯到康德的政治思想与国际秩序》，罗炯等译，译林出版社2009年版，第194-195页。Tuck Richard, *The Rights of War and Peace: Political Thought and the International Order from Grotius to Kant*, Oxford: Oxford University Press, 2001 (1999), p. 171.

re solent）。[28] 可见，在罗马法中，战争与奴役之间的关系已经被明确地连接起来。

近代早期有关正义战争的论述与"发现"新世界的历史事件紧密相关。西班牙作为殖民活动的先驱，其知识界关于正义战争的讨论最为活跃。事实上，早在中世纪，西班牙人就已经奴役所谓"正义战争"中战败的穆斯林。中世纪晚期，他们奴役的对象变成了巴尔干和黑海地区的希腊人或斯拉夫人"异教徒"。[29] 这些奴役基于同样的正当性论证：向异教徒发动的战争是正义战争，而正义战争中俘获的战俘能够被正当地奴役。在西班牙征服美洲的过程中，正义战争学说提供的殖民辩护再次奏效。最初，西班牙殖民者在美洲的殖民活动，无论是开矿还是垦殖，依仗的都是美洲土著劳力。[30] 当时，西班牙的人文主义者塞普尔韦达（Juan Ginés de Sepúlveda）为殖民者的行径提供了学理上的辩护。他认为，对美洲土著发动的战争属于正义战争，因为战争本身承载着基督教化（Christianization）的使命。而对于战争的胜利者来说，将战败的土著人作为奴隶也是正当的行为。塞普尔韦达的观点激起了多明我会修士德拉斯·卡萨斯（Bartolomé de las Casas）的愤慨；二人展开了著名的"巴利亚多利德辩论"（Valladolid debate）。[31] 二人辩论的焦点在

---

[28]《查士丁尼法典》，I.3.3. 见 Sandars Thomas, *The Institutes of Justinian: With English Introduction, Translation, and Notes*, London: J. W. Parker and Son, 1853, p. 95. 另见 Berger Adolf, *Encyclopedic Dictionary of Roman Law: Transcations of the American Philosophical Sociery*, Philadelphia: American Philosophical Society, 1953 (1991), p. 704.

[29] Pagden Anthony, *The Fall of Natural Man: The American Indian and the Origins of Comparative Ethnology*, Cambridge: Cambridge University Press, 1986, pp. 31-32. 一种解释认为，多数西欧语言中对"奴隶"的称呼来源于"Slav"（斯拉夫）一词。亦参见［美］丽莎·A.琳赛：《海上囚徒：奴隶贸易四百年》，杨志译，中国人民大学出版社2014年版，第15页。

[30]［美］丽莎·A.琳赛：《海上囚徒：奴隶贸易四百年》，杨志译，中国人民大学出版社2014年版，第37-38页。

[31] Skinner Quentin, *The Foundations of Modern Political Thought*, Vol. 2, *The Age of Reformation*, Cambridge University Press, 1978, pp. 170-171. 更具体的研究可参考 Hanke lewis, *The Spanish Struggle for Justice in the Conquest of America*, Philadelphia: University of Pennsylvania, 1949, pp. 117-132.

于美洲人是亚里士多德意义上的拥有理性能力的人，还是亚氏意义上的"自然奴隶"（natural slaves）；以及用武力推行基督福音的行为是否正当。在这个意义上，他们都不反对正义战争带来正当奴隶这一观点本身，而仅仅是在战争本身的正义性上出现了分歧。事实上，卡萨斯提倡用非洲黑人奴隶来减轻印第安奴隶的沉重负担，虽然他晚年对此观点有过深刻的反思，但我们仍然不能把他等同于现代意义上的废奴主义者。[32]西班牙殖民者还有另一种对正义战争学说的挪用，他们声称从两个交战的印第安部落中正义的一方购买敌方俘虏作为奴隶是正当的行为。[33] 维多利亚（Francisco de Vitoria）曾对这种挪用表示过不屑，他在一封信中写道：

> 我认为，对于葡萄牙人来说没有理由引发更多顾虑，因为对于他们来说不必非得发现野蛮人之间战争的正义性。只要满足一个人在实际上或法律上是一位奴隶，那么我心安理得地买下他。[34]

我们看到，在洛克之前，正义战争学说就已经被欧洲殖民者运用于为奴役非欧人的辩护上。这种辩护遭到了包括卡萨斯在内的知识分子的挑战，但其结果却是1542年西班牙政府下令禁止了对美洲土著的奴役，并加大力度购买黑奴取而代之。[35] 正是有西班牙人对正义战争学说的殖民挪用在先，再加上"基本法"的奴隶制法条和洛克的殖民活动，学者们才热衷于紧盯着洛克的正义战争学

---

[32] 人们愿意用卡萨斯对待印第安奴隶和黑人奴隶的不同态度来攻击他的伪善。但克莱顿的最新研究很好地捍卫了卡萨斯的反殖民先知形象。见 Clayton Lawrence A. , " 'All Mankind is One'：On the Nature of Humans, Servitude, and Slavery", in Clayton ed. , *Bartolome de las Casas and the conquest of the Americas*, Malden：Wiley-Blackwell, 2011, pp. 128-150.

[33] Eltis David, Engerman Stanley, *The Cambridge World History of Slavery*：Volume 3, *AD 1420-AD 1804*, Cambridge：Cambridge University Press, 2011, p. 332.

[34] Francisco de Vitoria, Pagden Anthony, Lawrance Jeremy, *Vitoria：Political Writings*, New York：Cambridge University Press, 1991, pp. 334-338.

[35] [美] 丽莎·A. 琳赛：《海上囚徒：奴隶贸易四百年》，杨志译，中国人民大学出版社2014年版，第38页。

说，分辨其是否带有某种意义上的"殖民色彩"。接下来，我们将回到《政府论》，考察洛克的正义战争学说。我们将会看到，洛克一方面与他的先驱格劳秀斯或普芬道夫一样，重述了上文介绍的罗马法传统中关于战争与奴役之关系的观点；另一方面，他又对这种关系做出了限定，从而走向了先驱的反面。

三、洛克的正义战争与奴役学说及其限制

如前，洛克对正义战争论述与格劳秀斯和普芬道夫渊源甚深。在洛克之前，格劳秀斯在《战争与和平法》[36]中拒斥了亚里士多德的自然奴隶学说，认为"没有人生来是他人的奴隶"。同时，他也不同意奴隶制就其本身来说是违背自然的观点。格劳秀斯的折中策略认为后天的"人为因素"（facto hominis / human fact）能够合乎自然地使人沦为奴隶。他认为有两项这样的因素，一是"协约"（pactio / agreement），二是"罪过"（dilictum / crime）。[37] 对于第一种因素带来的奴役，格劳秀斯在第二卷中称之为"最低下的"（ignobilissima / most ignoble）奴役。在这种情况中，奴隶为了换取食物和生活必需品，将自己置于主人的"完全的奴役"之下。[38] 普芬道夫在《人和公民的自然法义务》中有着和格劳秀斯类似的看法，他同样将奴隶的来源区分为出卖自己（sese obtulisse / offer

---

[36] 笔者所引格劳秀斯原文主要参考英文译本，Grotius Hugo, Richard Tuck, *The Rights of War and Peace*, Books 1-3, Liberty Fund, Indianapolis, Oxford: Oxford University Press, 1999, 2005. 同时参考中译本，[荷]格劳秀斯：《战争与和平法》（第一卷），弗朗西斯·W. 凯尔西等英译，马呈元中译，中国政法大学出版社 2015 年版；《战争与和平法》（第二卷），中国政法大学出版社 2016 年版；《战争与和平法》（第三卷），中国政法大学出版社 2018 年版。以及拉丁文本，Grotii Hugonis, *De Jure Belli ac Pacis*, Amstelædami: Sumptibus Gasparis Fritsch, 1735. 后文脚注按照学界惯例，以 1.2.3 表示第一卷，第一章，第一节。

[37] Grotius Hugo, Richard Tuck, *The Rights of War and Peace*, Books 3, Liberty Fund, Indianapolis, Oxford: Oxford University Press, 1999, 2005, p. 1360.

[38] Grotius Hugo, Richard Tuck, *The Rights of War and Peace*, Books 2, Liberty Fund, Indianapolis, Oxford: Oxford University Press, 1999, 2005, p. 556.

themselves）和对战争俘虏的惩罚。在对自愿出卖自己的原因进行解释时，普芬道夫几乎采用了和格劳秀斯完全同样的说法：为了食物（alimentum）和其他生活必需品（alius necessitas）。[39]

对于这两种奴隶的来源，洛克选择拒绝第一项而接纳第二项。他认为自愿为奴有违自然法，"因为一个人既然没有创造自己生命的能力，就不能用契约或通过同意把自己交由任何人奴役"（2.23）；换言之，"我不能交给你我并不拥有的东西"。[40] 但是，洛克却肯定了格劳秀斯所论的第二项人为因素，即罪过。他写道：

> 事实上，当一个人由于过错（by his fault），做了理应处死的行为而丧失了生命权的时候，他把生命丧失给谁，谁就可以（当谁已掌握他时）从缓夺去他的生命，利用他来为自己服役（2.23）。

洛克的这种看法被一些学者称为"惩罚性奴隶制理论"（theory of penal slavery）[41]，但在《政府论》的更多段落中，洛克并不是在私人间的或国内法的意义上谈论作为正当奴役根源的罪过问题，而是在"万民法"（ius gentium）的意义上讨论战争罪过。因而他将完全的奴役关系视为"合法征服者和被征服者之间战争关系的延续"（2.24）。由于不义的被征服者已经把生命丧失给了正义的征

---

[39] Pufendorf Samuel, Tully James, *On the Duty of Man and Citizen According to Natural Law*, Cambridge: Cambridge University Press, 1991, p. 129. 同时参照拉丁文本，Pufendorf Samuel von, *De Officio Hominis Et Civis Juxta Legem Naturalem Libri Duo*, The Photographic Reproduction of the Edition of 1682, Oxford University Press, 1927, pp. 112–113. 以及中文本，[德] 塞缪尔·普芬道夫：《人和公民的自然法义务》，鞠成伟译，商务印书馆2011年版，第184页。

[40] 本文对《政府论》的引用，将遵循学界通则，用1和2表示《政府论》的"上篇"（或"一论"）和"下篇"（或"二论"），再结合节的序号完成对引文的定位。比如"2.23"即表示"《政府论》（下卷）第23节"。所采用的原文见 Peter Laslett, *Two Treatises of Government* (*Student Edition*), Cambridge: Cambridge University Press, 1988. 中译本见 [英] 洛克：《政府论》（上篇），瞿菊农、叶启芳译，商务印书馆2014年版；[英] 洛克：《政府论》（下篇），瞿菊农、叶启芳译，商务印书馆2015年版。引文在中译本基础上有所调整。

[41] Pemberton Sarah, *Locke's Political Thought and the Oceans: Pirates, Slaves, and Sailors*, Maryland, Lexington Books, 2017.

服者，也就不再具有生命权，因此他能够被征服者正当地奴役，以作为一种对于死亡的"缓刑"。简言之，对于洛克来说，只有一种对人的奴役是正当的、合乎自然法的，那就是正义战争中胜利的一方对战俘的奴役。我们已经看到，洛克对奴隶的正义战争起源的看法不仅是在重申格劳秀斯和普芬道夫的旧观点，更是在回归罗马法的大传统。[42] 但是，这是否就意味着洛克的正义战争学说可以和西班牙殖民者所挪用的借口一样，能够用来为奴役非欧民族辩护？

洛克看来，在正义战争形成的主奴关系中，奴隶要受到主人"绝对统辖权和专断权力的支配"（2.85）。在"论征服"一章，他将这种权力称之为"专制的"（despotical）。[43] 联系奴隶制的战争来源，洛克认为这种主人对奴隶的专制权力根本上是对奴隶生命的任意处置权，即对奴隶的生杀大权。"专制的"作为征服者对被征服者权力的修饰语，在霍布斯的《利维坦》中就已经有所提及。[44] 但是，洛克和霍布斯对这一专制权力的解释不尽相同。这种不同的根源，在于对格劳秀斯的第一项人为因素（即"协约"）的不同态度：霍布斯对其修正后予以接纳，而洛克完全反对之。霍布斯区分了奴仆（servant）和奴隶（slave）；战争中的被俘者并不自然而然地等于前者，而是相当于后者。在此处，霍布斯挑战了上文提及的罗马法传统中对"servus"的词源学解释：

> 因为"奴仆"（servant）（无论它的词源来自于 servire，服务，或是来自于 servare，保存，这就让文法学家们去争辩）并

---

[42] 对这一罗马法传统的拒斥，可以在 18 世纪启蒙思想家的作品中找到。参见 [法] 卢梭：《社会契约论》，何兆武译，商务印书馆 2012 年版，第 13 页。De Montesquieu, C. Montesquieu, *The Spirit of the Laws*, Cambridge: Cambridge University Press, 1989, pp. 139-141.

[43] Peter Laslett, *Two Treatises of Government* (*Student Edition*), Cambridge: Cambridge University Press, 1988, p. 388.

[44] [英] 霍布斯："由征服或战争胜利而取得的管辖权被有些著作家称之为专制的……是主人对奴仆的管辖权"。见 Hobbes Tuck Richard, *Leviathan*, Cambridge: Cambridge University Press, 1991 (1996), p. 141. 中译本见 [英] 霍布斯：《利维坦》，黎思复、黎廷弼译，杨昌裕校，商务印书馆 2015 年版，第 155-156 页。引文有所修改。

不意味着战俘（captive）。[45]

我们可以看到，霍布斯在明确知道存在这样一种词源学解释的情况下，切断了奴仆与战俘之间的联系。[46] 基于对奴仆和奴隶的区分，他认为，如果战俘仅仅是利用自己服役于征服者而免除一死[47]，他自己的生命就缺乏任何保障，征服者随时都可以处死他。这样的战俘实际上是奴隶。但是奴仆不同于奴隶，二者的不同之处在于是否与征服者签订信约（covenant）。洛克认为奴役是征服者与被征服者之间战争关系的延续，霍布斯却认为信约的签订终结了战争关系。信约对主人和奴仆产生了双重约束力：一方面，主人必须保全奴仆的生命和人身自由，不能够再随意处死他；另一方面，奴仆负有为主人服役的义务，如果他不履行自己的义务，就相当于单方面撕毁信约，主人可以将他处死。未签订信约的战俘-奴隶则没有为主人服役的义务，相应地，他的生命也没有任何保证。

通过与霍布斯进行比较，我们发现洛克赋予主人之于奴隶的专制权力，要大于霍布斯的主人之于奴仆的、受到信约约束的专制权力。但是，这是否就意味着洛克的奴隶制观点比同时代的霍布斯要更加严苛？理查德·塔克在这个问题上倾向于回答"是"，但是笔者却认为并非如此。[48] 洛克对奴隶制问题的看法自有其"开明"的地方，这体现在他对正义征服者的专断权力的限制上。并且在笔者看来，这种限制使得戴维斯、塞利格和布拉肯等批评者对洛克的

---

[45] Hobbes Tuck Richard, *Leviathan*, Cambridge: Cambridge University Press, 1991 (1996), p. 142.

[46] 不仅是霍布斯，格劳秀斯也提及过"奴隶"的词源学解释，但他没有提出霍布斯式的反驳。见 Grotius Hugo, Richard Tuck, *The Rights of War and Peace*, Books 3, Liberty Fund, Indianapolis, Oxford: Oxford University Press, 1999, 2005, pp. 1364-1366.

[47] 霍布斯称这种情况为"求饶"（quarter）。

[48] [美]理查德·塔克:《战争与和平的权利：从格劳秀斯到康德的政治思想与国际秩序》，罗炯等译，译林出版社2009年版，第194-195页。塔克认为同霍布斯一样比洛克"开明"的还有普芬道夫。

指责难以成立。

洛克在赋予合法征服者以绝对的专制权力的同时，也对这一权力提出了三个限制。限制一，即合法征服者的权力不及无辜者。在洛克看来，如果我们假定一场战争中的胜利者是正义的一方，那么也就相当于说失败的一方发动了一场不义的战争。不义一方的罪责，在于他们对**强力的不义使用**（2.181）。洛克认为，不义地使用强力去侵害另一方的人，相当于"野蛮而贪婪的野兽"；而被侵犯的一方有正义的理由对其进行回击，甚至消灭不义一方的生命。这就是洛克对战争之正义性的基本观点。但是，他认为正义的反击只能够针对对不义罪责负有责任的人，即不义的共谋者。而在这些人之外，无辜者的生命权将不受合法征服者支配。

限制二则具体指向了一类非常明确的无辜者：被征服者的妻子与儿女。对此，洛克写道：

> 父亲的过错并不是儿女们的罪过，父亲纵然残暴不仁，儿女们可能是有理性的和和平的；所以父亲由于他的过错和暴行只能断送他自己的生命权，并不使他的儿女牵累进他的罪行或破坏（2.182）。

> 我被征服了：我的生命权诚然由于已经丧失而任人处置（at mercy），但我的妻子儿女的生命权却不是这样。他们没有进行战争，也没有帮助作战。我不能丧失他们的生命权，这不是我所能丧失的（2.183）。

洛克的这一限制是跨时代的，因为他扭转了前人对这一问题的一般看法。在洛克之前，萨拉曼卡学派（School of Salamanca）的维多利亚（Francisco de Victoria）在其《论战争法》中以自问自答的形式提出的第三个问题的第三条，即"正义战争是否可以奴役无辜者"。对此，他的回答是："毫无疑问我们可以合法地奴役撒拉逊人的女人和儿童".[49] 要知道,维多利亚素来以"美洲印第安人的辩护者"而留得美名,但在奴役妻儿的问题上,毫无疑问他比洛克严酷得多。对待同一问题,另一位"国际法之父"格劳秀斯持有的看法也和维多利亚相仿。他认为正当战争中允许杀死敌人的权力扩及女性和儿童。[50] 可见,洛克在同一问题上,给出了与维多利亚和格劳秀斯完全不同的回答。

詹姆斯·法尔(James Farr)和威廉·斯加利斯(William Uzgalis)在各自的文章中均以涉及妻儿的限制二来否定批评者们对洛克的指责,认为从洛克的正义战争学说出发不可能导出对世袭奴隶制(hereditary slavery)的支持。[51] 但他们替洛克做出的反批评又遇到了另一种意见的"反反批评"。这种意见认为,洛克的限制仅仅保障了正义战争发生时已经出生的儿女不受合法征服者的支配,却不涉及已经成为奴隶后的被征服者的子女。[52] 但是这种意见是不正确的。确实,奴隶的子女仍是奴隶的观点在洛克的时代非常流行。比如格劳秀斯认为既然合法的征服者有权利杀死战俘,也就是说,有权利让战俘没有机会生育后代,那么其后代的生命权实际上也掌握在征服者手中。[53] 普芬道夫虽然提倡要对奴隶的后代实行"人道"(humanitas)的对待,但是他也没有反对奴役奴隶后代的正当性。并且,他和格劳秀斯的理由一样:"如果主人的战争权被用于

---

[49] Francisco de Vitoria, Pagden Anthony, Lawrance Jeremy, *Vitoria: Political Writings*, Cambridge University Press, 1991, p. 318.

[50] Grotius Hugo, Richard Tuck, *The Rights of War and Peace*, Books 3, Liberty Fund, Indianapolis, Oxford: Oxford University Press, 1999, 2005, p. 1283.

[51] Farr James, "'So Vile and Miserable an Estate' the Problem of Slavery in Locke's Political Thought", *Political Theory*, 14.2 (1986), pp. 263-289. Uzgalis William, "'... The Same Tyrannical Principle': Locke's Legacy on Slavery", in Tommy Lee Lott ed., *Subjugation and Bondage: Critical Essays on Slavery and Social Philosophy*, Lanham Md., 1998 (1998), p. 53.

[52] Welchman Jennifer, "Locke on slavery and inalienable rights", *Canadian journal of philosophy*, 25.1 (1995), 80.

[53] Grotius Hugo, Richard Tuck, *The Rights of War and Peace*, Books 3, Liberty Fund, Indianapolis, Oxford: Oxford University Press, 1999, 2005, pp. 1364-1366.

（孩子的）父母身上，那么很显然孩子就不会出生"。[54] 但是，洛克与格劳秀斯和普芬道夫不同。在阐述限制二时，洛克实际上给出两点理由。一是因为儿女没有参与到战争中，也就不应该对父亲的不义行为负责。但更重要的是第二点理由：所有人生来平等，父亲只是暂时地享有对心智尚不成熟的子女的管辖权，但这种权力随着子女的成熟而宣告终结，更不享有对子女生命的支配权。[55] 这是洛克在对费尔默父权论进行反驳中形成的核心观点，它使得洛克与格劳秀斯与普芬道夫区别开来。洛克看来，并不存在征服者—被俘者—被俘者子女之间的生命支配权的转移关系，因为这一转移发生的起点已经被他否定了，换言之，即"我不能丧失我不曾拥有的我妻儿的生命权"。因此，洛克对正义战争导致的正当奴役的设想，实际上和批评者们想象的典型的"世袭奴隶制"相去甚远。即便奴役存在，也将随着战俘的死去而终结。简言之，洛克的正当奴役是一种战后临时性的奴役，而非常态下作为制度的、生产性的奴隶制。

限制三则强调征服者并不享有对被征服者**财产**的完全权利。洛克惊异于自己学说的不合时宜，因此承认这是一个"很奇怪的学说，因为它和世界上的惯例（practices）完全相反"（2.180）。首先，这一限制并不意味着征服者完全不能从被征服者那里拿取任何钱财。实际上，它指的是征服者获得的钱财必须仅限于战费和对损失的赔偿，而不能将之扩大化。我们看到，在这一点上，洛克再一

---

[54] "Et quia ista proles nascitura plane non erat, si dominus jure belli in parentem usus suisset." 见 Pufendorf Samuel von, *De Officio Hominis Et Civis Juxta Legem Naturalem Libri Duo*, *The Photographic Reproduction of the Edition of* 1682, Oxford: Oxford University Press, 1927, p. 114. Pufendorf Samuel, Tully James, *On the Duty of Man and Citizen According to Natural Law*, Cambridge: Cambridge University Press, 1991, p. 129. [德] 塞缪尔·普芬道夫：《人和公民的自然法义务》，鞠成伟译，商务印书馆2011年版，第186页。

[55] Peter Laslett, *Two Treatises of Government (Student Edition)*, Cambridge: Cambridge University Press, 1988, pp. 303-318, 393.

次背离了格劳秀斯。后者始终强调合法战争中的正义一方对敌人的人身和财物都享有正当的权利。为此,格劳秀斯还引证了萨鲁斯特(Sallust)的言论:"基于战争法,所有财物对征服者来说都是合法的"。[56] 其次,洛克认为征服者对被征服者财产的有限权利并不是独享的。被征服者的儿女、妻子都同等地享有对其财产的权利。当被征服者的财产有限,而征服者的损失又过多时,双方之间权利的优先性问题便凸现出来。此时,洛克倾向于以"仁慈原则"来解决这一矛盾:

> 我的回答是:根本的自然法既然是要尽可能地保护一切人类,那么如果没有足够的东西可以充分满足双方面的要求……富足有余的人应该减少他获得充分满足的要求,让那些不是如此就会受到威胁的人取得他们的迫切和优先的权利(2.183)。[57]

最后,洛克强调征服者的正当要求决不能涉及被征服者的土地。他给出的理由是:不同于人为赋予价值的货币,土地的价值实在而巨大,远超过对征服者战费和损失的补偿(2.184)。

以上,我们展现了洛克正义战争学说的基本情况。我们看到,一方面,洛克的正当战争导致正当奴役的观点实际上回归了罗马法的传统,亦重申了格劳秀斯等近代早期思想家的观点;另一方面,洛克对征服者权力做出的三点限制又使得他与之前的传统与先驱拉开距离。即便从学理上讲,洛克的正义战争学说也很难用来为制度化的奴隶制辩护。接下来,笔者将要阐述:一旦我们将洛克的学说与殖民的历史现实联系起来,开篇那些洛克批评者们的观点将更加

---

〔56〕 Grotius Hugo, Richard Tuck, *The Rights of War and Peace*, Books 3, Liberty Fund, Indianapolis, Oxford: Oxford University Press, 1999, 2005, pp. 1275, 1362-1363.

〔57〕 关于洛克的"仁慈原则",另见《政府论》,1.42. 相关的研究见 [澳] 斯蒂芬·巴克勒:《自然法与财产权理论:从格劳秀斯到休谟》,周清林译,法律出版社 2014 年版,第 148-149 页。

难以成立。

四、对洛克批评者的再批评

洛克的批评者们经常把洛克关于财产权的"农垦说"和正义战争学说结合起来。首先,他们认为洛克的"农垦说"将美洲土地定义为人人均可占领并垦殖的"荒地",因此一旦土著居民反对殖民者的自由占地,就相当于在行不义之举,为殖民者发动战争提供了正当的理由。其次,基于洛克的正义战争学说,合法的征服者对战败者享有绝对的专制权力,而在殖民事务中,这一权力关系将存在于殖民者与土著居民之间。但是,笔者认为这些批评只是不顾历史的、观念想象的产物。我们将会看到,在实际情况中,洛克的学说既不能帮助殖民者获取土著居民的土地,也不能为殖民者奴役土著居民辩护。

第一,占领荒地的论证或许在《政府论》呈现的理论内部是自洽的。但是,洛克对征服者权力的限制三使得他的学说一旦运用于现实,将构成对殖民活动的极大制约。长期以来,学界倾向于采纳以威廉·克罗农(William Cronon)为代表的看法,认为,英格兰殖民者是通过对印第安人土地所有权的否定来为自己占领美洲土地的行为辩护的。[58] 具体来说,殖民者将印第安人(尤其是印第安男性)认定为狩猎和采集者,从而对他们的生产方式大加批判。[59] 因此,印第安人由于缺乏在农耕意义上对土地进行改良的能力,所

---

[58] Tully James, "Rediscovering America: the Two treatises and aboriginal rights", in *An Approach to Political Philosophy: Locke in Contexts*, Cambridge: Cambridge University Press, 1993, pp. 137–176.

[59] 克罗农写道:"在欧洲人看来,印第安人似乎在滥用那些对欧洲人有用的资源。印第安人的贫困是印第安人的浪费造成的:对土地利用不足,对自然的丰富性利用不足,对劳动的利用不足"。见 [美] 威廉·克罗农:《土地的变迁:新英格兰的印第安人、殖民者和生态》,鲁奇、赵欣华译,中国环境科学出版社2012年版,第46页。

以他们不具备对自己脚下土地的所有权。与之相关的是，殖民者正是在这套说辞下，完成了对美洲"荒地"的直接占有（而如果遇到反抗，那么占有的起源将变成征服）。塔利将这种为占领美洲辩护的观点称为"农垦说"（agricultural argument），并认定洛克的财产权理论正属于此，而上文提及的洛克批评者们也多采用此说。这种观点虽然影响很大，但却存在着不可回避的问题。尽管诉诸否定印第安人土地所有权的殖民辩护一直存在，并且在19世纪初逐渐达成共识，但是在英格兰的早期殖民史上却并不占据主流地位。在观念层面，不仅大部分早期殖民者相信印第安人是他们土地的主人，甚至作为殖民当局的英格兰王室同样以法令的方式不断强调这一点。[60] 在实践层面，殖民早期阶段印第安人土地的易主并不主要依靠征服，而是买卖。[61] 诚然，这一事实并不能减轻殖民者的罪恶。但我们不能把这两种完全不同方式及其相关的殖民观念混为一谈。早期殖民者承认印第安人的土地所有权，并通过购买的方式获取其土地有着非常现实的原因。虽然由于瘟疫的蔓延，印第安人口在殖民者初来乍到时就已经大有消减。但是双方的直接接触是早期殖民史的重要特点。如此一来，殖民者不可能不了解他们的印第安邻居是否有耕种自己的土地。我们往往强调英国人将农耕与土地所有权相关联的思维否定了印第安人的权利，但事实上很可能正是因为英国人有着这样的习惯思维，他们才倾向于认定作为农民的印第安人对其土地享有权利。[62] 更重要的是，一方面，在早期殖民实践中土著人的力量远远大于英格兰移民。而另一方面，他们却又乐于以低廉的价格出售土地。对于殖民者来说，这笔成本低而收益

---

[60] Robertson Lindsay G., *Conquest by Law: How the Discovery of America Dispossessed Indigenous Peoples of Their Lands*, Oxford: Oxford University Press, 2005, p. 6.

[61] Banner Stuart, *How the Indians Lost Their Land: Law and Power on the Frontier*, Cambridge, Mass: Harvard University Press, 2009, pp. 1-48.

[62] Banner Stuart, *How the Indians Lost Their Land: Law and Power on the Frontier*, Cambridge, Mass: Harvard University Press, 2009, pp. 35-37.

高的买卖何乐而不为呢?[63] 以克罗农和塔克笔下的"农垦说"代表人物库什曼（Robert Cushman）为例，虽然他确实认为殖民者有权合法地占用无人利用的土地，但在谈到现实中殖民地的来源时，他却承认双方是在同意的基础上，由万帕诺亚格印第安人酋长马萨索伊特（Massasoit）将土地赠予殖民者斯坦迪什船长（Captain Standish）的。[64] 总之，在早期殖民史上，土地所有权的转移并非像克罗农和洛克批评者们设想的那样建立于对印第安人土地所有权的否定之上。如此一来，一旦我们认定了殖民者实际上承认印第安人的土地是他们的财产，那么即便他们对印第安人发动的战争是正义的，并且最终获得了胜利，按照洛克的正义战争理论，他们也不能够将这些作为财产的土地据为己有。

第二，批评者通过勾连洛克的"农垦说"和正义战争学说，在奴隶制问题上对洛克发出诘难将带来一个更大的麻烦，即混淆了奴役的对象。我们知道，在欧洲的殖民活动中，殖民者对于土地的诉求主要集中在美洲而不是非洲，而对奴隶的诉求则与之相反。因此，无论从殖民的历史来看，还是从洛克在《政府论》中使用的事例来看，"农垦说"的荒地论证都局限于美洲大陆。那么，当我们说欧洲殖民者以土著居民拒绝他们占领"荒地"为理由而对其发动正义战争时，我们实际上谈论的是欧洲殖民者与美洲土著之间的战争，而不是他们对非洲土著进行的征服战争。如此一来，批评者们所设想的洛克奴隶制辩护只能够勉强作用于印第安奴隶制上，而和黑人奴隶制没有关系。因为一旦"农垦说"不再发挥作用，我们想不到洛克有什么理由将欧洲殖民者对非洲发动的殖民战争认定为是"正义"的。何况征服战争也并非是黑奴的主要来源。学界一般认

---

[63] Banner Stuart, *How the Indians Lost Their Land: Law and Power on the Frontier*, Cambridge, Mass: Harvard University Press, 2009, pp. 39–42.

[64] Cushmans Henry Wyles, *A Historical and Biographical Genealogy of the Cushmans*, Boston: Little, Brown, 1855, p. 34.

为，在跨大西洋的奴隶贸易中，欧洲人主要是通过从非洲部落领袖那里购买的方式获取黑奴的。[65] 即便如此，学理上可能带来的对印第安奴隶制的辩护也是不成立的。因为当我们回到卡罗来纳的殖民语境时，我们发现这与洛克本人的作为完全相反。"基本法"第110条明确提到的是"黑奴"（negro slaves），而并不是印第安奴隶。更重要的是，在1672年，洛克和他的恩主沙夫茨伯里共同为卡罗来纳殖民地制定了相当于临时法的农业法（Agrarian Laws），其中第19条规定："无论出于什么理由或者借口，任何人都不能将印第安人变为奴隶；或者未经过他们的同意就把他们赶出卡罗来纳"。[66] 这一法条直接说明了洛克实际上并不支持对印第安人进行奴役。换言之，批评者们对洛克学理上的推测在殖民现实中根本找不到任何对应物。[67]

五、南北战争前废奴争论中的洛克

晚年的洛克曾供职于英格兰的殖民事务管理机构"贸易局"（Board of Trade）。1699年，时任弗吉尼亚总督的尼克尔森（Francis Nicholson）想要制订相关法律抑制弗吉尼亚的黑奴贸易。一位

---

[65] Klein Herbert, *The Atlantic Slave Trade*, Second Edition, Cambridge: Cambridge University Press, 2010, p. 105. 另见［美］丽莎·A. 琳赛：《海上囚徒：奴隶贸易四百年》，杨志译，中国人民大学出版社2014年版。

[66] Rivers William James, *A Sketch of the History of South Carolina: To the Close of the Proprietary Government*, Charleston:, McCarter, 1856, p. 358. 关于卡罗来纳临时法的相关研究，见 Hsueh Vicki, "Giving orders: Theory and Practice in the Fundamental Constitutions of Carolina", *Journal of the History of Ideas*, 63.3 (2002), pp. 425–446.

[67] 除了上文提到的詹姆斯·法尔（James Farr）和威廉·斯加利斯（William Uzgalis）之外，杰米尔·沃尔德伦（Jeremy Waldron）和娜奥米·扎克（Naomi Zack）也都指出洛克在《政府论》中对于战争与奴役的论述并不能够为奴隶制辩护，尽管他们的回应方式和笔者不尽相同。参见［美］沃尔德伦：《上帝、洛克与平等：洛克政治思想的基督教基础》，郭威、赵雪纲等译，华夏出版社2015年版，第247–257页。Zack Naomi, *Bachelors of Science: Seventeenth-century Identity, Then and Now*, Philadelphia: Temple University Press, 1996, pp. 168–181.

书记员对尼克尔森的主张进行了摘要,而就在这份摘要旁边,洛克亲笔写下了"**干得漂亮**"(Well done)的简短批注。这一手稿被收入在"洛夫莱斯洛克文献集"(*Lovelace Collection of the Papers of John Locke*)中,静静地躺在牛津大学图书馆。在 2017 年霍利·布鲁尔(Holly Brewer)的文章发表之前,洛克的这一批注数百年来罕为人知。在布鲁尔看来,这一材料直接证明了洛克对奴隶制的反对态度,同时也相当于宣告了之前关于该问题的种种纷争可暂时告一段落。[68] 不同于布鲁尔的思路,在本文的最后,笔者尝试提出另一种思考洛克和奴隶制问题的方式。这种方式将采取后设的历史视角,探查洛克思想在实际的历史发展中如何与对奴隶制的争议发生关系。

1852 年 12 月,受《纽约时报》(*New York Times*)的委托,后来成为"美国景观设计之父"的弗雷德里克·劳·奥姆斯特德(Frederick Law Olmsted)动身前往美国南部地区进行调查旅行。转年开始不断给《纽约时报》供稿,记述自己在南部各州的见闻和思考。[69] 当时的美国正处于南北战争前林肯所形容的"分裂之家"(house divided)时期,关于奴隶制存废的争议已近白热化状态。奥姆斯特德此行也意在以一位"诚恳的抱怨者"(honest growler)的身份,对南部地区的奴隶制经济问题进行一番实地调研。[70] 1856 年,奥姆斯特德将自己的系列文章结集为《滨海蓄奴州行记》(*A*

---

[68] Brewer Holly, "Slavery, Sovereignty, and 'Inheritable Blood': Reconsidering John Locke and the Origins of American Slavery", *The American Historical Review*, 122.4 (2017), pp. 1038-1078. 在笔者看来,布鲁尔的文章也并非没有问题。过于强烈的辉格派立场使得她在对待洛克限制弗吉尼亚黑奴进口的理由上语焉不详。当时弗吉尼亚的制度规定买进黑奴能够增加奴隶主自身的地产,那么这就不得不让人产生疑问:洛克到底是反对奴役黑人本身,还是不满于奴隶主日益增多的地产侵占了其他小地产所有者的权益?

[69] Olmsted Frederick Law, JR., Kimball, Theodora, *Frederick Law Olmsted: Landscape Architect 1822-1903*, Vol. 1, New York and London: G. P. Putnam's Sons, 1922, p. 6.

[70] Olmsted Frederick Law, *A Journey in the Seaboard Slave States*, London: Sampson Low, Son & CO., 1856, ix.

Journey in the Seaboard Slave States）一书出版。

在这本书中，奥姆斯特德提到了"卡罗来纳基本法"中的奴隶制法条，但他却决然否定了洛克与这项条文的关系，并认为洛克的学说与奴隶制并不相容。他的论述援引《政府论》中的两处原文：

> 这些法条被假定为由约翰·洛克起草；但是洛克对黑人奴隶制的看法无疑与在殖民地建立永久的奴隶制度的任何规定都不相符。他在别处将奴隶制描述为"合法征服者和被征服者之间的战争状态的继续"，"它同我们民族的宽宏性格与英勇气概那样直接相反，以致难以相信，一个'英国人'，更不必说一个'绅士'，竟会替它辩护"。[71]

奥姆斯特德的第二处引文来自《政府论》上卷的开篇，接在"奴隶制是一种可恶而悲惨的人类状况"这一著名开场白的后面。在前文的注释中，我们已经指出洛克此处是在一种修辞学意义上使用"奴隶制"一词来谴责专断的君王对英格兰人民施行的暴政，其含义和英国著名爱国歌曲《统治吧！不列颠！》（Rule, Britannia）中的歌词"不列颠人永不为奴"（Britons never will be slaves）是相仿的。[72] 因此，奥姆斯特德将这一引文作为洛克反对黑人奴隶制的证据，无疑是一种误解。[73] 然而，奥姆斯特德的第一处引文则有力地指出了洛克关于奴隶制的特殊定义与美国当时的黑人奴隶制

---

[71] Olmsted Frederick Law, *A Journey in the Seaboard Slave States*, London: Sampson Low, Son & CO., 1856, p. 493. 奥姆斯特德的两处引文分别见 Peter Laslett, *Two Treatises of Government*（Student Edition）, Cambridge: Cambridge University Press, 1988, pp. 284-285, 141.

[72] Farr James, "'So Vile and Miserable an Estate' the Problem of Slavery in Locke's Political Thought," *Political Theory* 14.2 (1986), pp. 269-270.

[73] 应该注意的是，这种"误解"在洛克的接受史上是普遍的，它构成了众多废奴主义者援引洛克的一个原因。见 Sumner, Charles, *The Barbarism of Slavery*（New York, 1863）, pp. 34-35. 该文是萨默尔 1860 年在参议院发表的演说词，他将洛克视为反对奴隶制的"哲学权威"之一，对洛克的两处引用和奥姆斯特德完全一致。另有 Elliott, Charles, *Sinfulness of American Slavery*, Vol. 2, Cincinnati: L. Swormstedt & J. H. Power, 1850, pp. 205-206. Goodell, William, *Slavery and Anti-Slavery*, New-York: W. Harne, 1852, p. 30.

水火不容。他的观点与本文第四节的论述是一致的。虽然我们不能称奥姆斯特德为"废奴主义者"（abolitionist），但他是一位奴隶制的敏锐反思者。他"以一种即便是那个时代更具争议性的作品都不具备的方法揭露了奴隶制的邪恶"，并且通过自己的作品影响了英国公共舆论对联邦军的看法。[74] 在笔者看来，奥姆斯特德对洛克的态度在那个时代非常具有代表性。当我们在奴隶制问题上对洛克大加指责时，我们似乎忘记了他的学说曾经是黑奴同情者和废奴主义者们重要的理论资源，同时也是战前奴隶制支持者们迫不及待想要驳倒的论敌。[75]

奴隶制支持者布莱德索（Albert Taylor Bledsoe）的《论自由与奴役》（*An Essay on Liberty and Slavery*）与奥姆斯特德的《滨海蓄奴州行记》同年出版。这本书甫一问世，就成了捍卫奴隶制的经典著作。布莱德索反驳洛克关于天赋人权的经典论述，他的核心观点来自于对《政府论》下篇第九章的重新解读。在布莱德索看来，洛克一方面认为自然状态下人享有完全的自由；另一方面又认为人在自然状态下享有的权利是不稳固的，因此生活在恐惧之中。那么这就构成了一个自相矛盾的问题："恐惧的统治如何又是自由的统治？"[76] 在布莱德索看来，洛克的混乱来自于他对权利与自由的混淆。自然状态下人即便**享有**权利，也不能够享用（enjoy）它。只有社会通过法律的暴力手段对权利加以保障，它才能够为我们所

---

[74] Martin, Justin, *Genius of Place: The Life of Frederick Law Olmsted*, Cambridge: Da Capo Press, 2011, p. 2.

[75] 与本文观点不同，博纳斯科尼和曼在合著文章中断言："奴隶制的捍卫者也援引洛克作为他们的权威之一"。见 Bernasconi Robert, Mann Anika Maaza, "The Contradictions of Racism: Locke, Slavery and the Two Treatises", in Andrew Vails ed., *Race and Racism in Modern Philosophy*, Ithaca, N.Y.: Cornell University Press, 2005, p. 94. 但这一观点却建立在他们对所引材料的误读上，参见法尔的反驳：Farr James, "Locke, Natural Law, and New World Slavery", *Political Theory*, 36.4 (2008), pp. 511–516. 法尔对洛克接受史的看法与本文也有不同，读者可自行比对。

[76] Bledsoe Albert Taylor, *An Essay on Liberty and Slavery*, in Elliott E. N. ed., *Cotton is King, and Pro-Slavery Arguments*, Augusta, Ga.: Pritchard, Abbott & Loomis, 1860, p. 301.

用。因此,"布莱德索反驳洛克的关键在于,限制是维持秩序所必需的,并且它不一定是对自由的限制"。[77] 1857年,一本反驳布莱德索的匿名小册子《奴隶制是上帝的恩赐吗?》(*Is Slavery A Blessing? A Reply to Prof. Bledsoe's Essay on Liberty and Slavery*)出版,一般认为它的作者是弗吉尼亚大学的查尔斯·肖(Charles B. Shaw)。肖不赞同布莱德索对秩序的强调,他认为这势必会损害到自由。在他对布莱德索的反驳中,内含着对洛克的捍卫:"我们认为,洛克的观点在最广泛而最自由的意义上将是持续有效的"。[78]

在布莱德索和肖的争论之后,另一位奴隶制的支持者西伯里(Samuel Seabury)也在自己捍卫奴隶制的著作《论美国奴隶制不同于英国理论家的奴隶制》中将矛头指向了洛克。他认为奴隶制(slavery)一词有两种截然相反的意思,其一指奴隶是文明社会中的一种身份(status),他仅在法律的保护下有限地服从主人;其二则指绝对的奴役。正是因为这两种意思的存在,造成了人们对奴隶制截然不同的情感态度,或是诅咒或是赞美。[79] 基于此种区分,他诡辩地称洛克意义上的、主人随时可以夺取奴隶生命的奴隶制在美国并不存在。而实际上,奴役本可以被定义为"一种和平和友善的状态,在一个良好有序的社会中有限制地服从的状态";并在这种定义下,奴隶制满是感人至深的关于依赖、忠诚和勇敢的例子。但是洛克却把这个美好意义上的奴役(slavery)另作区分为了劳役

---

[77] Brophy L. Alfred, *University, Court, and Slave: Proslavery Academic Thought and Southern Jurisprudence, 1831-1861*, Oxford: Oxford University Press, 2016, p. 63.

[78] A Citizen of the South, *Is Slavery A Blessing? A Reply to Prof. Bledsoe's Essay on Liberty and Slavery: With Remarks on Slavery as it is*, Boston: John P. Jewett, 1857, p. 21. 关于查尔斯·肖和布莱德索的争论,参见 Brophy L. Alfred, *University, Court, and Slave: Proslavery Academic Thought and Southern Jurisprudence, 1831-1861*, Oxford: Oxford University Press, 2016, pp. 66-67.

[79] Seabury Samuel, *American Slavery Distinguished from the Slavery of English Theorists, and Justified by the Law of Nature*, New York: Mason Brothers, 1861, p. 41.

(drudgery)。[80] 因此，他不乏失望地宣称："英国的诗人和哲学家们，库珀和洛克们选择把一种令人讨厌的涵义附着在这一词（指 slavery）上"。[81]

最后，我们再来看一位废奴主义者对洛克的援引。这一援引来自于 1855 年问世的，署名为"自由人"（Freeman）的著作《论奴隶制的信》（*Letters on slavery*）；我们知道，它的作者应该是爱德华·罗杰斯（Edward Coit Rogers）。罗杰斯对洛克的援引非常直白，这从他的行文风格中就能够看出，他直接用大段的洛克《政府论》原文来回击奴隶制支持者们的观点：

> 你断言联邦盟约或契约保证了奴隶制，认可了人的财产权。洛克回答你说："这不是一种自然所授予的权力，因为自然在人们彼此之间并未作出这种差别，它不是以契约能让予的权力"……但你回应说"奴隶制并非是邪恶的"，它乃是"一个神圣的制度"，因此也将是合法的。这就像英国的托利党人所说的那样。但洛克回答说："（这样做）抛弃了上帝给予人类作为人与人之间的准则的理性，脱离了使人类联结成为一个团体和社会的共同约束……"。[82]

综上，我们看到在南北战争前关于奴隶制的争论中，洛克扮演着奴隶制辩护者之敌的角色，相应地，他也是废奴主义者们的同盟军。思想史研究往往执着于对思想家"真实意图"的探究，但在同时，我们也应该让目光关注到理论在现实中的传播和折射上来。洛

---

[80] Seabury Samuel, *American Slavery Distinguished from the Slavery of English Theorists, and Justified by the Law of Nature*, New York: Mason Brothers, 1861, p. 42. 洛克对"劳役"的用法见《政府论》, 2.24.

[81] Seabury Samuel, *American Slavery Distinguished from the Slavery of English Theorists, and Justified by the Law of Nature*, New York: Mason Brothers, 1861, p. 173.

[82] Rogers Edward Coit, pseud. O. S. Freeman, *Letters on Slavery, Addressed to the Pro-slavery Men of America; Showing its Illegality in all Ages and Nations; Its Destructive War Upon Society and Government, Morals and Religion*, Boston: B. Marsh, 1855, p. 66.

克的正义战争学说存在着理论和现实的距离。当我们仅从观念上对这一学说进行分析时，可能会忽视它们在现实历史中呈现出的丰富性。

为了彻底清算殖民扩张的历史遗留，反思欧洲中心主义和白人至上主义，激进的殖民/后殖民批判取得了丰硕的成果，也付出了沉重的代价。在对政治思想及其历史的研究中，这类批评的用意往往在于告别对欧洲思想传统的纯洁性的盲信，从而响应身份政治对更广泛、更平等的民权的普遍诉求。[83] 在这个意义上说，洛克研究的"后殖民转向"有助于破除围绕在经典思想家身上的"光环"，促使我们重新思考近代早期政治思想与殖民实践之间可能的关系。

但是，二者之间的共时性（synchronicity）是否只能够被理解为一种"共谋性"（complicity），这似乎还不能轻易地下定结论。就像本文所展示的那样，首先，洛克的正义战争学说的确认可了合法征服者对战争中被俘一方的正当奴役，但这种认可只是因循了洛克之前的思想传统中有关战争与奴役关系的一般观点，而并非洛克的原创发明；其次，通过增设限制，洛克使其正义战争学说区别于格劳秀斯的版本，从而在学理上不能够被用来为证成欧洲人对黑人或印第安人的奴隶制；最后，通过考察美国内战前废奴争论中的洛克接受史，我们看到在实际的历史中，洛克的思想也并没有与对奴隶制的辩护走到一起。基于这三点，本文试图对洛克与奴隶制之间的关系做出澄清。这一澄清与其说是一种辩白，不如说是一项纠偏。毕竟，如果批评罔顾思想内部的张力与历史现实的场景，那么其结果注定是将"洗澡水"与"孩子"一同倒掉。

---

[83] 戈尔迪敏锐地观察到："被（洛克研究的）后殖民转向迷住了的英国学者少于北美和澳大利亚学者，后两个地方对流行的土著人权利问题更加关注"。Mark Goldie, "Locke and America", in Matthew Stuart ed., *A Companion to Locke*, Hoboken: Wiley, 2016, p. 546.

"自然贵族"与购买路易斯安那问题

任 鑫[*]

摘要：1803年对路易斯安那的购买是美国历史上第一次重要的领土扩张。它使刚独立时尚局限在大西洋沿岸的合众国开始呈现出大陆帝国的雏形。时任美国总统的杰斐逊主导了此次购买行动。然而按照杰斐逊本人的宪法理论，在联邦宪法中，联邦政府在购买外国领土方面缺乏相应的授权，而由各州或人民保留此种权力又不切实际。面对这种困境，杰斐逊独辟蹊径，利用古典共和主义中"自然贵族"这一范畴，并在全新的人民主权的大背景下加以发展，以论证购买行为的正当性。简而言之，在杰斐逊看来，美德的判断标准在于实现他人的幸福，而天赋的美德在公民之间却存在不均衡的分配，因此即使是在独立后的美国也仍然存在"自然贵族"与普通人的区分。在共和国中，普通人需要克服自己天然的心理倾向，接受与自然贵族之间的道德差距，心甘情愿地将他们作为自己的统治者并将这些贵

---

[*] 任鑫，北京大学法学院博士研究生。文章写作期间得到了清华大学法学院赵晓力副教授的悉心指点。

族从芸芸众生中遴选出来，赋予他们相应的道德义务。其中那些肩负巨大使命的人，有义务在非常情况下抓住转瞬即逝的机会，为了"人民福利"做出超越法律文本的行为。由于路易斯安那对合众国的安全与利益至关重要，作为总统的杰斐逊和国会虽然缺乏宪法授权，却有更高的道德义务在紧迫的局势下把握住时机，从法国拿破仑政府手中取得对路易斯安那地区的所有权，以便实现美国的"天定命运"和杰斐逊"自由帝国"的设想。不过，杰斐逊还认为天赋的道德是动态变化的，权力也会使自然贵族腐化，因此人民必须时刻保持警惕，以防范他们堕落或在他们腐败后加以补救。

关键词： 自然贵族　购买路易斯安那　正当性　道德义务　人民主权

　　1803年联邦政府购买路易斯安那使美国的疆域进一步扩展到了无人知晓的广大西部。不过最初美国人民却乐观地认为可以依靠一己之力取得该地区。七年战争之后，法国将路易斯安那殖民地交与西班牙，作为其在战争中鼎力相助的补偿。美国人认为国势衰落的西班牙将不得不依赖于美国人从事的贸易活动与移民来发展该地区，那么只需假以时日，路易斯安那会自然而然地落入美国人的手中。但是这一美妙的愿景却在1801年化为泡影。新上台的法国第一执政（拿破仑）重新燃起了在新世界建立大陆帝国的野心，他采取的主要手段就是通过《阿尔胡埃斯条约》（*Convention of Aranjuez*）从西班牙手中重新获得了对路易斯安那地区的所有权。更让美国人感到雪上加霜的是，当时的西班牙驻新奥尔良总督突然宣布取消美国商人在新奥尔良寄放货物的权利。

　　美国的独立和跨大西洋贸易的迅速发展提升了新奥尔良的重要性，使它成为在北美的欧洲列强的必争之地。联邦党人和杰斐逊都意识到了墨西哥湾的这一门户对西部的发展来说至关重要以及美国政府出面干预的必要，不过不同的是，前者主张在法国实际占领路易斯安那之前迅速出兵夺取新奥尔良，以造成既成事实迫使法国放弃，而杰斐逊则坚持尽量采用和平的方法来达到目的。通过杰斐逊政府的不懈努力，1803 年新生的合众国通过《美利坚合众国与法兰西共和国条约》(*Treaty between the United States of America and the French Republic*，以下简称《对法条约》) 从法国拿破仑政府手中购得路易斯安那地区。[1] 有学者认为相较于被后世宪法学者们不断阐释的 Marbury v. Madison 案，购买路易斯安那在 1803 年是更为重要的事件，原因在于这一购买行动几乎将当时的美国领土扩大了一倍，使其真正成了一个大陆国家 (continental country)。[2]

这里抛开此次购买行动的重要性不谈，研究该历史事件的相关学者的另一着眼点在于其正当性。面对联邦党人就购买路易斯安那所作出的种种指责，杰斐逊意识到需要为自己也为后人最终实现美国的"天定命运"和自己"自由帝国"的构想[3]提出有关此次购买行为的正当性解说。然而遗憾的是，鉴于当时政治斗争环境的险恶、写作文体的限制等原因，杰斐逊从未在单独一份文件中明确、系统地提出自己有关购买路易斯安那正当性的观点。所以要想清楚地了解他对此次事件的正当性所采取的论证逻辑，最为稳妥的方法就是全面考察杰斐逊终其一生所写作的主要作品，从他庞杂的公共文件和私人信函中梳理出他的论证思路。

---

〔1〕 对于购买路易斯安那整个历史事件的了解，笔者主要参考了 Alexander DeConde, *This Affair of Louisiana*, New York: Charles Scribner Sons, 1976 和 Jon Kukla, *A Wilderness so Immense: The Louisiana Purchase and the Destiny of America*, New York: A. A. Knopf, 2003。

〔2〕 Sanford Levinson, "The Louisiana Purchase as Seminal Constitutional Event", in Peter J. Kastor, ed., *The Louisiana Purchase: Emergence of an American Nation*, Washington, D. C.: CQ Press, 2002, p. 105.

〔3〕 有关杰斐逊"自由帝国"的设想，可参见 [美] 彼得·S. 奥鲁夫:《杰斐逊的帝国：美国国家的语言》，余华川译，华东师范大学出版社 2011 年版。

一、天赋美德

（一）道德的生成与目的

1. 道德的本能主义

杰斐逊所孜孜以求建立的、区别于欧洲传统国家的、具有美德的共和国预设了存在一种社会道德观，该道德观认为，人天生就是一种社会性的存在［就像伍德（Gordon S. Wood）所说，杰斐逊在对待人的自然社会性上比美国的其他领导人更为严肃[4]］，而人的社会性可以达成的关键在于人的内心存在一种利他导向的社会本能。为了能够更好地了解杰斐逊对这一道德本能的认识，笔者在本节中将通过对他在不同时期写给不同之人的信件加以综合分析，试图证明虽然略有差异，但杰斐逊对道德本能的认识是一以贯之的。该分析将以如下四个文本作为主要参考文献：1787年8月10日致彼得·卡尔（Peter Carr）的信（以下简称第一封信），1814年6月13日致托马斯·劳（Thomas Law）的信（以下简称第二封信），1816年6月7日致弗朗西斯·W. 吉尔莫（Francis W. Gilmer）的信（以下简称第三封信）和1816年10月14日致约翰·亚当斯的信（John Adams）的信（以下简称第四封信）。

首先我们需要注意杰斐逊所要回应的关于道德本能主义的三种反对意见。在第四封信中，杰斐逊在向亚当斯介绍其一直推崇备至的法国政治经济学家特雷西（Destutt DeTracy）的作品时提到，他并不赞同特雷西最新的伦理学著作的理论基础，虽然其不反对特雷西基于该前提所做出的推论，因为杰斐逊早在特雷西的其他著作中就已经发现作者日益倾向于霍布斯的道德理论。根据扎克特（Mi-

---

［4］ Gordon S. Wood, *Revolutionary Characters*: *What Made the Founders Different*, New York: The Penguin Press, 2006, p. 107.

chael P. Zuckert)在《杰斐逊与自然道德》一文中的分析,霍布斯认为自私是人行动的动机,出于这一动机人将依靠理性作为自我利益计算的工具,人并不具备天生的通达道德真理的途径,因此道德本身并非自然的或神授的,而仅仅是人通过社会契约所达成的。[5]在第二封信中,杰斐逊在阐释他人对道德基础的观点时似乎也是针对霍布斯的理论,指出自私"曾经更有理由替代作为道德的基础"。针对这种反对意见,杰斐逊在第四封信中简单回应称,如果霍布斯的观点不谬,那么它将无法解释每个人在对他人行善之时感到快乐这一心理学现象。而更为彻底的反驳则出现在第二封信中,杰斐逊似乎认为仅仅指出每个人行善之时的快乐心理虽然可以回击霍布斯道德人为的理论,但是却无法驳斥自私是道德基础这一观点,因为该回应恰恰暗合了爱尔维修(Helvétius)在《精神论》一书中提出的看法——自私之心所追求的利益不仅仅局限在金钱上,而且还涉及精神领域,即那些"凡是给我们带来快乐或使我们离开痛苦的任何东西"。面对这一难题,杰斐逊进一步追问善行能给实施者带来快乐的内在机理为何。他接着自问自答地指出这一内在机理就是道德本能,"这种本能使我们不由自主地怜悯并救济他人的苦难"。

扎克特在上文提到的文章中指出对于霍布斯的道德理论在18世纪主要存在两派反对的观点。其中一派以威廉·沃拉斯顿(William Wollaston)和塞缪尔·克拉克(Samuel Clarke)为代表,其发展出一种迥异于传统的基督教亚里士多德主义的新的理性伦理观。他们认为正如人可以利用理性发觉论证中的矛盾,道德真理也可以通过理性发现,理性不再是霍布斯理论中进行算计的工具,而是发

---

[5] Michael P. Zuckert, "Thomas Jefferson and Natural Morality: Classical Moral Theory, Moral Sense and Rights", in Peter S. Onuf and Nicholas P. Cole, ed., *Thomas Jefferson, the Classical World, and Early America*, Charlottesville, VA: University of Virginia Press, 2011, p. 57.

现人与人或人与物之间内在道德联系的手段。[6] 对于这种观点，早在其担任邦联驻法大使时杰斐逊对此就有所思考。第一封信是身处巴黎的杰斐逊对他的外甥学业的指导，在其中的道德哲学条目下，他明确反对道德哲学可以作为一门科学来加以讲授，正如他在信中反问道，如果道德哲学化身科学，那么由于在数千人中才可能出现一位科学家，人群中"那些非科学家将如何是好呢"？他并不否认道德观念在一定程度上需要理性的引导，不过相较于常识，道德对理性的需要则要少得多。为了进一步说明该问题，杰斐逊诉诸经验，将通常认为缺乏理性的农民与往往唯理性马首是瞻的科学家进行了对比，指出在作出道德决定时前者往往可以作出更好的判断，因为后者在使用理性时常常受制于种种人为准则，而这些准则可能存在谬误。依照布尔斯廷（Daniel J. Boorstin）的话来说就是，鉴于人类思想的无序，杰斐逊意识到不能以人的思想作为道德的根基，而需要找到"某种更为稳靠、更少变动的人类官能"作为基础。[7]

在第二封信中，杰斐逊谈到另一种反对意见：有些人认为如果设想自然赋予每个人以道德意识，那么自然就会向我们明确标示出两套行动，即在本质上，"一套是道德的行动，另一套是罪恶的行动"；但反观现实却会发现理论与实际之间存在巨大落差，在现实中不同的国家对同一行动做出的道德评价是不同的；所以上述的假设无法成立。杰斐逊在第二和第四封信中对此作出了回应，他认为判断人道德与否的标准在于行动所要实现的目的而非行动本身，因此虽然随着环境、习惯和政体的变化，那些在某时某地行善或作恶

---

[6] Michael P. Zuckert, "Thomas Jefferson and Natural Morality: Classical Moral Theory, Moral Sense and Rights", in Peter S. Onuf and Nicholas P. Cole, ed., *Thomas Jefferson, the Classical World, and Early America*, Charlottesville, VA: University of Virginia Press, 2011, pp. 57-58.

[7] Daniel J. Boorstin, *The Lost World of Thomas Jefferson*, Boston: Beacon Press, 1960, p. 140.

的行为将实现不同的目的，不过道德的判准仍应该以效用（utility）这一目的为依归。

扎克特所说的另一种反对霍布斯的观点来自于道德意识学派（moral sense school）。这派理论最初由第三代沙夫茨伯里伯爵（the third Earl of Shaftesbury）提出，之后得到弗朗西斯·哈钦森（Francis Hutcheson）的发展，并由凯姆斯勋爵（Lord Kames）等人加以修正。[8] 在科赫（Adrienne Koch）看来，在18世纪末19世纪初，这一理论为解决"道德判断的来源、权威和普遍性"提供了一种方便的权宜之计。总的来说，该理论认为道德判断并非要遵循理性而是依靠感觉，具体来说，道德判断绝非仅仅是对事务之间关系的认识，而是"主要涉及赞许或非难这一心理活动"，人类自然导向他人的幸福，在极端情况则导向全人类的幸福，因此道德并非人类协议的结果而是天生内在于世界和人类的结构之中，即所谓的"知觉本能主义"。[9]

如果杰斐逊的藏书目录可信并且可以作为了解他所阅读书目的指引，那么杰斐逊显然非常熟悉沙夫茨伯里和哈钦森等人的著作。[10] 同时，对照杰斐逊本人的理论也会发现，他继承并发展了道德意识学派的理论。在第一封信中，杰斐逊指出人天生具有社会性，而人的道德的形成就是为了实现这一目的。在第三封信中，他

---

[8] Michael P. Zuckert, "Thomas Jefferson and Natural Morality: Classical Moral Theory, Moral Sense and Rights", in Peter S. Onuf and Nicholas P. Cole, ed., *Thomas Jefferson, the Classical World, and Early America*, Charlottesville, VA: University of Virginia Press, 2011, p. 58. 有关"道德意识学派"的具体论述可参见[意]路易吉·特科：《道德感与道德基础》，载[英]亚历山大·布罗迪编：《剑桥指南：苏格兰启蒙运动》，贾宁译，浙江大学出版社2010年版，第136-144页以及[英]克里斯托弗·J.贝瑞：《苏格兰启蒙运动的社会理论》，马庆译，浙江大学出版社2013年版，第180-192页。

[9] Adrienne Koch, *The Philosophy of Thomas Jefferson*, Gloucester, Mass: Peter Smith, 1957, p. 15.

[10] Adrienne Koch, *The Philosophy of Thomas Jefferson*, Gloucester, Mass: Peter Smith, 1957, pp. 15-16. 在第四封信中杰斐逊明确提到了凯姆斯勋爵的《自然宗教的原则》一书，并且认为他是"我们同道者中最有能力的人之一"。

对此有着明确的三段论表述：大前提——人类是为了社会交往而被创造出来的；小前提——但没有正义感社会交往将无法维持；结论——因此人必须天生就有正义感。而在第二和第四封信中，杰斐逊改用神学的视角加以论证，认为造物主在使人类具有社会性的同时也必然要使人类天生具有社会指向的道德观念，否则造物主的创世目的将出现矛盾，神也将因此蒙羞。而早在1771年8月3日杰斐逊向罗伯特·斯基普维斯（Robert Skipwith）推荐书籍的信中，他就将道德倾向类比为人的四肢，类似的有机比喻在1785年8月19日写给彼得·卡尔的信、第一、第二和第四封信等文献中均有出现（稍有不同的是，之后的信件中添加了将道德本能比作视觉、听觉等官能的内容）。就像人天生就具有四肢和各种官能一样（在第二封信中杰斐逊提到存在例外），道德倾向也是人的"本性的一部分"。除此以外，杰斐逊在1809年9月27日写给詹姆斯·费什班克（James Fishbank）的信中提到，由于道德实践为社会的幸福所必需，所以造物主就有意将道德的训诫"永恒地烙印在我们的心上以防我们头脑中的狡计将其磨灭"。

不过就像杰斐逊所说，对于道德本能的内涵，几乎有多少为此主题写作的人，就有多少种观点。这里我们需要接着探究杰斐逊所理解的道德本能究竟是什么。我们先来看看所谓"爱空想的作家"的主要观点以及杰斐逊对这些观点的反驳，之后笔者将介绍杰斐逊本人的看法。在第一封信中杰斐逊只是简要提到了道德的基础并非美（το καλογ）、真实等，而在第二封信中他则详细讨论了各种具有代表性的观点：首先，上文提到的沃拉斯顿认为真实是道德的基础，在杰斐逊看来，这种理论"最为怪诞"，因为虽然真实可以作为道德的分支，但将其作为基础则是本末倒置；其次，有人将对上帝的爱视为道德基础，但是如果此说为真，那么它将无法解说一些在天主教国家脱离柏拉图式基督教的人（无神论者），因为依据杰斐逊所区分出的"对上帝的责任和对人的责任"和这些人的"断言与推理",他们显然在涉及人的方面具有道德;再次,还有一些人认为美是道德的基础,杰斐逊认为美甚至并非道德的分支,而且其以审美这一官能为基础,该官能的对象需要诉诸想象力,因此与道德的机能完全不同;最后,上文已经部分论述过了杰斐逊对自私作为道德基础这一观点的反驳,此处需要补充的是,杰斐逊还谈到道德需要以双方相互关系为基础,但自私却恰恰缺乏一方主体,所以自私并非道德的基础,而是"道德的唯一对手",不过杰斐逊提醒我们,因为对自私的克服或抑制可以保证道德的存续,所以从广义来看,自私可以成为人们道德行为的源泉。至于杰斐逊自身对道德本能的看法,我们需要留心的是他的表述的反复变化。在第一封信中,杰斐逊认为道德的真正基础是是非观(sense of right and wrong),在二十八年后所写的第二封信中,他转而提出道德本能就是对他人的爱和责任感。而在第三和第四封信中,杰斐逊则认为道德的本能是正义感。伍德认为杰斐逊其实秉持一种与古典共和美德近似但又不完全一致的现代道德观,该道德观更少强调自我牺牲而更多地与友善、和蔼、博爱和仁慈有关。[11]

2. 道德的效用主义

本小节笔者将转向对道德的效用主义的讨论。根据科赫的观点,天生的道德观念与效用原则的结合是杰斐逊道德本能主义理论的顶点。[12] 不过效用理论并非杰斐逊的原创,而是其来有自。沃拉斯顿、休谟和边沁都提出过自己的效用理论,而法国秉持感知论的哲人也曾尝试以该理论为基础建构自己的逻辑体系。但是如果我们注意一下杰斐逊自身的论述,就会发现他的效用理论有更为悠久

---

[11] Gordon S. Wood, *Revolutionary Characters: What Made the Founders Different*, New York: The Penguin Press, 2006, p. 105.

[12] Adrienne Koch, *The Philosophy of Thomas Jefferson*, Gloucester, Mass: Peter Smith, 1957, p. 20.

的渊源。在1819年10月31日写给自己的追随者威廉·肖特（William Short）的信中，杰斐逊声称自己是真正的伊壁鸠鲁主义者（Epicurian），而肖特则因为疏懒而背弃了伊壁鸠鲁的教诲。一改1803年4月21日致本杰明·拉什博士（Dr. Benjamin Rush）的信的附件中将古代哲人及其学派作为一个整体加以处理的做法，杰斐逊将伊壁鸠鲁与其他重要的古代哲人进行了区分，他认为伊壁鸠鲁的真正理论"包含有希腊和罗马留给我们道德哲学中的每一种合理的成分"，而其他哲人的理论则或多或少存在缺陷[13]。就在该信附随的有关伊壁鸠鲁学说的摘要中，在道德的条目下，杰斐逊写道："效用是道德的考验"。正如科赫所说，在杰斐逊对道德的论述中可以找到伊壁鸠鲁主义的影子。[14]

然而，当对观第四封信第二段结尾部分时，我们会发现伊壁鸠鲁所说的效用似乎与这里提到的并不一致。在此信中，杰斐逊在诠释道德的判准——行为的目的时指出，如果某一行为意图实现其所指向的对象的幸福，那么这一行为便是有道德的。他进一步解释说："道德的本质就是对他人行善……"考虑到上文提到的致拉什信的附录中，杰斐逊在对古代哲人关于控制自身激情的教诲表示赞许之后，指出他们在发展对他人的责任方面存在情感程度和范围上的缺陷，具体来说就是，他们很少从仁爱的角度来看待邻居和同胞，更没有教导要"以仁爱之心去胸怀整个人类大家庭"。而这一缺陷则由耶稣来加以补救，虽然耶稣的教义也存在各种往往并非由其自身所造成的不足，但如果将耶稣的格言加以去伪存真（杰斐逊本人实际做过类似的工作），杰斐逊认为我们将发现"有史以来献

---

[13] 需要注意杰斐逊对爱比克泰德（Epictetus）的评论，虽然爱比克泰德的理论保留了斯多葛学派的精华，但由于伊壁鸠鲁理论的全面性，爱比克泰德的理论自然也被伊氏的学说所包含。

[14] Adrienne Koch, *The Philosophy of Thomas Jefferson*, Gloucester, Mass: Peter Smith, 1957, p. 40.

给人的最崇高的慈善的道德法典",或至少是"最崇高的道德体系的轮廓"。就像杰斐逊在致肖特的信中所说的,伊壁鸠鲁提出了约束自身的法则,而耶稣则教导我们"对别人所应尽的责任和仁爱,作为补充"。综上所述,可以大略地说道德与否的判准就是行为能否实现耶稣的道德教诲。

另外,效用原则在判断是否道德时是以目的而非手段为导向,而根据第四封信,这里所说的实现他人的幸福(to effect the happiness of others)这一目的究竟是指道德实践者基于当时情势所作出的主观判断或决定还是这一主观考虑也要在客观上得以实现杰斐逊却语焉不详。因此他引入效用原则将为他的道德理论提供充分的灵活性,得以适应不可避免的环境变化。

(二) 道德本能的不均衡分配

在上文提到的写给劳的信中,杰斐逊利用我们已经熟悉的有机类比指出,虽然道德本能并非存在于每个人的内心,就像我们能够在日常生活中所观察到的有些人存在肢体或各种官能的先天缺陷一样,不过这不能证明造物主就是拙劣的艺术家,因为造物主所制定的规律存在例外本身就是一条规律。对人进行定义依赖于对人内在与外在的普遍现象的把握和提炼,杰斐逊提醒我们,将普遍现象与例外相混淆甚至以后者取代前者来对人加以定义是"错误的推理"。某些人可能缺乏道德本能,不过正如人的天生残疾一样,这一现象并不普遍,因此缺乏道德本能不能进入对"人"这一概念的定义中。可能会有人认为这里杰斐逊与劳在《反思本能冲动》(杰斐逊同意该书关于人的道德基础的讨论)一书中所认识到的人的道德基础是基于对"文明人"的考察所得出的结论,缺乏普世性。针对这种异议我们可以再来看看杰斐逊对被视作"野蛮人"的印第安人的道德本能的说明。在《弗吉尼亚笔记》对询问十一的回答中,他指出以当时居住在弗吉尼亚殖民地的三个最大的印第安部落为例加以观察可以发现：由于没有政府和法律，这些土著居民除了习惯以外，就是以"像味觉和感觉一样构成每个人本性的一部分"的是非道德观来控制行为的。对观上文中提及的杰斐逊有关有机类比的信件，我们发现这里的表述与之前提到的那些几乎没有区别。如果我们以小见大，那么便可以合理地推断出杰斐逊认为作为整体的野蛮人群体也是具有道德本能的。"文明人"与"野蛮人"两者在天赋道德上的一致性足以使杰斐逊相信道德本能是"人类的一个普遍特征"。而就这一观点的来源来说，科赫认为杰斐逊在这方面接受了凯姆斯勋爵的看法。[15]

然而，尽管杰斐逊同意道德本能具有普遍性的看法，但是他并不认为这种本能在每个人身上都是均衡分配的。在1787年8月10日致卡尔的信中，杰斐逊就明确指出，像人的力气强弱不同一样，道德本能在每个人身上也存在强弱差异。而在多年后致劳的信中，杰斐逊似乎认识到这种道德本能的不均衡分配的严重程度远远超出自己以往的设想，承认道德本能并不存在于每个人的身上。这一从"强弱之别"到"有无之分"的发展使我们得以在道德本能方面大致区分出两类人——"**道德本能健全之人**"与"**不健全甚至缺乏道德本能之人**"（下文称其为"**本能缺失之人**"），而前者可以再划分为"**自然贵族**"[16]与"**普通人**"。

在上段提到的致其外甥和劳的信中，杰斐逊通过有机比喻指出这种不均衡是自然造成的，或者换用带有神学色彩的说法，是造物主有意设计的产物。不过当我们转向1813年10月28日致亚当斯的信时却会惊讶地发觉，这种似乎自然而然发生的事情其实并非像

---

〔15〕 Adrienne Koch, *The Philosophy of Thomas Jefferson*, Gloucester, Mass：Peter Smith, 1957, p. 17.

〔16〕 虽然杰斐逊在1813年10月28日致亚当斯的信中提到自然贵族的基础是"品德和才干"，但因为本文只是从道德的角度展开论证，因此在这里采用"自然贵族"这一名称笔者认为也是适当的。

其最初看起来那么简单。这封信是在杰斐逊与亚当斯恢复通信后前者对后者之前的两封来信的回复。亚当斯在来信中都首先向杰斐逊讨教对特奥格尼斯（Theognis）希腊语文本的翻译问题，之后便借题发挥，谈到人类对财富与良好出身的崇拜"内在于人性的基本结构"，根源于上帝的法令，因此美德与才干同财富与良好出身竞争时将毫无胜算，而且人类仅仅依靠自身的力量也只能控制该观念而无法克服它。[17] 杰斐逊对此回应称："通过对动物与人的生育状况的考察会发现两者在遗传方面存在一定的相似性，人的品德（与动物不同之处）和体格在某种程度上继承自父亲；因此如果政府或其他机构有权像特奥格尼斯所说的牲畜的主人在牲畜育种时所做的那样，为其治下众多优选的妇女择定最优秀的夫婿[18]，那么人种退化的趋势将会被遏止和逆转并会产生出自然贵族。"接下来杰斐逊遗憾地告诉我们，这种特别的计划生育的方法在现实中无法推行，原因在于人将会以天赋的平等权利来反对"这位享有特权的所罗门王和他的妃嫔"。他没有明说但是在字里行间暗示他的读者，该方法严重违反了基督教所推崇的与犹太教不同的婚姻伦理。政府主导下的婚配制度必须让位于个人选择（更准确地说是当事方家长的选择）。但交付个人判断同样缺陷多多，杰斐逊指出："无论是古代诗人、哲人还是自然或神本身都认为人类婚配的最终目的在于使这一物种不致灭绝；不过对于个人结婚的动机，古代诗人与哲人所提供的道德动机——告诫世人的两性结合不是为了快乐而是为了实现神的神圣意图——对普罗大众来说过于无力，神或自然则通过将性欲植入人的机体中来保证即使个体无视道德训诫也能够无意识地实现

---

[17] 本文引用的亚当斯所写作的文献，笔者主要采用 Charles Francis Adams, *The Works of John Adams*, Boston: Little, Brown and Company, 1853 以及 Paul Wilstach, *Correspondence of John Adams and Thomas Jefferson: 1812-1826*, Indianapolis: The Bobbs-Merrill Company, 1925.

[18] 因为在亚当斯看来即使是哲人在为子女选定配偶时也会为财富与出身所迷惑，所以在对人实行优生政策时需要更为中立的机构。

神圣意图；但人类则出于人性将觊觎财富和野心加入到结婚的动机之中。将男女两性结合交由个人自主选择，女方的家长虽然通过经验可以知晓自己的外孙或外孙女的品德和体格将受惠于其所选定的女婿，但财富和野心的诱惑如此之大以至于其将罔顾未来女婿的健康、才干或品德。"由此杰斐逊得出结论——人种的退化不可避免，每个人道德本能的状况将交托于命运。上文所谓的自然而然的结果其实是由于对人类来说更为适当的人为措施无法实施所造成的。

可是，对于人与人之间道德本能的差异并非毫无补救的方法。在上一节我们已经了解到杰斐逊道德本能主义的观点滥觞于道德意识学派，但是道德意识学派本身却并非铁板一块，该派学者的理论之间存在或多或少的差异。就本节所要论述的主题来说，我们需要关注的是凯姆斯勋爵的观点。在《论道德原则和自然宗教》一书中，凯姆斯勋爵对沙夫茨伯里和哈钦森的观点作出了修正：一方面，他批判了沙夫茨伯里等人有关义务的观点，在他看来，作为个人行动指导的道德观念是不需反思的感觉，这种感觉体现在意识到对于自己的义务个体感到必须实施某种行为，而教育与经验并不能产生此种感觉；另一方面，与哈钦森不同，他认为这种道德感并不是一种行动的原则，而是行动的调节器，这种调节器"就像我们其他的能力和官能一样是可以逐渐改善的"。[19] 杰斐逊本人对凯姆斯勋爵的理论推崇备至，他拥有后者几乎所有的著作。杰斐逊显然赞同凯姆斯上述第二个修正观点，最为明显的例证出现在他对《论道德原则和自然宗教》的注释之中。凯姆斯在书中谈到与人的道德感相关的自然法并非一成不变，而是随着人性的变化而变化。杰斐逊以历史上战俘待遇的变迁为例对凯姆斯的观点进行了评论，指出战俘的待遇由被处死刑到永久奴役再到服劳役一直到晚近学者提出的

---

[19]〔英〕克里斯托弗·J. 贝瑞：《苏格兰启蒙运动的社会理论》，马庆译，浙江大学出版社2013年版，第192页。

缴纳赎金，而且必然存在着进一步变化的可能性与必要性（在杰斐逊的私人信函中也可以找到相似的观点）[20]。因此，我们可以说，杰斐逊所秉持的道德观点为他所认为的人的道德本能的变化提供了理论基础。

普通人和本能缺失之人在道德本能上存在有无之别，但杰斐逊对通过教育来弥补本能缺失之人的缺陷的方法比较有信心，认为该方法将发挥"道德家、传道者和立法者"所起的作用。他在上文提到的与劳的通信中提出了具体的措施，即诉诸那些人的理性，由他们自己来衡量向他们所灌输的行善避恶的动机是否符合自身的利益，而这些动机都直接与他们的切身利益（不仅只关乎此世的好处，还涉及来生）息息相关。这里可以发现杰斐逊对人的自私心理的灵活运用。在谢尔顿看来，此时道德本能与社会之间出现了良性互动——前者向后者提供得以维持的基础，而后者则为前者创造进步的可能性。[21] 正是这种互动使扎克特意识到杰斐逊与哈钦森或凯姆斯等这种纯粹的道德学者相比更是一位政治思考者。[22] 但杰斐逊也并非对这种教育方法的功效持毫无保留的信任态度，他说该方法仅对那些"其差距不是太大以致可以消除的人"有效，显然杰斐逊认为这种措施不是包治百病。但在另一方面，强弱之分虽说只是个程度问题，可是根据杰斐逊的看法，自然贵族与普通人在道德本能上反而存在着难以弥合的鸿沟。如果将杰斐逊为当时的弗吉尼亚殖民地拟就的《关于进一步普及知识的法案》序言部分、《弗吉尼亚笔记》在对询问十四的回应中就该法案的解释以及本节所提及

---

[20] Adrienne Koch, *The Philosophy of Thomas Jefferson*, Gloucester, Mass: Peter Smith, 1957, pp. 17–18.

[21] Garret Ward Sheldon, *The Political Philosophy of Thomas Jefferson*, Baltimore: The John Hopkins University Press, 1991, p. 60.

[22] Michael P. Zuckert, "Thomas Jefferson and Natural Morality: Classical Moral Theory, Moral Sense and Rights", in Peter S. Onuf and Nicholas P. Cole, ed., *Thomas Jefferson, the Classical World, and Early America*, Charlottesville, VA: University of Virginia Press, 2011, p. 73.

的致亚当斯的信件中关于教育的部分等相关文件加以对观，便不难察觉杰斐逊所提出的教育方案只是既让自然贵族的道德本能的优势得以保持甚至加强，并且最终具备可以与伪贵族在竞选公职时竞争的能力，又使得普通人接受与自然贵族之间的道德差距并心甘情愿地将他们作为自己的统治者以及由于自然贵族出现的随机性，令普通人拥有区分真伪贵族的能力。

二、为公众服务之债

（一）"自然贵族"还是"人为贵族"

如果从一个人对某个词汇的使用频率就可以判断出此人对该词所指涉的观念的重视程度的话，那么杰斐逊对"自然贵族"（natural aristocracy）一词只用过两次，其中一次是在1813年10月28日致约翰·亚当斯的信中，而另一次该词则出现在1815年1月5日致约瑟夫·卡贝尔（Joseph C. Cabell）的信中，而此信的附件就是上文提到的写给亚当斯的信。除此以外，杰斐逊在因与华盛顿政府内阁中的汉密尔顿不睦而即将辞去国务卿一职时，在一封致詹姆斯·麦迪逊（James Madison）的信（1793年5月13日）中曾讽刺地提及联邦党人所谓的"自然贵族"。面对寥寥几次的使用，我们或许可以得出杰斐逊对涉及自然贵族的观念并不上心的结论。不过，就像萨缪尔森（Richard A. Samuelson）提醒我们的，这一看似清楚明白的论断可能是对杰斐逊思想的过于简单化的处理。考虑到杰斐逊在政治生涯中为人一贯谨慎，而堂而皇之地讨论自然贵族只会给其对手落下大肆宣扬杰斐逊是君主制或贵族制拥趸的口实，那么起码对杰斐逊来说，对一个特定观念的讨论次数与该观念对他的重要程度之间可能并不存在必然的联系。萨缪尔森为我们提供了支持以上观点的其他证据：首先，上文提到的与亚当斯谈论自然贵族的信件可能是杰斐逊写给亚当斯最长的一封信；其次，在该信的倒数第二段杰斐逊明确声明他写此信的目的并非为了争论，而是为了坦陈自己的观点，显然杰斐逊认为只有揭示出他对自然贵族的想法，他所秉持的政治哲学才能完整地向亚当斯展示出来；再次，就此信的内容来看，杰斐逊似乎对自然贵族有非常系统的看法，这显然并非一朝一夕的思考就可达成的；最后，杰斐逊是将这封信作为附件寄给与他一同谋划建立弗吉尼亚大学的卡贝尔，来为其建设大学的方案提供理论资源，综合他其他有关教育的文件来看，杰斐逊相当重视自然贵族这一观念，虽然有时并未采用"自然贵族"一词。[23]

在本节中，笔者将尝试通过对比杰斐逊与亚当斯在自然贵族观念上的异同并分析两者差异的原因，以便揭示出杰斐逊对"自然"与"贵族"两个概念的特殊理解。下文的综合分析将以以下四个文本作为主要文献：1813年8月16日和9月2日亚当斯致杰斐逊的两封信（以下简称第一封信和第二封信），同年10月28日杰斐逊对亚当斯的回复（以下简称第三封信）以及在几乎半月后的11月15日亚当斯写给杰斐逊的再回复（以下简称第四封信）。这里需要先说明这几封信的写作背景。在亚当斯执政时期作为副总统的杰斐逊由于政治理念上和总统存在矛盾而与多年的老友亚当斯关系破裂。在杰斐逊从总统职位上退休以后，利用之前亚当斯夫人（Abigail Adams）的牵线搭桥，亚当斯首先在1812年元旦向杰斐逊发出祝福信件，此举重新开启了久违的两位共和国之父之间直接的通信联系。在恢复交往之初，杰斐逊仍然对亚当斯心存疑虑，在后者所举荐的人选上杰斐逊甚至警告时任总统的麦迪逊被举荐人是联邦党人，不过随着双方交流的深入，杰斐逊最终彻底与亚当斯冰释

---

[23] Richard A. Samuelson, "Thomas Jefferson, Natural Aristocracy and the Problem of Knowledge", in Robert M. S. McDonald, ed., *Light and Liberty: Thomas Jefferson and the Power of Knowledge*, Charlottesville, VA: University of Virginia Press, 2012, p.76.

前嫌。从 1812 年到 1826 年，亚当斯与杰斐逊共交换了 152 封信件。相对于亚当斯来信的频繁与信的内容的简略，杰斐逊写给对方的信则更长，也更加精雕细琢，但这也拖慢了他回信的速度。[24]

我们先来看看杰斐逊与亚当斯在自然贵族观念上对"**自然**"与"**人为**"所作的区分。亚当斯在第二封信中列举了判断自然贵族与否所包含的五个指标：**美丑**(广义)、**财富**、**出身**、**才干**和**道德**。杰斐逊在第三封信中表明他并不同意这种观点，而是认为自然贵族的基础只能是美德和才干，而那些仅仅拥有巨大财富和出身豪门之人并非自然贵族，而是人为贵族，因为财富与门第并非是由自然赋予个人的，而是依赖于人的创造。在第四封信中，亚当斯似乎修正了其在第二封信中的观点，他指出即使他同意杰斐逊有关自然贵族的基础在于才干和美德，但这种一致也只是他在言辞上的妥协，亚当斯回避了对"美德"的讨论，但他强调"才干"（talent）一词随着历史的变迁而产生了种种不确定的用法，财富、出身、美貌等等因素都可以包含在广义的"才干"（talent）一词之中。而出身和财富与才干（狭义）、体力和美丑一样都是由自然"专横地"加以分配的。人出生在豪富显贵之家还是凋敝破落之户是他本人无法揣度的命运运作的结果，在亚当斯看来，以此方式取得贵族地位也是自然的。不过亚当斯也承认存在人为贵族，但与杰斐逊通过区分指标来划分贵族类别的、非历史的方法不同的是，他将人为贵族的出现放在历史中来加以考察。他谈到只有在由于选举制度已经被腐蚀得无可救药，国家法律和政治制度只得挺身而出确立世袭贵族之时，人为贵族才会开始出现，另外，在人为贵族的存续方面，杰斐逊同意亚当斯所说的对财富与门第的崇拜渊源于人的本性，甚至即使在民众受到杰斐逊式的教育之后，在遴选自然贵族时也会被财富和门

---

[24] See Richard A. Samuelson, "Thomas Jefferson and John Adams", in Francis D. Cogliano, ed., *A Companion to Thomas Jefferson*, Malden: Wiley-Blackwell, 2012, p. 326.

第所迷惑。可见，杰斐逊认为人为贵族将伴随人类始终。相反，亚当斯则坚称，鉴于人为贵族制度内部的天生缺陷（相互敌视和压迫人民），它将自然地迅速转化为君主制甚至是专制制度。因此在亚当斯看来，人为贵族的存续期限在时间长河中只是如白驹过隙一般。

接下来笔者将讨论双方对"贵族"的认识。贵族的出现与人民的服从（deference）无法脱离干系。波考克（J. G. A. Pocock）在《服从的古典理论》一文中指出，古典意义上的服从的社会通常预设了精英与非精英双方，后者认为前者所处的社会地位与文化环境都优于自己，因此也就将前者在政治领域占据领导地位视为理所应当与自然而然的。[25] 现在我们就来考察一下杰斐逊与亚当斯是如何理解"服从"的。针对上文提及的五个判断指标，亚当斯在第一封信中明确声称人对财富与门第的仰慕是上帝深植于人的基本构造（constitution）之中的，是"人类博物学的组成部分"，人类依赖世俗的力量只能对它加以控制而无法克服；而在第四封信中，亚当斯表示赞同杰斐逊所说的自然贵族的基础在于才干（广义）与美德；由此可知，亚当斯将人们对部分或全部满足五个指标要求的人的崇拜看作是自然的。不过，亚当斯进一步指出，这五个指标对人的吸引力的强度是不同的，在一般人看来，美丑、财富和出身中的任何一个都能够在重要性上超过另外两个标准的任意一个或两个之合。亚氏通过例证重点解说了美丑、财富和出身在位阶上占据高位的原因。他谈到家长为子女选择配偶时往往会受到财富和门第的诱惑而无视才干与品德；在人群中可能只有哲学家仍在主张贵族是"既明智又好的人"（the wise and good），但是当他们也作为家长为子女的婚姻操心时就会表现出明显的心口不一。在第二封信中，亚当斯

---

[25] J. G. A. Pocock, "The Classical Theory of Deference", in *The American Historical Review*, Vol. 81, No. 3 (Jun., 1976), p. 516.

在举例说明出身的重要性时以拿破仑和华盛顿为例，除了说明人类对出身的好感一以贯之以及暗中嘲笑杰斐逊对法国的青睐以外，更指出了即使在美国也无法摆脱身份崇拜。至于对美丑标准重要性的说明，亚当斯意识到美丑标准初看起来的荒谬，他在第二封信的附注中说，如果杰斐逊能够静下心来在历史中检索，便不难发现这一标准的重要性有时甚至超过财富与门第。而在第四封信中他更进一步说明，在欧洲的历史和圣经历史中女性的美貌发挥了巨大的影响力，虽然在这点上美国暂时是个例外。另外，从政治的角度来看，亚氏在第四封信中利用思想实验，明确了自然贵族获得服从最直观的表现在于他能够在选举中取得多于一张的选票。

杰斐逊在第三封信中对亚当斯的相关观点作出了回应，他同样将上述的五个指标作了区分，并划分了位阶。除了上文提到的品德和才干是自然贵族的基础而财富和门第则是非指标以外，杰斐逊暗示美丑标准一直以来就只是判断自然贵族的次要依据。不过他所补充提到的体力标准则在历史上经历了一番变化，在野蛮社会和古代社会，强力就是法则，因此"身体孔武有力就可以晋升为贵族"，但是随着社会的进步尤其是火药的发明，体力作为判断标准的重要性随之下降[26]。由上述可知，杰斐逊将指标分为三类——**主要指标（道德和才干）**、**次要指标（美丑和体力）**与**非指标（财富和门第**，它们唯一的价值可能在于在杰斐逊的教育方案中拥有财富和门第之人的学费不会占用公共资源）。就公共领域来说，杰斐逊指出自然贵族的价值就体现在"教化、托管和治理社会"。需要注意的是，杰斐逊一样认为在选择配偶时人们在天性上往往惑于财富和野心，从而罔顾品德、才干、美丑和体力等标准，而这种内心倾向在人们选择统治者时恐怕也难以避免。他以我们所熟悉的句法告诉

---

[26] 亚当斯在第四封信中也谈到了体力，所举的例证是12世纪末13世纪初反抗英格兰压迫的苏格兰英雄，这或许表明亚氏赞成杰斐逊的观点。

读者，如果自然赋予人以天生的社会性但却不创造出自然贵族以治理社会，那么它将是"自相矛盾的"。可是问题在于，假如自然使人在面对那多种判定指标时过分青睐财富和出身，那么即使自然创造出了自然贵族，其也将在政治舞台上无用武之地。面对自然的谋划中这一更大的矛盾，杰斐逊主要诉诸教育，他试图通过教育来提高大众为其自身安全所必需的道德品质，抑制甚至克服自私心理，使其具备选拔出自然贵族的能力，以实现自然的意图。总而言之，在政治领域自然的缺陷需要人为措施来弥补。

接下来笔者将依照上文给出的写作顺序来陈述一下杰斐逊所给出的他与亚当斯观点分歧的原因。在第三封信中，杰斐逊反对亚氏所谓的自己的观察可以放之四海而皆准的看法，他首先采取相对主义的进路，认为他与亚当斯的判断之间的分歧主要是由于双方的写作分别立基于不同的环境，亚氏所在的马萨诸塞州和同在新英格兰地区的康涅狄格州与杰斐逊的母州在对待人为贵族方面采取不同的态度，亚当斯就他观察到的现象所提炼出的结论只能适用于作为资料来源的马州以及康州。就此我们似乎可以推论出杰斐逊的观点可能只是对弗吉尼亚州的境况的抽象。这种并非咄咄逼人的结论看似颇为符合当时杰斐逊与亚当斯刚刚恢复通信相互试探的情况，也与杰斐逊所说的他与亚当斯在此观点上的差异是"朋友之间的分歧，我们自由运用自己的理性，互相纵容对方发表错误意见"相一致。但在该信的倒数第三段和第四段中，杰斐逊进一步将欧洲的情况与美国整体进行了对比，并借此申明了"美国例外论"。他指出，亚当斯的观察可能也以历史中及现实中的欧洲为依据，不过欧洲与美国不同，主要表现在土地资源和个人负担方面，美国人由于先天与后天的生活条件优势使他们摆脱了对他人的依附，从而具有较高的公共美德，所以他们拥有遴选自然贵族的权利是令人放心的。可见，仅就描述美国来说，亚当斯的理论也并非主流。另外，欧洲也在发生变化,启蒙教育正在使普罗大众摆脱对财富和门第的迷恋也使自然贵族得以脱颖而出,美国的现状已成为欧洲未来发展的趋势。这里我们便可以得出结论:虽说杰斐逊言之凿凿避免与亚当斯争论,但其实他是在隐晦地指责亚当斯的见解只是根据过时的、狭隘地域的观察而作出的总结,因此价值不大。

有读者可能会问,如果杰斐逊坚持自然贵族与普通民众相互区分,在政治上命定占据不同的地位的观点,那么这一点如何与他的其他文本尤其是《独立宣言》中关于人生而平等的表述相协调?笔者在这里尝试从社会和政治两个角度来作出回答。首先,依据伍德的观点,革命者虽然拥护公民平等,但是他们从现实主义的角度认识到即使在共和国中人与人之间也会出现基于各种偶然因素而产生的等级和差异,尽管"不会像君主制社会的那样明显";因此他们所宣扬的平等只是一种机会平等,"激励天才有所作为,为德才兼备的人创造机会"(选拔自然贵族),与此同时,"破坏裙带关系和庇护制"(抑制人为贵族),而这种社会的大致平等正是共和主义的关键所在。[27] 其次,虽然自然贵族在美德和才干上优于普通民众,但他们依赖于民众对其的承认、挑选和委以重任;而民众尽管受能力所限,不过他们有权通过周期性的选举来监督约束这些贵族,而且需要由自然贵族所治理的社会提供发展他们上述能力的机会;总之,尽管自然贵族与普通民众之间有性质上的差异,"平等却通过共同服务于公共利益而占据主导地位"。[28]

(二) 自然贵族的选拔与任职

1. 社会遴选与政治遴选

就像佩特森(Caleb Perry Patterson)在《杰斐逊的宪法原则》

---

〔27〕 [美] 戈登·S. 伍德:《美国革命的激进主义》,傅国英译,商务印书馆2011年版,第252页。

〔28〕 Garret Ward Sheldon, *The Political Philosophy of Thomas Jefferson*, Baltimore: The John Hopkins University Press, 1991, p. 146.

一书中所指出的，对权力滥用的最好防范措施就是个人保留各自的权利，不委托他人行使，不过杰斐逊显然认识到上述理想状态在他所处的世界并不适用。[29] 究其主要原因，杰斐逊一方面认为普通人并不具备"管理要求普通水平以上智力的事物"的能力[30]，另一方面考虑到直接民主制只能局限在狭小的地域和人口范围之中，如此受限的国力自然使其无法在弱肉强食的国际社会中独存。代表制就顺理成章地成为兼顾理想与实际的不二选择，简单来说就是对于普通人能够胜任的事务保留给他们自己处理，而面对更为复杂情况，他们则需要将权利委之于代表来加以应对，这一想法完整地体现在杰斐逊关于"四级共和国"的思考中。[31] 仅就共和国的代表制部分来看，杰斐逊尽管一贯声称所有人类创建的制度由于受制于人的不完满状态而必然存在种种缺陷，但他却在上节提到的致亚当斯的信中提出了最好政体的理想类型，那就是所有的自然贵族均当选为政府的官员。本节笔者将分析在杰斐逊的思想中他是如何谋划使现实运作趋近于该理想类型的，换句话说就是如何在普罗大众中尽可能地遴选出自然贵族。

在杰斐逊看来，对自然贵族的选拔可以分为两个阶段。其中第一个阶段是**政治遴选**的前置程序，这里姑且称之为**社会遴选**。需要先说明的是，因为相比于其在联邦范围上的论述，杰斐逊就如何在弗吉尼亚实现对自然贵族的选拔说得更为详细，所以下文的分析也将主要以弗吉尼亚为背景而兼及联邦。首先我们来看看所谓的社会遴选。1776年秋杰斐逊离开了正在费城召开的大陆会议回到弗吉尼亚殖民地，并当选为殖民地议会下院议员。在议会中他发起了一

---

[29] Caleb Perry Patterson, *The Constitutional Principles of Thomas Jefferson*, Gloucester, Mass: Peter Smith, 1967, pp. 49-54.

[30] 杰斐逊1816年4月24日致杜邦·德·内穆尔（P. -S DuPont de Nemours）的信。

[31] 可参见杰斐逊1810年5月26日致约翰·泰勒（John Tyler）的信和1816年2月2日写给卡贝尔的信。

场改革弗吉尼亚法律的运动，试图借此来清除对弗吉尼亚来说依然浓厚的殖民地影响，而这场运动中最为影响深远的就是对弗吉尼亚所有现存法律的全面检查。为此杰斐逊等五人［不久之后梅森（George Mason）和托马斯·李（Thomas L. Lee）退出］根据国会授权组成了修订委员会，而杰斐逊则逐渐成为该委员会事实上的主席。正是通过他与乔治·威斯（George Wythe）、埃德蒙·彭德尔顿（Edmund Pendleton）的共同努力，这项修订法律的艰巨任务才得以在1779年完成。[32]

在该委员会向国会提交的126份关于修改法律的报告中，由杰斐逊所起草的三份报告影响最大。对于这三份报告，杰斐逊——这位被后世学者誉为"美国公共教育系统之父"[33]的人——认为《关于进一步普及知识的法案》最为关键而且就自己得以有幸起草该法案而深感自豪。[34] 杰斐逊在该法案的序言中将受教育的主体明确区分为普通民众与"被自然赋予天才和道德的人"，而公共教育的主要目的就在于根据各人的天赋的差异使受教育者具备不同的能力。不过在进行此项工作之前，必须首先设法鉴别出不同个体的天赋，否则无法做到因材施教。在杰斐逊的方案中，教育被划分为三个阶段，即百户区学校教育→文法学校教育→威廉·玛丽学院教育，除了初级教育所有人都要参加以外，在个人向更高层次的教育阶段进阶之前需要接受学监（overseer）的考察和筛选，只有符合条件的人才能接受下一阶段的教育。学监是由县参事（Alderman）所任命的"在学识、品德和对本殖民地之忠诚方面都出类拔萃"的

---

［32］ 有关杰斐逊在此次法律改革中作用的具体论述，可参见 David Thomas Konig, "Jefferson and the Law", in Francis D. Cogliano, ed., *A Companion to Thomas Jefferson*, Malden: Wiley-Blackwell, 2012, pp.359-362.

［33］ Caleb Perry Patterson, *The Constitutional Principles of Thomas Jefferson*, Gloucester, Mass: Peter Smith, 1967, p.173.

［34］ 按照之前的分工，对弗吉尼亚殖民地议会所制定的法律的修改交由彭德尔顿负责，但是对关于威廉·玛丽学院的议会法令的修改需要更为全面的考量，因此委员会决定将此事转交杰斐逊处理。

人，而县参事则是由选民选出的"最正直最有能力"的人，由此可见，此种层层选拔使得学监本身即为社会精英，所以我们可以将社会遴选看作"**由精英选拔精英**"的模式。需要补充说明的是，1817年，杰斐逊基于多年的经验对上述教育方案作出了修正，在新方案中，他根据受教育者的天分和他们的未来走向将其区分为"从事劳动的"和"有学问的"，并进一步将后者区别为"以学术为业的"和"不以学术为业的"，这些人在重新划分的教育三阶段（初级学校教育→普通学校教育→职业学校教育）中被逐渐区分出来，但对于进行区分的主体杰斐逊则语焉不详。参考上文的论述以及杰斐逊的精英身份，我们可以猜测在这一方案中仍然是由精英来作出判断。

然而，《关于进一步普及知识的法案》所规定的在进阶教育中对自然贵族的筛选只涉及"从贫穷阶级中挑选出天才青年"，使其接受免费教育以便在未来的政治竞争中有能力战胜人为贵族，而由于婚姻受到个人对财富和门第向往的干扰，自然贵族出现在何种景况的家庭中将具有极大的偶然性，用杰斐逊自己的话说，"自然公允地"使他们"既出现在穷人也出现在富人群体之中"。对于出生在豪富世家中的自然贵族，杰斐逊认为他们属于"第一流阶级"[35]，而这些人在教育方案中并不会经历遴选过程，他们将自费就学于更高等级的学校或是与之前方案提到的学校不同的院校。简而言之，他们将回避掉社会遴选的过程，而直接进入政治遴选。

在政治遴选的过程中，从事和接受选拔的主体分布于社会的各个阶级。就主动的一方来看，他们的主要成分是普通民众，所以我们也可以称政治遴选为"**由非精英选拔精英**"模式。相较于精英遴选，由普通民众所进行的筛选看起来更为不可靠。他们更容易受到

---

[35] 杰斐逊1813年10月28日致亚当斯的信。载［美］杰斐逊：《杰斐逊集》，梅丽尔·D.彼得森编，刘祚昌、邓红风译，生活·读书·新知三联书店1993年版，第1527页。

财富和出身的引诱以至于无法区分出真伪贵族。为了能够帮助这些民众在选举时不致犯错，政府等其他主体需要提供相应的措施来增强他们的分辨能力。在《服从的古典理论》一文中，波考克曾指出在18世纪末19世纪初的大西洋两岸存在两种服从形式：一种是基于服从者自由的主观意愿，而另一种服从者则受制于精英巨大优势的诱惑与强迫；前者不会腐蚀服从的非精英，而后者由于与有形的利诱或强制相关所以会败坏服从者。[36] 下文将依据波氏的此种区分来详细阐释杰斐逊是如何理解这些"外来援助"的。

首先看看针对波氏所说的第二种服从形式杰斐逊所提及的帮助民众缩小候选人范围的措施。在1813年10月28日写给亚当斯的信中，杰斐逊将美国与欧洲加以对比，他指出欧洲由于发展较早以及君主制和贵族制的影响，土地或是已被开垦或是被国王和权贵大量占据而禁止平民使用，并且平民的税负很重，而新世界拥有广阔的未开垦土地，人民可以自由地从事农业生产，选择其他行业的人也可以获得丰厚的报酬，税收负担也相对较轻（在杰斐逊就任总统之后更是如此），因此每个人（黑人和部分印第安人除外）所拥有的财产相对均衡，不会因为贫困而依附于他人。此外，杰斐逊通过将马萨诸塞州和康涅狄格州与弗吉尼亚州加以对比，发现了产生贵族家族的两种方式。在前两州中，由于尚未实现政教分离，有些家族便利用同宗教的密切联系并遵循互惠原则而使得民众将其视作"圣徒家族"；而在弗吉尼亚，一些人则在殖民地建立之初通过种种手段获取了大量土地，然后通过立法来使这些土地只能在其家族内部流转甚至只能由长子继承，由此形成了显贵阶级。不过弗吉尼亚的贵族只是在殖民地时期发挥过影响，出于各种偶然因素这些所谓的贵族在革命时期及之后并不得人心。杰斐逊接着指出，为了使在

---

[36] See J. G. A. Pocock, "The Classical Theory of Deference", in *The American Historical Review*, Vol. 81, No. 3 (Jun., 1976), pp. 516-523.

弗吉尼亚人为贵族影响力较弱这种偶然出现的状况转化为必然,他在任弗吉尼亚下院议员时曾提议废除限嗣继承法,而在其之后任职于修订委员会时他更是主张废除长子继承法,这两项提案都得到了议会的批准。这样一来对于因财富积聚而产生的贵族,杰斐逊的措施既回避了难以执行的、违背人的自然权利的重新分配贵族财产的建议,尊重了人的平等权利和财产分配上的人之常情,也使财富贵族家族难以产生。虽然在弗州并未像另外两州那样出现宗教贵族,但杰斐逊提出的《宗教自由法案》获得通过,便在弗吉尼亚实现了政府与宗教的分离,主张个人信仰自由,从而彻底消除了宗教贵族出现的可能性。

其次,杰斐逊还采取扩大选举人人数的方式来使普通民众在选举时免受伪贵族的干扰。在《弗吉尼亚笔记》对询问十四的回应中,针对一些人所提出的为了防止出现贿选应对选举权设置财产门槛的建议,杰斐逊指出防范贿买选票的更好的方法在于增加选举人的人数,实现人人拥有平等的选举权,再辅之以多数决的原则,这样将大大增加贿选的成本,使人为贵族对人民整体的误导难以奏效。

另外,在杰斐逊眼中,正如上一节所说,外在措施将会实现广大民众的内心从自发到自觉的变化。他接受了亚当斯的观点,认为人对财富和出身的崇拜内在于人性。如果让人仅仅依靠本性来作出选择,那么便无法选出真正的自然贵族。除了个人通过道德锻炼来抑制或克服天生的自私以外,杰斐逊还指出教育,尤其是其中的初级教育将使他们具备"谨慎地选择权利受托人"[37]的能力。他在其第一个有关弗吉尼亚教育改革的法案中谈到在基础教育中学校应该教授阅读、写作和初级算术,而 1817 年第二个改革方案虽然与

---

[37] 《弗吉尼亚大学筹备委员的报告》,载 [美] 杰斐逊:《杰斐逊集》,梅丽尔·D. 彼得森编,刘祚昌、邓红风译,生活·读书·新知三联书店 1993 年版,第 492 页。

第一个存在较大差异，但是其中在讲到初级学校的教育时所提及的恰恰是第一方案中有关百户区学校教育的内容。分析在初级教育中所讲授的学科我们会发现，只有阅读可以实现人的内心的改善。从一方面来看，阅读可以作为践行道德的刺激因素，从而加强人的道德本能。[38] 而在另一方面，杰斐逊尤其强调阅读历史书籍（在杰斐逊看来，历史与道德一样，只可通过阅读而无法依靠讲授来学习）的作用，历史书籍虽然比起那些虚构作品缺乏能引起读者高度道德情感的内容，而且它所记载的往往是负面情况[39]，然而恰恰是它的这种特点将使读者得以了解"其他时代以及别的国家的经验"、识破"一切伪装下的狼子野心"，在政治选举时揭穿伪装成自然贵族的人为贵族。

杰斐逊在《自传》中评论说，上述有关限嗣继承、长子继承、宗教和教育的法案构成了"足以肃清古老或未来贵族每一根纤维"的完备体系，这将为真正的共和国奠基。不过，杰斐逊的教育方案并不像他的其他法案那样得到议会的积极支持，《关于进一步普及知识的法案》直到1796年才获得议会通过，而在通过的决议案中州议会授权县法院来决定该法令在各自县内生效的时间，这一举措使法令的效力大打折扣。

至于那些没有采取上述措施或缺乏自然条件的国家在选拔自然贵族方面也并非都无计可施。杰斐逊在1816年4月24日致内穆尔的信中指出尽管哥伦比亚共和国土地分配严重不均以及缺少对群众的启蒙，内穆尔为其所起草的宪法却符合当地人民的状况，是他们能够承受的了的最好的宪法，能够"诱导出最有能力的人才"，原

---

[38] 参见杰斐逊1771年8月3日致斯基普维斯的信。载［美］杰斐逊：《杰斐逊集》，梅丽尔·D.彼得森编，刘祚昌、邓红风译，生活·读书·新知三联书店1993年版，第808-817页。

[39] 参见杰斐逊1771年8月3日致斯基普维斯的信。载［美］杰斐逊：《杰斐逊集》，梅丽尔·D.彼得森编，刘祚昌、邓红风译，生活·读书·新知三联书店1993年版，第808-817页。

因就在于在选举自然贵族时宪法排除了无土地之人的选举权、赋予拥有不同数量土地财产的人以不同的投票权重并采用层层选举的方法。另外，这些措施虽然难以防范官员的腐败，但是在尚未采取教育民众的手段的现状下可以使人民免于军事独裁的统治。就像杰斐逊在一个比喻中所说的，哥伦比亚与美国的宪法都是将人民作为子女来对待，但不同的是，前者将人民当作无法自理的婴儿因此缺乏对他们的信任，而后者则把他们当成年人来看待，允许其自治。

通过以上多种手段，普通民众得以接受自己与自然贵族之间的道德差距、拥有分辨自然贵族与人为贵族的能力并心甘情愿地接纳自然贵族作为统治者。这其中我们可以发现自然贵族与普通民众之间的良性互动，两者都通过对公共利益服务来加强自己的道德本能。需要强调的是，首先，这些自然贵族主要是根据他们的道德和才干被选拔出来的；其次，杰斐逊在《关于进一步普及知识的法案》序言中谈到人民选举自然贵族的意图在于"增进公众幸福"（对照道德与否的判准）；所以人民通过遴选也就赋予了他们相应的政治义务和道德责任。

2. 人民主权宪法下的自然贵族

在本小节中笔者将通过对比亚当斯与杰斐逊就联邦宪法的理解，说明双方关于在联邦宪法所构造的政治制度中自然贵族所处位置的观点的差异，进而尝试揭示出杰斐逊的思想与传统共和主义思想之间的断裂。

在伍德看来，亚当斯可以算是所有参加独立战争的革命者中对政治学和宪制最为重视的人，甚至可以说他代表了美国启蒙的政治与宪法之维。[40] 在独立之初，他的小册子《对政府的思考》(*Thoughts on Government*) 就成为指导各独立殖民地立法者的最有影

---

[40] Gordon S. Wood, *Revolutionary Characters: What Made the Founders Different*, New York: The Penguin Press, 2006, p. 178.

响的著作。他甚至还亲自参与了《马萨诸塞殖民地宪法》的起草工作。像其他革命者一样，在革命刚刚开始之时亚当斯对未来充满信心。他相信共和原则对美国的更新作用以及在美国的土地上将会出现杰出的政治家来造就人民的全新性格，消除他们的愚昧和罪恶并激发其美德，而美德在古典共和主义者看来恰恰是共和国的基础。

但就在实现独立之后没多久，亚当斯之前对美国例外论的乐观情绪开始消退，他渐渐不再相信美国人民可以被转化成仁慈的、具有美德之人。他警告说，如果美国政治家依然抱残守缺，使共和国的生存依赖于人民的美德，那么美国也将难逃先于美国存在的共和国所经历的厄运。而在1787年创作三卷本巨著《为美国政府的宪法辩护》（*Defence of the Constitutions of Government of the United States*）之时，他已完全摆脱了先前的看法，认定美国人会与世界上的其他民族一样堕入腐败。亚当斯在写作该书时正担任邦联驻英大使。当时许多接受了自由主义思想的法国人，基于社会分层与政府分权要对应的成见，指责说美国各殖民地在革命时期所制定的宪法往往规定议会采取两院制，而如果社会分层在革命之后已被抹平，人民成为社会中唯一重要的势力，那么两院制的议会就是在过分地突出贵族的地位而抑制人民的影响。面对法国学者的批评，亚当斯在书中回应称："独立后的美国也无法避免社会分层的出现，对自身与他人相较量时必须取胜的热衷深植于人性，这种竞争无处不在；而竞争的结果就是社会分层的出现，少数人（the few）占据高位，这些人通过压迫下位者来巩固自身的地位，而那些为数更多的失败者（the many）虽屈居其下，但仍跃跃欲试，时刻谋划推翻上位者的统治并取而代之；所有的竞争都可以归结为这种少数与多数之间的斗争。"他接着指出唯有不同社会阶层之人出于对自身利益的考虑相互监督，共同维护法律，才能够保证时刻存在的竞争不会让社会崩溃。这种解决之道在政治上的表现就是混合政体。亚当斯的此种观点与可溯及古希腊、后在英国得到巨大发展的政治理论颇为相似。不过他接受了瑞士学者德·洛尔姆（Jean Louis De Lolme）的观点，对18世纪的英国辉格党的混合政体理论做了重大修改。在传统的英国理论中，基本的冲突发生在国王（the one）和人民（the many）之间，而在这种冲突中由贵族组成的上院会作为调节和平衡的机构。但在亚当斯看来，由于社会的主要冲突出现在少数与多数之间，这种冲突在政治结构中的表现就是上院与下院的矛盾，而独立的行政权力（the one）就转变为使整套机制稳定的中流砥柱。在亚氏看来，混合政体的设计与人性相符，所以世界上的所有政体都或多或少具有混合的特点，从这个角度来看，传统的政体分类方式将不再适用，取而代之的分类标准是政体的混合程度，最好的政体就是混合得最为恰到好处的政体。在1787年联邦宪法制定出来以后，亚当斯很快发现了自己的制度设想与新的宪制存在许多相似点，尤其是在两院制的设置上，由此便自然而然地成为新宪法的热心支持者（联邦党人）。[41]

然而，这位被波考克称为"遵循古典共和主义的不变传统写出最后一部重要著作"[42]的人却完全没有注意到他的构想与联邦宪法制定者的设计之间深层次的不同。伍德在《美利坚共和国的缔造1776—1787》一书中为我们揭示了联邦宪法之父们的创新所在。在宣布独立之后，各州遵循传统所进行的宪政实验由于人民没有自然分化出少数与多数而大多归于失败，其中就包括由亚当斯所起草的《马萨诸塞殖民地宪法》中规定的以财产为标准找出自然贵族的尝试。为了克服寻找自然贵族失败所引发的巨大危机，联邦宪法的设计者们发展出了具有美国特色的、新的政治科学（伍德甚至认为这

---

[41] 有关亚当斯的理论变迁的论述，笔者主要参考 Gordon S. Wood, *Revolutionary Characters: What Made the Founders Different*, New York: The Penguin Press, 2006, pp. 179-199.

[42] [英] J. G. A. 波考克：《马基雅维里时刻：佛罗伦萨政治思想和大西洋共和主义传统》，冯克利、傅乾译，译林出版社2013年版，第552页。

标志着"古典政治学的终结"),整体来看它将英国大宪章和权利法案那种**"权力授权自由宪章"**的范式转化为**"自由授权权力宪章"**的模式,而其中最大的创新表现在对人民这一概念的修正和对代表制的使用上。人民不再被根据财富、门第等划分为不同的群体,而是"把他们留在单一的环境之中"。宪法所创设的政府虽然仍保留了亚里士多德原创的政府形式,但是却剔除了它的实质,形成了所谓的"混合或平衡的民主制"。政府的不同部门不再与社会的组成阶层对应,其权力转而交由受人民委托而行动的代表来行使,从而政治权力变得不再具体且更为同质。[43] 换用摩尔根(Edmund S. Morgan)的话来说就是,虽然少数人管理多数人的模式得以继续保留,但人民主权在本质上并不把这少数人限制在传统的范围内。[44] 人民作为一个不再被按旧有的社会分层来区分的群体,具有无限多样化的能力,因此可以对各种权力模式加以区分,进而以不同的代表方式来加以落实。分权沦为仅仅是对权力的分割,众议员虽然由于是直选产生而可能被当作人民更为直接的代表,但是他们不再是传统观点中那种完全或排他的代表。参议员、总统甚至法官都是经由不同程序选出的人民的部分代表者。就国会的两院来说,参议院也不再是国会中代表社会中财产和特权的一方,而只是其中进行立法思考的二元权力中的一方。

在亚当斯的《为美国政府的宪法辩护》问世没多久,就有人发觉了亚当斯的理论预设与制宪者的观点之间在表面相似掩盖下的巨大鸿沟。杰斐逊显然是其中的一员。在上述给亚当斯的信中,他反对亚氏所设想的使财富和门第贵族(亚当斯心目中的自然贵族)组成国会中独立一院的方案。首先,亚当斯认为,仅仅将一院交由贵

---

[43] See Gordon S. Wood, *The Creation of the American Republic 1776–1787*, Chapel Hill, NC: The University of North Carolina Press, 1969, pp. 593–615.

[44] Edmund S. Morgan, *Inventing the People: The Rise of Popular Sovereignty in England and America*, New York: W. W. Norton & Company, 1988, p. 292.

族掌控，而将另一院留给人民，可以保证贵族院受到平民院的制约；而杰斐逊针锋相对地指出，制约将会是双向的，那些所谓的贵族也可能出于私利而对平民院处处掣肘。其次，对于亚当斯主张的设立贵族院将有利于对平民（包括平民院）贪财野心的制约，杰斐逊提出了两点作为反击：第一，人为贵族将会自发地想方设法进入国会来保护自己，并不需要专门设置保护措施；第二，从各州与联邦立法机关的运行经验上看，认为平民（包括平民院）有平均财产的野心纯粹是无稽之谈。再次，在 1816 年 5 月 28 日给约翰·泰勒的信中，杰斐逊同意了泰勒对亚当斯有关政体划分新理论的批判。在驳斥了亚当斯的观点后，杰斐逊提出了自己的主张——最好的选拔自然贵族的方法就是"我们宪法（原文为复数，当然包含联邦宪法）所规定的方法"，即不另设英国式世袭制的贵族院，让人民自由选举。[45] 最后，考虑到在上文提到的致内穆尔的信中杰斐逊认定联邦宪法规定总统和众议员经由人民直接选举，而参议员和法官则是通过人民间接选举产生的，可见杰斐逊在很大程度上接受了联邦宪法创制者的上述观点，他所理解的自然贵族并非只能局限在参议院中任职，而是可以而且应当充任联邦宪法所设置的所有职位。

（三）人民对自然贵族腐败的防范和补救

正如杰斐逊在《肯塔基决议草案》中所说，自由政府的基础是警惕而非信赖。在人民将自然贵族选举成为政府官员，赋予其政治和道德责任之后，人民并非就可以高枕无忧了。身居高位的自然贵族由于天生的自私心理可能将自身的利益置于公共利益之上，无视相关责任，压迫人民甚至颠覆共和国，人民对此需要时刻保持警惕。

在 1787 年 1 月 16 日写给友人爱德华·卡林顿（Edward Car-

---

[45] 杰斐逊 1813 年 10 月 28 日致亚当斯的信。载［美］杰斐逊：《杰斐逊集》，梅丽尔·D. 彼得森编，刘祚昌、邓红风译，生活·读书·新知三联书店 1993 年版，第 1528 页。

rington）的信中，杰斐逊用一个令人震撼的同类相食的比喻来揭示人类本性中的阴暗面——"人是吃自己同类的唯一动物"，用浅白的话说就是，富人对穷人的掠夺根源于人的本性。在杰斐逊看来，政府创建之后，尤其是在缺乏监督的情况下，在自然状态下就存在的人与人的同类相食将会发展出类似于大自然食物链中的一环——狼对羊的捕食（杰斐逊指出这条法则存在例外，但他不认为自己会成为例外）。可以想见，在自然状态下强力就是法律，而个体之间的体格差异并不明显，因此富人由于担心穷人的反抗而对后者的剥削不会太过残酷。但当政府出现之后，那些掌握了权力的富人由于有公权力作为强大支撑以及通过愚民手段使民众对他们俯首帖耳，他们与穷人之间的力量第一次出现如此巨大的落差，穷人在面对富人的无理伤害时就像羊面对狼时那样无助。为了防止当时正在欧洲上演的上述悲剧在美国重演，杰斐逊指出社会的最终权力应该掌握在人民手中，人民是自身自由的终极保卫者。对于那些持反对意见，将国王、贵族或教士作为公众幸福的终极卫士的人，杰斐逊在1786年8月13日致其老师威斯的信中认为，对于他们的观点根本不需要通过诉诸理论驳斥来多费口舌，只要让那些人亲身考察一下他当时所在的法国就会发现国王等人只是"反对人民幸福的无耻联盟"。

在击碎了美国人盲目崇拜欧洲制度的迷梦之后，杰斐逊在不同时期提出过两种人民防范和补救自然贵族腐化的方式。第一种方式大致来说就是人民通过制定、批准宪法，明确各级政府及其部门的权限、实现相互制衡并为政府对个体基本权利的侵犯提供救济途径。这种人民并不直接出场而是通过构建宪政体制来控制腐败的方法，笔者称之为"人民间接控制"模式。对于此种模式，杰斐逊在《关于进一步普及知识的法案》的序言中就指出了它的不足。古典政治理论认为，在政体比较学上，某种形式会优于其他形式，具体表现在它能最好地保护个人自由和实现内部结构的稳定。杰斐逊部分同意上述看法，他说如果以能否实现对个人自由的保护为标准来衡量，的确存在最优政体（可能就是杰斐逊所说的"真正的共和政体"），但任何政体的退化都只不过是时间问题，因为所有政体都带有人为设计的种种缺点，所以其中天生就包含有腐化的萌芽，而且政体的运行需要人来操持，即使当政者是因品德高尚、才干卓著而获选的自然贵族，如果缺乏人民的直接控制，他们就会在时间的推移中受到自私心理的诱惑而偏离正道，使所在政体原有的缺陷恶化并最终堕落为暴政。鉴于第一种方式的缺陷，杰斐逊又提出了第二种方式作为补充，笔者称其为"人民直接控制"模式。这种模式还可以进一步区分为"选举"和"革命"两种范式。

在本节中，笔者主要将对第二种模式加以探讨。首先需要分析的是该模式得以实施的前提。杰斐逊在上述有关弗吉尼亚教育改革法案以及三十多年后第二份法案中都建议普及免费的基础教育。基础教育的主要目的之一，用杰斐逊在《弗吉尼亚大学筹备委员的报告》中的话来说，就是使得受教育者可以在未来"持续、公正、明辨地注意受委托人的行为"。在这一层级的教育中受教育者主要学习阅读、写作和初级算数。在杰斐逊看来，其中以阅读历史书籍最为重要。通过了解古希腊、古罗马、英国和美国的历史可以使得人民普遍具有"判断人的行为和阴谋"的能力，可以戳穿当权者的种种诡计，从而利用力量的优势挫败阴谋家的图谋。

不过，人民要能识破阴谋者的诡计仅仅靠在初级学校中学到的知识是不够的，他们还必须能够及时了解到执政者的所作所为，据此才能作出判断。杰斐逊认为，必须向人民提供阅览公共文件（public papers）的机会以使他们了解国家事务，同时还要找到能使这些文件深入民间的方法。他在1804年6月28日给泰勒的信中指出，他所发现的最有效的方法便是新闻出版自由。由于共和国的真正基础是人民的意见，那么就要保持他们观点的正确，而这便使得在新闻媒体中广而告之的信息必须尽量是真实的。杰斐逊谈到要想使新闻出版自由成为"有用的"自由，相关媒体便需要向公众传达真相，使公职人员能够接受人民的公正裁判。然而伴随自由而来的是，媒体往往出于牟利的考虑用诽谤等谎言来"满足公众心灵的败坏道德"以及党派利用报刊等媒体来攻击对手，导致新闻出版自由被滥用。在1807年6月14日致报刊编辑约翰·诺威尔（John Norvell）的信中，杰斐逊提及了滥用上述自由的最极端的结果——由于报刊总是谎话连篇，人民已经丧失了对它的信心，即使是真实的新闻当被刊载在媒体上时也会丧失可信性，一个不读书不读报的人将比那些阅读它们的人更接近事实真相。针对这一困境，杰斐逊一直举棋不定：是仅仅寄希望于人民自己的理性在面对谬误时作出正确判断，还是需要通过政府（尤其是州政府）对诽谤等行为的打击来净化媒体以辅助人民作出决定？[46] 杰斐逊在担任公职时也饱受所谓"诽谤"之苦，正如迈耶所指出的，杰斐逊对政敌指责的反感并非由于他的自负或多愁善感，而是因为他深信自己观点的正确，从而将联邦党人对他的攻讦归类为诽谤。[47] 他曾在1808年9月6日写给肖特的信中明确提出利用法律使媒体只能报道真相是使其得以发挥积极作用的唯一方法，但他又在是否使用刑罚手段打击诽谤上表现得犹豫不决，他在同一封信中接着说，在采取这种措施之前需要谨慎评估是否会给自由带来危险。

接下来我们将转向对"选举"范式的分析，探讨一下杰斐逊是怎样看待选举（使腐败的候选人落选）对自然贵族腐化的控制的。除了上一节提到的普选和平等投票权起到的作用以外，在1816年4

---

[46] David N. Mayer, *The Constitutional Thought of Thomas Jefferson*, Charlottesville: University Press of Virginia, 1994, pp. 175–181.

[47] David N. Mayer, *The Constitutional Thought of Thomas Jefferson*, Charlottesville: University Press of Virginia, 1994, p. 182.

月 24 日致内穆尔的信中，杰斐逊在对比了合众国和哥伦比亚共和国的宪法之后指出：人的品格一般需要"经常的和直接的控制"才能防止它被道德的唯一对手——自私所引诱，间接选举的层次越多所选官员距社会的控制就越远；就人民是否可以直接选举联邦等级的官员来说，哥伦比亚宪法规定在四级选举中只有对县级议会的议员选举采用直选方式，其他各级议会均为间接选举，联邦的其他机构甚至可以自选，而在美国联邦宪法中总统和众议员由人民直选，法官和参议员则由人民间接选出；因此后者的选举和相应的罢免方案是使官员行为诚实无欺的"最好保障"，而前者却没有为"防范官员的自私设置有效的保障"。参考杰斐逊的其他文件中关于共和主义的评论[48]，我们可以得出结论：他认为不管采用直接选举还是间接选举都只是涉及一个政体的共和主义成分多寡的问题，他本人赞成直接的选举权，同时也接受间接的相应权利，不过为了防止间接选举的层级过多而无法做到对官员的有效控制，起码就联邦宪法来看，他似乎只接受两级的间接选举。

刚刚只是讨论了杰斐逊对所谓"直接的控制"的看法，至于"经常的控制"，则关乎获选官员的单届任期以及是否可以连任的问题。这里仅就联邦宪法中所设置的主要职位来接着分析杰斐逊的观点。他认为，"经常的控制"要求执政者只能短期任职：一方面从官员的角度来说，任期较短可以预防他们因长居高位而败坏；另一方面就人民来说，较为频繁的定期选举能够使他们在那些已经腐败的自然贵族或他们误选的伪贵族所策划的阴谋无法补救之前用真正的自然贵族取代他们。在 1816 年 5 月 28 日写给泰勒的信中，杰斐逊在分析合众国联邦政府的共和主义程度时指出，相较于行政首脑和众议员，参议员和法官的任期都过长甚至达到了不受选民影响的

---

[48] 可参见杰斐逊 1816 年 5 月 28 日致约翰·泰勒的信。载［美］杰斐逊：《杰斐逊集》，梅丽尔·D. 彼得森编，刘祚昌、邓红风译，生活·读书·新知三联书店 1993 年版，第 1632–1636 页。

地步。

不过，即使官员只是短暂任职，但是如果他可以依赖自身积累的威望实现不断的连选连任，那么"经常的控制"所希望达成的目的也将难以实现。关于这一点，下面将以杰斐逊对宪法中未规定总统一职是否可以连任的看法为例来加以论述。在取代《邦联条例》的联邦宪法刚刚面世不久，身在巴黎的杰斐逊就收到了由威廉·S.史密斯（William S. Smith）或亚当斯寄来的复本。在他看来新宪法的内容几乎是好坏参半。至于其中的主要不足之处，他指出除了缺少权利法案以外，就是在"一切事例中放弃了官职轮换制"，尤其是总统职位上的轮换。宪法中并未规定现任行政首脑是否可以连选连任，杰斐逊警告说，这一疏失使合众国总统近似"波兰国王糟糕的翻版"，将使得现任总统利用在人民中间树立的威望在一届任期结束时再次当选，甚至出现终身任职，而比波兰的宪政设置更为糟糕的是人民可能由对此人的依附而发展成将其所在的家族视为贵族之家，总统职位就可能在该家族内像财产一样代代传承，到那时选举将沦为形式，欧洲君主国中的世袭国王的复制品将会在共和国中出现。对共和国更为凶险的是，当总统一职由于终身任期而变得极为有利可图之时，一旦总统职位出现空缺，选举中必将充斥着阴谋、贿赂和暴力，国家会处在风雨飘摇之中；而别国会发现使亲近己方之人当选终身任职的行政首脑对于本国利益至关重要，那么欧洲的列强将会有强烈的动机去干涉合众国总统的选举，甚至会比介入对波兰国王的选举更为上心。面对这些由选举引发的内忧外患，有些人想当然地认为选举的次数要越少越好。杰斐逊借助经验反驳了上述貌似有理的观点，他指出，只有通过时常轮换的方法来降低一次选举的重要性，才能摆脱国人或外国对总统选举的过分关心，另外需要辅之以在总统四年任期届满时不得再次当选的规定，才可以避免总统成为对共和政体的巨大威胁。[49] 尽管对总统任期加以限定的宪法修正案在二战以后才获得通过，但华盛顿在两届任期结束后主动放弃继续参选总统所确立的先例使杰斐逊相信总统职位"实际上的轮换制似乎也在建立之中"[50]。

　　杰斐逊在1801年3月4日就任总统的演说中向人民坦陈了他所理解的合众国政府施政时要遵循的基本原则。其中，他提到人民拥有选举权是"一种温和而又安全的矫正弊病的措施"，但如果当局不提供此手段或对人民行使该权利制造了难以克服的障碍，那么人民就有权转而依靠革命的暴力手段来维护自身的权益。在1787年1月30日写给麦迪逊的信中，杰斐逊按照自己的标准提出了历史上人类社会存在的三种形式，其中第二种和第三种形式都是处于政府的治理之下，这里暂且将它们分别称作"自由政府"和"暴力政府"。自由政府是指每个公民都可以在其中实现正当影响的政府，杰斐逊认为美国在很大程度上属于此种类型。而除英国和美国以外的其他君主国和共和国都归属于暴力政府。然而，自由政府也有不足之处，它最大的弊病就是相较其他形式其内部不太稳定，易受骚乱之苦。但同暴力政府对人民的压迫相比，这种政府的缺陷就显得微不足道了。不过在杰斐逊看来，甚至自由政府治下的社会易于骚乱的通病美国也得以幸免，他对比了美国和暴力政府的极端形式——土耳其内部所发生的暴乱的频次，发现在美国发生的骚乱次数更少。在引发骚乱的种种因素中，杰斐逊认为人民心中所保有的反抗政府的精神是最难能可贵的，在政府行事不公而又缺乏其他的救济手段时，人民有权利甚至有义务加以反抗。在1787年2月22

---

〔49〕 杰斐逊1787年11月13日致约翰·亚当斯的信。载［美］杰斐逊：《杰斐逊集》，梅丽尔·D. 彼得森编，刘祚昌、邓红风译，生活·读书·新知三联书店1993年版，第1024页。

〔50〕 杰斐逊1816年5月28日致约翰·泰勒的信。载［美］杰斐逊：《杰斐逊集》，梅丽尔·D. 彼得森编，刘祚昌、邓红风译，生活·读书·新知三联书店1993年版，第1635页。

日致亚当斯夫人的信中，他甚至表示自己"喜欢不时发生一次小叛乱"。

就人民对合众国政府的反抗来说，杰斐逊又将其区分为正当的与不正当的两种，前者是指人民根据准确的信息作出正确的判断后所采取的行动，而后者则是人民在误判形势之后所作出的错误选择。但杰斐逊认为即使是后者也是有价值的，因为它将有助于提醒统治者"恪守他们制度的真正原则"。不过频繁出现因误判而引发的反抗政府的行为毕竟对共和国的安定和政府的权威带来不利影响，杰斐逊指出此时就需要政府提供辅助的方法来帮助人民纠正自己的错误。他认为暴力镇压的手段是不可取的，原因在于一方面此种手段会压制人民的反抗精神，另一方面过度的使用暴力会连带损害参与反抗行动之人的其他合法权利，而唯一可行的途径只能是赦免参与反抗之人，并通过上文提到的教育和开放公共文件等措施来使人民了解真相，借助这一辅助措施，人民的健全意识就会实现自我矫正。需要补充说明的是，不同于洛克在《政府论（下篇）》以及他本人在《独立宣言》中所说的在政府侵犯人的基本权利时人民有权改变或废除该政府并建立新的政府，杰斐逊在美国摆脱了英国的殖民统治、建立共和国之后似乎对反抗政府的理解渐趋保守，在他看来，反抗只是针对腐败的执政者而并非整个政府结构［从他称谢司起义为"叛乱"（rebellion）而非"革命"就可以窥见一斑］。

三、政治危机下的自然贵族——对购买路易斯安那正当性的论证

（一）安全与利益——危机中的"人民福利"

在1801年3月21日签署的《阿尔胡埃斯条约》中，法国以将

帕尔马亲王路易扶植上当时新建立的伊特鲁里亚王国的王位为条件，换取了对北美大陆的路易斯安那地区和地中海中的厄尔巴岛的主权。早在罗伯斯庇尔倒台以及雅各宾政府所指派的驻美公使热内在美国的煽动行动破产之时，有关西班牙将把路易斯安那归还法国的传言就已在美国甚嚣尘上。而《阿尔胡埃斯条约》签订之时，杰斐逊所组织的政府才刚刚就位[51]。不过就在内阁中的其他成员还在猜测驻外人员发来的西班牙秘密将路易斯安那交还法国的情报是否属实以及法国将军勒克莱克远征的动向时，杰斐逊本人就已经意识到了事态的严重性并做好了最坏的打算。接下来笔者将具体研究一下，在杰斐逊看来，路易斯安那地区对合众国利益的极端重要性，或者换句话说，在购买路易斯安那中自然贵族可以启动下文将谈到的"超越法律"（beyond the law）行为机制的前提是什么。

1. 安全问题

早在1787年1月30日致麦迪逊的信中，杰斐逊就注意到了密西西比河航运对邦联统一的重要性。他指出，如果他国实现了对密西西比河水域的独占，那么邦联的东部与西部将不可避免地发生分裂，已经捉襟见肘的邦联财政将丧失出售西部无主土地可获取的收入。而在1803年8月12日致布列肯里奇的信和同年10月17日向国会两院提交的第三年度国情咨文中，杰斐逊都简要提到了外国对密西西比河水域的控制将会威胁美国安全的问题。但是要了解杰斐逊对这一问题的具体论述，我们就需要关注1802年4月18日他写给时任驻法公使的罗伯特·利文斯顿（Robert Livingston）的一封信。一方面，要说明的是写作这封信的背景：杰斐逊的法国友人内

---

[51] 杰斐逊将自己在1800年当选总统视为美国历史上的又一次革命，是美国独立战争的"和平重演"，是"联邦和共和"原则通过"国民的声音"的重申，是人民对自然贵族与人为贵族的明确区分，对真正的爱国者和依然效忠于英国的伪公民的确切选择。参见［美］彼得·S. 奥鲁夫：《杰斐逊的帝国：美国国家的语言》，余华川译，华东师范大学出版社2011年版，第91—123页。

穆尔是当时他除了利文斯顿以外得以与法国政府进行沟通的重要渠道，1802年春季内穆尔要从美国返回法国，杰斐逊便借此机会将如何处置《阿尔胡埃斯条约》所引发的美法危机的外交指令通过内穆尔转交利文斯顿。杰斐逊在交给内穆尔的信中还附有写给内穆尔本人的信，该信与致利文斯顿的信在许多内容上相一致，因此下文的分析也会将两封信对照阅读。另一方面，因为由内穆尔转交的这封信杰斐逊故意没有密封并且他明确指示允许内穆尔阅读此信，所以该信的读者其实也应该包括内穆尔本人（这有利于保证内穆尔与利文斯顿在与法国政府交涉时口径一致）。

这封信共有三个自然段，其中第二、三段是本小节分析的重点。在第二段中，杰斐逊指出西班牙通过《阿尔胡埃斯条约》将路易斯安那和东西佛罗里达让与法国完全改变了美国同欧洲主要国家的政治关系。杰斐逊接下来具体分析了与法国关系可能发生转化的原因：从美国独立迄今，法国是"所有值得考虑的国家中"与美国权利冲突最少而共同利益最多的国家[52]；正是基于此，杰斐逊将法国称为美国的"自然的朋友"（natural friend）；之后杰斐逊话锋一转，提出在地球上只有新奥尔良一地谁占有了它谁就是美国"自然的和经常性的敌人"（natural and habitual enemy）——这是因为美国八分之三领土上的物产要通过新奥尔良进入世界市场，并且这片领土由于自然条件优越将会成为美国人口与物资生产的重心，这意味着新奥尔良对美国来说将变得日益重要；法国就是由于即将占有该地而可能由"自然的朋友"转化为"自然的敌人"。对付敌人就包含有和平谈判和武力解决两途。现在的问题是，对于当时正占有该地的西班牙这一"自然的敌人"，美国是如何应对的呢？杰斐逊首先分析了西班牙的国力与民族性格，然后预言虚弱的西班牙可

---

[52] 此处杰斐逊将发生在亚当斯政府时期、两年前刚刚结束的同法国的"准战争"悬而不论，却大谈法国与美国利益的一致性，一致性可能是指法国与美国政体相同。

能在不久的将来将无力支撑对新奥尔良的统治而会选择有偿将其割让给美国这个"年轻、繁荣的国家"。不过，法国同西班牙的境况完全相反，杰斐逊同样从国力与民族性格两个角度[53]做出了评价。法国具有"朝气蓬勃和永不安定"的民族性格，这与美国的民族性格极为相似，双方在新奥尔良归属问题上必然会发生针尖对麦芒式的争执，而争执的恶化就会引发战争。

除了在信中提到对于法国来说，其一意孤行必将导致美国倒向英国而使法国在即将发生的战争中处于劣势以外，杰斐逊在致内穆尔的信中还指出在那种形势下将美国卷入欧洲的战争也并非其所欲。另外，美国人对和平的真挚热爱以及对共和法国的坚定信念，即双方的共同利益以及美国公民对法国的同情也将使得可能发生的对法战争难得民心。所以，对双方来说更为合理的选择就在于相互妥协。

不过，当我们将注意力转向信的第三段的时候，会发现这里的表述与此信的第二段的内容似乎相冲突。在第三段中，杰斐逊说法国更为明智的方案是将新奥尔良岛与东西佛罗里达让与美国，但是他接着谈到这种安排只是美国可以接受的权宜之计，只是由于与法国领地比邻而居而存在争吵风险的"对价"。可见，只要与法国毗邻就仍然存在双方争吵的风险，第二段所述的美法两国冲突的困境并未得到完全解决，那八分之三的美国领土仍然将因为与法国领地相邻而麻烦不断，法国也并不因为放弃新奥尔良而不再是美国的"自然的敌人"。考虑到上文提到的致布列肯里奇的信中谈到的很少在毗邻的国家间见到友谊的存在，"反之则几乎是普遍的真理"。可见早在1803年4月11日拿破仑决意出售全部路易斯安那地区之前，杰斐逊所担忧的就并非仅仅是法国占有新奥尔良而是与法国领

---

[53] 文本中似乎缺乏他对法国国力的论述，但当时法国作为欧洲甚至世界一流强国尽人皆知，而且下文杰斐逊也对法国的整体国力强于美国作了暗示。

地的接壤。因此只有当已经签订《对法条约》而仅仅是等待参议院批准的时候，杰斐逊才会说法国让与整个路易斯安那地区（"大方的安排"）可以"永久地促进两国的和平、友谊和利益"[54]，以及只有在1804年第二次就职典礼时才会说"密西西比河对岸，由我们自己的手足和子孙定居"要优于"另一家庭的陌生人居住"。

2. 人口问题

如果上文提到的杰斐逊认为只有从法国手中取得整个路易斯安那地区才能从根本上改善两国关系的观点不谬，那么由这一购买行动所带来的丰厚嫁妆——广袤的未开垦的肥沃土地可能产生的对美国国家利益的影响则是杰斐逊在得知《对法条约》内容后必然会思考的内容。但是对这一思考的完整表述则需要等到他在面对马尔萨斯的《人口原理》所提出的挑战时才能见到。而此时购买行动可以说已经尘埃落定。这里要再次强调的是，虽然系统的论述出现在1804年2月，但是杰斐逊对此问题的思考则可以向前推进到1803年7月3日。另外，在1803年10月17日提交的第三年度国情咨文中，杰斐逊就曾提到路易斯安那地区将会为"子孙后代提供充足的必需品"，这也为笔者的上述观点提供了佐证。

马尔萨斯写作《人口原理》的主要目的在于驳斥孔多塞、葛德文等人提出的人类可以达至完善的观点[55]。他双线并进，分别采用生物学和政治经济学上的理论展开反击。但是对马尔萨斯来说，这两个视角并非是同样关键的，前者的重要性要远远超过后者。就他所提出的一般理论本文并不打算赘述。不过与本文有关的是，马

---

[54] 1803年10月17日第三年度国情咨文。载［美］杰斐逊：《杰斐逊集》，梅丽尔·D. 彼得森编，刘祚昌、邓红风译，生活·读书·新知三联书店1993年版，第548页。

[55] Drew R. McCoy, "Jefferson and Madison on Malthus: Population Growth in Jeffersonian Political Economy", *The Virginia Magazine of History and Biography*, Vol. 88, No. 3（Jul., 1980），p. 259. 与麦考伊的看法不同，杰斐逊在1804年1月29日写给约瑟夫·普里斯特利博士（Doctor Joseph Priestley）的一封信中认为该书主要目标在于"描述人口过剩的后果"并考察英国的济贫法等。

尔萨斯并不认为美国能够避免生物学上的人口抑制因素。美国表面上的例外只是由于：美国作为新生的国家拥有丰富的土地资源，在摆脱英国的殖民统治之后还享有较大程度的自由和平等，土地价格的低廉与资本的自由流动有利于农业的发展。然而，即使如此得天独厚的条件也只能使美国暂时回避人口原理所施加的巨大压力。这一短暂的规避是基于美国原始未开垦土地的巨大储备，开垦这些土地的确可以提供巨量的粮食，但是人口也将随之暴增；当所有新的土地被开发完毕，粮食的增产便只能依靠对已开垦土地状况加以改善来实现，土地出产粮食增速递减的规律便开始发挥作用，粮食增产将停滞或者日趋缓慢，人口增长的几何数级与粮食增产的算术数级之间的矛盾就会凸显；因此美国将与"旧世界"一样难逃"苦难与罪恶"的处境。[56] 这一悲观的描述显然不能使当时的美国共和主义者满意。杰斐逊决定花时间回应马尔萨斯的挑战除了这一原因以外，还可能由于他认为《人口原理》是其"曾读过的最有才智的著作之一"[57]，书中的观点自然要严肃对待以化解其对美国人的不当影响。

现在我们来考察一下，就马尔萨斯对美国未来命运作出的生物学上的判断，杰斐逊是如何回应的。在 1804 年 2 月 1 日致法国经济学家让·巴普蒂斯特·赛伊（Jean Baptiste Say）的信中，杰斐逊默认了马尔萨斯关于人口增长是判断幸福与否的标准这一观点，但他却将马尔萨斯视为普世真理的生物学理论处理成只是基于"欧洲古老国家的情况"归纳出的地方性知识。美国作为新兴国家明显与早已人满为患的欧洲国家不可同日而语，欧洲的地方性知识自然无

---

[56] 参见 Id., pp. 259-265. 对于马尔萨斯的原文，笔者主要采用了[英]马尔萨斯：《人口原理》，朱泱等译，商务印书馆1992年版；不过需要注意的是杰斐逊使用的是此书的第二版，而中文译本则是以原书的第一版为底本，因此笔者参考中文版的代译序对第二版内容的提示对引文作了适当调整。

[57] 杰斐逊1804年1月29日致普里斯特利的信。载[美]杰斐逊：《杰斐逊集》，梅丽尔·D.彼得森编，刘祚昌、邓红风译，生活·读书·新知三联书店1993年版，第1319页。

法适用于新大陆。杰斐逊接着说明了在这方面美国与欧洲状况差异的根本原因：美国拥有广袤的未加开垦的肥沃土地。在1782年写就的《弗吉尼亚笔记》中，杰斐逊在回应第八个问题时就曾谈到"欧洲的目标是充分利用他们的土地但劳动力有剩余"，而美国的目标则恰恰相反。这一绝佳条件使得美国人可以无视马尔萨斯提到的防止人口过快增加的预防性措施，可以自由选择早婚与否，可以"把家庭人口增加到任何规模"。同样是在《弗吉尼亚笔记》询问八中，杰斐逊提到弗吉尼亚殖民地在并不受制于人口过多的困扰的前提下，其人口自然增速基本上为每二十七年零三个月翻一番，而马尔萨斯则在未排除国外移民因素的情况下认为美国人口每二十五年翻一番[58]，因此杰斐逊的数据基本上也适用于当时的美国全国。可见杰斐逊认为1804年时的美国土地状况足够长久维持这一甚至更高的人口增速，就像伍德所说的，杰斐逊可谓最具扩张思想的美国总统，而他的此一观念可被称为"人口帝国主义"（demographic imperialism）——"帝国"对于杰斐逊来说"不再意味着对异国人民的强制统治而是指本国人民散居于广阔的地域之上"。[59] 再考虑到杰斐逊有关"自由帝国"的设想，他似乎认为人口的高速增长可以永远地持续下去。

除此以外，杰斐逊还在同他的朋友托马斯·库伯（Thomas Cooper）的通信中特别指出马尔萨斯"忽视了移民对于解决人口问题的重要性"。马尔萨斯在书中认为与通常的预期相反，对外移民所具有的实际困难使其只是一种效果微不足道的缓和人口压力的方式，充其量也不过是一种权宜之计。就在与赛伊通信的二十三天后，杰斐逊在致库伯的信中与马尔萨斯针锋相对，他强调，如果英国能够将依济贫法征收上来的赋税的半数用来将国内的穷人移

---

[58] ［英］马尔萨斯：《人口原理》，朱泱等译，商务印书馆1992年版，第40页。

[59] Gordon S. Wood, *Empire of Liberty: A History of the Early Republic*, 1789–1815, New York: Oxford University Press, 2009, p. 357.

民,那么"那些移民和留在国内的人将会更加幸福"。对观上文提到的杰斐逊在《弗吉尼亚笔记》中对询问八的回答,显然,他更为关心的不是来自英国的移民,而是在美国境内从东部向西部持续不断的移民大潮。通过向西部移民来开发新的广阔的土地,杰斐逊指出,这将为美国不断增加的人口提供从事农业的机会以及足够的口粮。

3. 农业问题

波考克在《马基雅维里时刻》一书的第十五章借鉴了伍德的大作《美利坚共和国的缔造：1776-1787》中关于制宪者们所做的理论创新的看法,但同时也有所保留。他与伍德不一致之处在于前者并不认同伍德所说的"古典政治学的终结",波考克认为古典共和主义有关"美德"的观念仍然活跃在美国建国之父的理念之中。就杰斐逊的思想来说,波考克指出杰斐逊仍然信奉美德的理想,而他实现或保存美德的前提条件就是农业生产。[60]

杰斐逊在《弗吉尼亚笔记》中对问题十九的回答以及1785年8月23日致约翰·杰伊（John Jay）的信中谈到,相较于由于技艺的进步而催生出的其他行业的从业者,农民的优点主要在于虔敬（"尊敬上苍"）、精力旺盛、独立、自尊（"尊重自己的劳动"）和爱国（"用最经久的纽带与他们的国家维系在一起"）。在上文提到的对问题十九的回应中,杰斐逊从神学的角度提出,如果上帝对人类群体加以区分而对其中的某类或某些群体青睐有加,那么农民便是这种上帝的选民,选民与其他人类群体的不同之处之一就在于上帝有意在前者的内心中"贮藏他那丰富而纯真的道德"。他接着强调,此种神圣道德的存放地只此一处。所以农民为上帝的独一选民。杰斐逊甚至断言从历史上来看农民的道德腐化从未发生过,

---

[60] 参见 [英] J. G. A. 波考克:《马基雅维里时刻：佛罗伦萨政治思想和大西洋共和主义传统》,冯克利、傅乾译,译林出版社2013年版,第531—580页。

而且他也似乎相信这在未来也不会发生。与农民形成鲜明对比的是那些"依赖偶然性和主顾的反复不定性格"的从业者,此中可能包括手工业者和商人等,因为这些工作将使得从业者养成对他人的依附心理,败坏道德,而集中于大城市又会沦为野心家实施阴谋的工具。最后杰斐逊还提出了与当时流行的尺度(人口增加)不同的判断国家健康程度的标准,即农民人数与国家中其余公民人数之比,而这也再次呼应了杰斐逊关于农民作为独一选民的看法。

不过在致杰伊的信和 1785 年 10 月 23 日致霍根多普伯爵(Count Hogendorp)的信中,杰斐逊指出了人民的观点与他自己观点之间的巨大差异(也是理论与实际的差异):人民缺乏反思,出于习惯近乎盲目地(decided)接受了来自英国的政治经济学观点,坚持在农业发展的第一阶段[61]就发展航运业与制造业。令人惊讶的是,杰斐逊似乎毫无怨言地放弃了自己的判断而接受了人民的观点,强调人民的受托者不能随意遵循自己的理论而应该以人民的判断为依归。不过,细心的读者会发现在致伯爵的信的第三段,杰斐逊按照合理性的程度排列了关于发展航海业和商业的三种方案,最为合理的自然是他自己的方案,自由通航和自由贸易的方案次之,最差的方案就是当时政府面对欧洲各主要国家的贸易限制不得不采取的针锋相对的措施;另外,杰斐逊在 1816 年 1 月 9 日致本杰明·奥斯丁(Benjamin Austin)的信中划分了两个时期(和平时期和战争时期)。在和平时期,海运得到了国际法的保护、以制造业为主导的国家对进口农产品的优惠政策、美国丰富的土地资源、农产品的高附加值以及相对较长的和平时期,使得销售农产品所得的利益要远远高于制造业者所得的利益,就像阿普尔比(Joyce Ap-

---

[61] 有关杰斐逊就农业发展的两个阶段的划分,参见杰斐逊 1785 年 8 月 23 日致约翰·杰伊的信和 10 月 23 日致霍根多普伯爵的信。载 [美] 杰斐逊:《杰斐逊集》,梅丽尔·D. 彼得森编,刘祚昌、邓红风译,生活·读书·新知三联书店 1993 年版,第 906—908、924—926 页。

pleby)指出的，从1755年到1820年，欧洲对粮食和其他原材料的需求使得美国农民大大加快了对土地的开垦。[62] 出于利益（主要）和道德的考虑，美国人民自然会更倾向于选择农耕作为自己主要的生存方式。

因此，法国对路易斯安那地区的占领将极大地阻碍美国人民继续取得土地并以农业生产为主业，从而也将严重威胁到合众国作为美德共和国的存续。

(二) 非常时期自然贵族的道德义务[63]

上一章我们谈到，自然贵族基于道德和才干被人民赋予为公众服务的道德义务，而道德的实质就是与人为善，换句话说，就是道德实践者出于维护或实现他人的利益而采取行动（至于能否实现杰斐逊语焉不详）。在日常状态下，这些被选拔出来的自然贵族只需依照由人民（包括他们的代表）制定或批准的宪法和法律行事就可以被判定为在忠实地履行自己的职责。不过杰斐逊指出自然贵族尽义务的方式并不是只此一种，"严格循成文法而行无疑是一个好公民的高尚责任之一"，然而却不是最崇高的，而且在特定状态下墨

---

[62] Joyce Appleby, "Commercial Farming and the 'Agrarian Myth' in the Early Republic", *The Journal of American History*, Vol. 68, No. 4, March 1982, pp. 840–844.

[63] 对于非常时期的德性，马基雅维利在《君主论》一书中就告诫他所青睐的新君主，在当时邪恶的世上只有舍弃亚里士多德的德性观或对其进行重大修正，并遵循他有关德性的新的教诲，才能保证新君主对内免于被人蔑视与憎恨，对外汲汲于获取，从而君位稳固；而在四年后完成的《李维史论》的第三卷第四十一章（"保卫祖国应当不计荣辱，不择手段"）中，马基雅维利更是直言不讳地指出在祖国生死存亡的关头，共和国公民（尤其是执掌权力的公民）应该摒弃道德顾虑，把"能够挽救国家生命并维护其自由的策略遵循到底"。就独立初期的合众国来说，针对非常时期的德性最为著名的讨论出现在《联邦论》第四十篇中，麦迪逊在此篇中首先处理了安纳波利斯会议和邦联会议对制宪会议的授权以及新宪法草案与《邦联条例》的联系问题，之后他较前文的论证倒退了一步，声明即使按照各殖民地与制宪会议代表的理解，代表们仅仅拥有对新宪法的建议权与推荐权，那么在风云变幻的风险中，由于人民往往难以采取集体行动，这时那些"爱国的、受人尊重的公民"就有义务将没有得到授权的条文提出来以接受人民的检验，从而避免当时盛行的"吹毛求疵之风"因形式而放弃实质，使国家的安全与利益被"投入拖延的不确定中"。参见［意］马基雅维利：《君主论·李维史论》，潘汉典、薛军译，吉林出版集团有限责任公司2011年版以及［美］亚历山大·汉密尔顿等：《联邦论：美国宪法述评》，尹宣译，凤凰出版传媒集团、译林出版社2010年版。

守成规甚至会带来严重的后果。为了能够更加全面地把握杰斐逊有关在特殊情况下自然贵族所肩负的道德义务的看法，我们首先必须解读一下杰斐逊1810年9月20日致约翰·科尔文的一封信。杰斐逊写这封信的直接目的，是为了回应科尔文关于詹姆斯·威尔金森（James Wilkinson）将军对阿兰·伯尔（Aaron Burr）的叛国行为的处置是否得当的问题。当然在来信中科尔文并未明确提出该问题，然而通信的双方却显然对此都心知肚明。

信的第二段针对的是科尔文明确提出的较为抽象的问题，即高级官员是否有时有责任行使超越法律文本的权力。杰斐逊承认这需要区分理论与实践，后者比前者更为复杂。作者接下来的行文逻辑是先易后难，先来解决理论问题。他首先区分了"严格遵守成文法"的义务和"遵守必然性、自我保存和挽救陷于危难之中的祖国的法则"的义务，指出后者在效力层级上要高于前者；反其道而行之，就会"为了手段而牺牲目的"。接下来杰斐逊开始着手处理实践问题。为了使得自己的论述清楚明白，杰斐逊列举了六个例子，其中前四个和最后一个是实际发生的案例，第五个是作者的假设事例。前三个事例都是发生在独立战争期间，前两个涉及华盛顿，第三个事例的主人公则是时任弗吉尼亚殖民地首长的杰斐逊本人（信中并未明述）。这里似乎可以认定杰斐逊有关在法律规定以外行使权力的理论在独立战争期间其实就已初具雏形。第四个例子没有指明具体的当事方与发生时间，但可以猜想其或者是在当时通讯双方都知晓的新闻事件或者是当时经常在海上发生的事件。与前三个事例不同，这一事例从表面上看来与政治无关。但考虑到在海洋上作出武力夺取给养决定的往往是船长本人以及在杰斐逊其他文本中不时出现的"船喻"，可以推论此事例实际上与政治相关。在列举完这四个例子之后，杰斐逊提出了简短的理论总结，与之前他作出的理论分析类似，不同之处在于只是将成文法明确为"有关你的和我的成文法"（the written laws of meum and tuum）。第五个事例是作者为了进一步说明而提出的假设案例，涉及在杰斐逊执政时期（1805年）对购买佛罗里达的拨款，为了加深科尔文的理解，杰斐逊又将该案例一分为二加以对比。通过对比我们可以发现，形势的紧迫性是超越法律的必备要件。另外，此案例还暗示采取超越法律文本的行动的前提可能并不局限于安全考虑。第六个事例关乎在杰斐逊第二届总统任期时发生的切萨皮克号事件所引发的美英危机，结合第三个事例来看，似乎可以推论出在杰斐逊从政时期他的这一观点是一以贯之的。总体来看，第二段中的所有事例都与涉及财产的法律有关，只是前四个涉及个人财产，后两个涉及国家财产。

第三段则是针对科尔文隐晦提出的具体的"威尔金森问题"。这件事与上文提到的最后一个事例一样，发生在杰斐逊第二届总统任期。这里需要强调的是，在本段中原来的"必然性、自我保存和挽救陷于危难之中的祖国的法则"被明确替换为更为全面的"人民的福利"（salus populi）这一说法。另外可以发现，第三段所涉及的事例与程序法相关。综合以上几段来看，杰斐逊在此信中的说明只是针对财产法（广义）与程序法，而且"超越法律"只是指明显违背成文法来行使权力。

就购买路易斯安那事件来说，我们可以在当时杰斐逊所写的信函中观察到他在面对现实的危机时对上述理论的应用。在1803年8月9日给迪金森写信之时，杰斐逊已经了解到了门罗和利文斯顿已与法国政府就转让路易斯安那地区一事达成了协议，当前的主要任务是使参议院批准《对法条约》草案以及众议院向法国支付转让的对价[64]。在信的首段，杰斐逊指出按原来的计划仅仅取得对新奥尔良的所有权就是一次值得庆祝的胜利，取得出海口将平复西部人

---

[64] 1803年10月开始的关于购买路易斯安那的国会辩论成了在立法上对全国关于扩张想法的首次检验。

民对联邦政府的不满；而意外获得广阔的路易斯安那则可以使新生的共和国摆脱与相邻国家的龃龉，甚至同法国的战争。而在三天后写给肯塔基州参议员布列肯里奇的信[65]中，杰斐逊更进一步指出，即使如联邦党人所指责的新购土地将使得合众国发生分裂的状况真正出现，双方存在的血缘关系和情感联系也使得他们之间不会出现像欧洲列国之间那样的严重冲突。在上述两封信里，杰斐逊都承认联邦政府对路易斯安那地区的购买行为缺乏宪法依据，不过他意识到购买该地区对合众国的重要性以及当时法国政府的决定完全系于已当选为终身执政的拿破仑一人，面对如此巨大的利益和不确定性（后者在杰斐逊于1803年8月18日收到的利文斯顿与门罗的来信中得到确认），他作为总统为了国家的福利抓住转瞬即逝的机会"做出了一个超出宪法之外的行动"。他同时主张联邦国会应该效仿总统的行为，在缺乏宪法授权的情况下积极承担起人民所赋予的责任，批准《对法条约》并为购买行动拨款。而之后可能通过的宪法修正案只是人民对自然贵族"超越法律"行为的事后批准。在第二封信的结尾，杰斐逊举了一个监护人为被监护人购买土地的例子。对照1816年4月24日致内穆尔的一封信，杰斐逊在其中谈到与哥伦比亚共和国的情况不同：在美国，政府与人民的关系就像慈爱的父母与成年子女的关系一样。那么在第二封信中提到的"当被监护人长大时"就应该被理解为人民充分了解到购买活动的始末可以作出自己的判断之时。事例中被监护人因为还未成年因此无法对监护人的购买行为授权，也正对应了情况紧急无法通过宪法修正案对总统和国会事先赋权的情形。可见在这两封信里，杰斐逊把"超越法律"的范围扩大到了宪法，自然贵族在紧急情况下可以在宪法规定的空白处行使权力。

在上文提到的写给科尔文的信中，杰斐逊在第四段中指出了可

---

[65] 这封信的直接目的可能在于打消参议院对购买行为违宪的顾虑。

以行使法律规定之外权力的主体。他将被人民遴选出的自然贵族做了进一步的划分，即"**承担微小责任的人**"和"**肩负重大使命的人**"，这与第二段提到的两种义务的划分相对应。虽然对行为道德与否的判断标准是实现他人的幸福，不过幸福本身却包括个体或小群体的幸福和整体的幸福。在杰斐逊看来，担负轻微责任的人在他所面临的所谓紧急情况下超越法律文本行使权力的确可以实现个体或小群体的幸福；不过如果允许这些人如此行事，那么必然会导致频繁地将宪法或法律文本弃之不顾，法律就会沦为一纸空文；宪法的实际失效会使得对政府权力的制约形同虚设，政府不受限制的权力恰恰是对人民幸福的最大威胁。所以从利益衡量的角度来看，剥夺这些人在法律之外行事的权力是从人民的整体幸福着眼的。而那些具有重大责任的人则有义务在国家安全和利益处在危险之中时服从维护"人民福利"这一更高的法则。这一观点也符合信的第二和第三段所举事例中主体的身份。杰斐逊在本段插入的事例再次强调了是否可以行使超越法律的权力需要兼顾成文法的意图以及实施成文法所带来的后果。

然而，尽管肩负重大使命的自然贵族可以在情况紧急、人民福利受到重大威胁之时使用法律规定之外的权力以保护更大的公共安全和利益，但他们采取这种行动并非是毫无制约的。早在1803年8月12日致布列肯里奇的信的结尾部分，杰斐逊就提出针对总统和国会超越宪法的行为，国家将会做出有利于两者的事后裁断，而这一裁断只会"更加明确地标明宪法的界限"，是"确认而非削弱了宪法"。在致科尔文的信中，杰斐逊进一步明确了从事事后审查的主体。在该信的第三段叙述威尔金森的例子中杰斐逊插入了一段说明，指出不得不行事的官员需要接受事后审查，而进行审查的主体则是宪法中设置的制衡权力（the controlling powers）以及公民大众。而在下一段作者发展了第三段插入部分的论述，提出了事后审查的内在的（个人良心）和外在的（祖国）两个判断主体。考虑到购买路易斯安那的参与者，这个外在的判断主体应该只包括各州（也是在通过修正案过程中宪法含义的最终决定者）和人民，而这两者在杰斐逊看来恰恰是联邦政府权力的授权方[66]。结合第二章笔者所指出的，效用原则在判断是否道德时是以目的而非手段为导向的，而目的究竟是指道德实践者基于当时情势所作出的主观判断或决定还是这一主观考虑也要在客观上得以实现杰斐逊却表述含混。那么在这里我们可以看到，杰斐逊似乎认为主观与客观两个面向都应存在。就人民这一主体来说，杰斐逊指出人民虽然缺乏能力直接管理国家事务，但他们可以通过上一章所述的教育和新闻媒介（理想状态）了解到自然贵族施政的实际情况，从而可以根据自然贵族采取行动时的环境而非自己现在的处境以及情况的紧迫程度作出支持、使其落选、罢免或是采取革命行动的判断。不过虽然超越法律行事要冒被审判定罪（广义）的风险，但杰斐逊在此信的第四段仍然号召相关官员要发扬甘冒风险的勇气。

购买路易斯安那引起了联邦党人的极大不满，甚至激化了新英格兰地区的分离主义情绪，他们一再向人民警告殖民主义和无限扩张国家领土的风险。[67]然而杰斐逊和他所领导的党派在之后的总统与国会选举中取得压倒性的胜利（在1804年举行的总统选举中杰斐逊获得了176张选举人票中的162张），使得杰斐逊有理由相信购买路易斯安那得到了人民的事后批准。还需要补充说明的是，在杰斐逊的理论中，主张通过制定宪法修正案对购买路易斯安那行动进行事后批准有两个目的：一是人民可以通过制定和批准宪法来

---

[66] 参见杰斐逊起草的《肯塔基决议草案》。载 [美] 杰斐逊：《杰斐逊集》，梅丽尔·D. 彼得森编，刘祚昌、邓红风译，生活·读书·新知三联书店1993年版，第482—489页。

[67] Kevin M. Gannon, "Escaping 'Mr. Jefferson's Plan of Destruction': New England Federalists and the Idea of a Northern Confederacy, 1803 – 1804", in *Journal of the Early Republic*, Vol. 21, No. 3 (Autumn, 2001), pp. 422–425.

审查总统和国会的行为,另一个是为未来的类似行为提供宪法上的制约机制。不过考虑到在杰斐逊看来,"人民间接控制"模式只是人民防范或补救自然贵族腐化的相对次要的方式,以及在当时的情况下提出宪法修正案将会拖延时间,为购买行动增加变数并使国会产生违宪的顾虑,出于本节所讨论的非常时期自然贵族的道德义务,杰斐逊在1803年9月7日致尼古拉斯的信之后便对所谓制定宪法修正案的计划缄默不言便是可以理解的了。

四、结语

对路易斯安那的购买是美国历史上第一次重要的领土扩张,它使刚独立时尚局限在大西洋沿岸的合众国开始呈现出大陆帝国的雏形,作为时任美国总统的杰斐逊主导了此次购买行动。证成购买路易斯安那的正当性不仅涉及杰斐逊本人和国会行为的合理性,而且随着美国"昭昭天命"的渐次展开,还可能为合众国之后一系列购买土地的行为提供先例。在内阁中其他成员主张宪法"隐含权力"之时,杰斐逊却坚持对联邦宪法的严格解释。按照他的宪法理论,联邦宪法中缺乏对联邦政府在购买外国领土方面的相应授权。而在法律授权缺失之处,杰斐逊则重启古典共和主义中"自然贵族"这一范畴,并在人民主权的大背景下加以重新定义。在共和国中,普通人需要克服自己天然的心理倾向,接受与自然贵族之间的道德差距,心甘情愿地将他们作为自己的统治者并将这些贵族从芸芸众生中遴选出来,赋予他们相应的道德义务。其中那些肩负巨大使命的人,有义务在非常情况下审时度势,抓住稍纵即逝的机会,为了"人民福利"做出超越法律文本的行为。由于路易斯安那对合众国的安全与利益至关重要,作为总统的杰斐逊和国会虽然缺乏宪法授权,却有更高的道德义务在紧迫的局势下把握住时机,从法国拿破仑政府手中取得对路易斯安那地区的所有权，以便实现美国的"天定命运"和杰斐逊"自由帝国"的设想。然而，杰斐逊并不认为天赋的道德状况是恒定不变的，权力的腐蚀作用对自然贵族依然适用，因此人民必须时刻保持警惕，以防范他们堕落或在他们腐败后迅速加以补救。

不过有趣的是，之后发生的美国政府向外国购地的行动似乎忽略了杰斐逊所作的关于购买路易斯安那正当性的论证这一先例，反而是杰斐逊内阁中的财政部长加勒廷和司法部长列维·林肯（Levi Lincoln）有关宪法"隐含权力"的论证思路被或明确或隐晦地援引。例如在安德鲁·约翰逊（Andrew Johnson）当局向沙俄购买阿拉斯加地区时，内阁中无人提出宪法是否就购买行动加以授权这一问题，《阿拉斯加割让条约》的签署和参议院的批准似乎并不存在任何宪法障碍。[68] 在笔者看来，出现这种状况的主要原因在于：正如伍德所指出的，在独立战争胜利后没多久，美国社会中主要的矛盾已经不再是爱国者与亲英分子的斗争，而是转化成了民主派和贵族的对峙。[69] 那么如果杰斐逊仍然明确谈论"自然贵族"（虽然是经改造的"自然贵族"理论），就只会授人以柄，被社会中的真假民主派讽刺与谩骂；而随着美国社会的日益民主化，"人人都自我感觉不比别人差"[70]，人人都只重视在财富上出现的分殊，"自然贵族"理论自然就越来越缺乏受众，甚至被许多学者所忽视。

---

[68] 参见董小川：《阿拉斯加割让问题研究》，载《世界历史》1998年第4期。
[69] [美] 戈登·S. 伍德：《美国革命的激进主义》，傅国英译，商务印书馆2011年版，第261页。
[70] [美] 戈登·S. 伍德：《美国革命的激进主义》，傅国英译，商务印书馆2011年版，第262页。

纳粹德国的世界秩序[*]

汪 乾[**]

摘要： 纳粹德国的世界秩序只有在历史理解和思想史理解相结合的综合视角下，并在国关理论的框架里才能更好地呈现和解释。纳粹德国的世界秩序虽然短命且未获充分实践，但清晰地认知这一世界秩序构想及其短暂实践能使今人洞悉纳粹德国如果获胜后世界会被如何组织及其国际政治经济后果。纳粹德国设想的世界秩序是由纳粹德国领导的欧洲新秩序、日本领导的大东亚新秩序、美国领导的美洲或曰新大陆秩序、英国领导的大英联合邦四大区域性体系合成的秩序。而从"二战"前由主权国家组成的世界体系导向区域性帝国主导的世界体系的进程集中体现为亚

---

[*] 使用"纳粹德国"一词需要注意两点：其一，纳粹党（Nazi）不是德意志民族社会主义工人党的自称，而是民族社会主义（Nationalsozialismus）的德语缩写，也是反对该党的人士对该党的轻蔑鄙视性称法，因而此种缩写遭到该党的反对。可参见李维：《纳粹意识形态及其思想起源》，载李强、张新刚主编：《政治神学》，北京大学出版社2017年版，第120-121页；其二，纳粹德国不是1933年到1945年间德国的正式国名。这期间的国名分别是，1933年到1943年间的德意志帝国（Deutsches Reich）和1943年到1945年间的大德意志帝国（Großdeutsches Reich）。纳粹德国也被称为德意志第三帝国，强调其承继了962年到1806年间神圣罗马帝国（德意志第一帝国）和1871年到1918年间的威廉德国（德意志第二帝国）。本文使用"纳粹"和"纳粹德国"均出于汉语世界里约定俗成的意义。

[**] 汪乾，国防科技大学国际关系学院讲师。

历山大·温特的结构建构主义理论中的霍布斯文化结构下的四种趋势。纳粹德国将注意力集中于建立欧洲新秩序。欧洲新秩序的核心是空间上大为扩展的、已达洲际大国规模的德意志帝国，该帝国也是欧洲体系的中央权威国，领导体系内的行为体，削夺原国家行为体的主权，并使各行为体按种族和民族的标准排列等级，再根据等级排列确定经济分工以重塑欧洲经济秩序。这一切使欧洲体系从无政府的主权国家体系转变为民族等级制体系，但该体系内生着较难克服的且可能致其最终失败的内在紧张。

关键词：纳粹德国 世界秩序 欧洲新秩序 等级制 中央权威国

一、研究方法

本文采用国关理论框架下的历史和思想史理解相结合的研究方法。研究纳粹德国的世界秩序须参照两个维度：一是历史理解维度；二是思想史理解维度。[1] 历史维度体现在 1933 年到 1945 年的短短 12 年里，纳粹德国在其控制区内实施的与构建世界或欧洲新秩序有关的措施和行动，以及通过这些措施和行动可以合理推论出的纳粹德国一旦取得有限胜利后将创建的世界秩序的基本特征；思想史维度体现在纳粹德国对未来世界秩序的种种设想，比如，纳粹党"二十五点"党纲、希特勒（Adolf Hitler）在《我的奋斗》中阐述的世界秩序构想、纳粹党领导层和理论家对"新秩序"国际方面的阐述等。本文将综合这两个维度理解并分析纳粹德国的世界秩序，其中，历史理解的部分本文还查阅了包括纽伦堡国际军事法庭档案在内的一些原始档案资料以使历史研究更加坚实。

---

〔1〕 关于国际关系的历史理解和思想史理解可参见时殷弘：《关于国际关系的历史理解》，载《世界经济与政治》2005 年第 10 期，第 20-25 页；石斌：《思想史视野与国际关系的历史和理论》，载《史学月刊》2005 年第 6 期，第 11-14 页。

帝国与地缘政治

两个维度相较，第二个维度，即思想史维度更重要。原因有两点：其一，纳粹德国的存活时间太短，仅有12年，其间又有6年深陷全面战争，因此其世界秩序方案只在其占领的一些地区作了初步尝试。观测这些尝试难以发现完整而全面的纳粹德国世界秩序的样貌。假使纳粹德国的寿命与苏联相仿，假使历史给予纳粹德国更多的时间用以实践其世界秩序构想，则该世界秩序及其后果便会更清晰地呈现于世人，然而事实并非如此，因而思想史维度的考察更为重要；其二，纳粹意识形态对纳粹党和纳粹德国影响至深，换言之，纳粹党领导层对纳粹意识形态的信仰比较真诚，纳粹党上台后所做的事情基本是在实践自己的意识形态，即便从权力政治的视角审视显然不利于其维持、增加权力。比如，纳粹德国一直没有充分动员女性以弥补劳动力的缺乏，[2] 也未及时在东欧和俄罗斯占领区采取争取当地民众自愿合作的政治策略，原因仅仅是因为与纳粹意识形态不符。[3] 所以，威廉·夏伊勒说："不论你对阿道夫·希特勒可能提出什么其他的谴责，你决不能谴责他没有用书面精确地写下，如果他一旦掌权他要把德国变为怎样的一个国家，他要用德国的武力征服把世界变为怎样的一个世界。"[4] 虽然也有《苏德互不侵犯条约》这种明显的通权达变之举，但纳粹德国通过发动苏德战争迅即回归原初意识形态轨道，消除了反布尔什维主义狂想和现实主义权力政治之间的紧张，虽然历史证明这是纳粹德国最致命的战略错误。希特勒在苏德战争爆发的前一天，即1941年6月21日在给墨索里尼的一封信中袒露心声："和苏联的合作关系，尽管我完全有诚意要努力实现最后的和解，却还是常常使我厌烦，因为我

---

[2] [英] 马修·休兹、克里斯·曼：《希特勒的纳粹德国：第三帝国社会生活史》，于仓和译，中国市场出版社2016年版，第73-83页。

[3] [英] 保罗·肯尼迪：《大国的兴衰》，陈景彪等译，国际文化出版公司2006年版，第345页。

[4] [美] 威廉·夏伊勒：《第三帝国的兴亡》，董乐山等译，世界知识出版社2012年版，第78页。

总觉得这样做有些违背我的全部历史、我的思想和我以前的义务。我很愉快，现在解除了这些精神上的痛苦。"[5] 正是此种忽视现实主义权力政治，不愿对意识形态作妥协的理想主义政治风格造成了纳粹德国的疾速毁灭。但这也使本文相信，可以通过考察纳粹德国的政策宣示、文献著述来研究如果纳粹德国赢得苏德战争后将建立何种欧洲新秩序，并如何与日本建立的大东亚秩序、美国主导的新大陆秩序或许还有只剩残山剩水的英帝国合成世界新秩序。因为与实用主义政治家截然相反，纳粹党人会无情地忠实践行内心的意识形态和政治理想，即便明知这样做对增进自身权力和利益不利。

本文在结合历史理解和思想史理解进行论述时，会有意识地将其置于国际关系宏理论的框架下，以使本文的理解更具系统性和科学性，尝试新辟一条与历史学科稍有不同的研究路径。

二、洲级德意志帝国：新秩序的中心

纳粹德国世界和欧洲新秩序的中心和基石是大德意志帝国。纳粹党人语境中的大德意志帝国的外延比传统意义上的要广阔得多。传统意义上的大德意志帝国是相对小德意志帝国，即 1871 年德意志统一后建立的德意志第二帝国而言的，该帝国没有包括奥匈帝国境内的德意志人，而传统意义上的大德意志帝国则要求包括这些德意志人及他们居住的土地。所以，传统意义上的大德意志帝国仍是一个民族国家，而不是政治学意义上的帝国。1918 年，奥匈帝国在第一次世界大战中瓦解，产生了德意志人国家奥地利和一系列新兴的中东欧民族国家。加之，伍德罗·威尔逊（Woodrow Wilson）倡议的民族自决原则在欧洲风行，实现传统意义上的大德意志帝国

---

[5] U. S. Department of State, *Nazi–Soviet Relations* 1939–1941: *Documents from the Archives of the German Foreign Office*, Washington: Government printing office, 1948, pp. 349–353.

的物质和精神条件似已具备，只是受制于《凡尔赛条约》未亟兑现。纳粹党人执政后继续为此努力，但之后发动对外征服战争所要建立的德意志帝国则不再局限于德意志人的土地和传统意义上的大德意志德国，而要建立一个由德意志人作为主宰民族统治其他民族的洲级规模的帝国。这一点不仅记载于《我的奋斗》，也早在1939年3月希特勒撕毁《慕尼黑协定》占领捷克（属斯拉夫民族）并迫使斯洛伐克沦为其保护国时便已得到清晰的反映。在纳粹德国的世界秩序设计中，洲级大国意义上的大德意志帝国是欧洲新秩序的核心，须先于世界和欧洲新秩序的建立而建立。

因此，纳粹德国冲击一战后的欧洲秩序——凡尔赛体系的目的不仅是为了废除右翼眼中的让德国蒙羞的《凡尔赛和约》，也不仅是为了作小范围的领土调整，更是为了要在欧洲范围内确立新的领土秩序。这是纳粹德国的修正主义和魏玛共和国以古斯塔夫·斯特莱斯曼（Gustav Stresemann）为代表的修正主义的本质区别。[6] 因此，西方民主国家，主要是英国和法国奉行的以容忍小范围领土调整（德奥合并、归并苏台德区）为主要特征的绥靖政策也许可以满足魏玛共和国的政治家，但满足不了希特勒。他的目标是建立一个类似于苏联和美国，或者他和他之前那个时代的英帝国那种领土规模的、经济上自给自足的洲级大国，即可以利用从大西洋到伏尔加河的大空间内资源的大德意志帝国。保罗·肯尼迪认为，由于俄罗斯、英帝国、美国三个侧翼大国巨大的规模和潜力，1885年以后的德国只算是一个中等强国。[7] 而在通向世界帝国的道路上，洲级大国是不可逾越的阶梯，只要攀爬到这一级阶梯，纳粹德国就在一定程度上取得了梦寐以求的安全和自足的生存空间，并可以在这

---

[6] 洛迦诺公约（Locarno Treaties）保证了德国西部边界的不可变更，但未对东部边界做类似保证，从而为魏玛共和国通过和缓的方式寻求东部边界的调整提供了基础。

[7] [英]保罗·肯尼迪：《大国的兴衰》，陈景彪等译，国际文化出版公司2006年版，第188-239页。

一级阶梯上从容地决定是维持现状还是继续征服。

纳粹德国的领导层意识到,跃升到洲级大国并非易事,正如路德维希·德约(Ludwig Dehio)指出的"英、俄两个侧翼大国政策的一条基本原则是联合起来反对任何显出征象要超过他们的国家。他们的窄圈子容不得经新兴强国进入而扩大"。[8] 所以,纳粹德国若要实现宏愿,必须分阶段实施。第一阶段,须将所有德意志人聚合在统一的、传统意义上的大德意志帝国内,对于这一点,纳粹党内各派系在执政前便有共识。希特勒在《我的奋斗》中直言:"要求恢复1914年的疆界,在政治上是一件荒谬可笑的事。……当时的疆界并没有把所有德意志人民都包括在内。"[9] 长期作为希特勒的党内反对派的施特拉瑟兄弟(Otto Strasser and Gregor Strasser)在宣布成立纳粹党西北部工作联合会的纲领草案中也要求,除了恢复1914年帝国边界,还要归并主体居民是德意志人的奥地利、苏台德区和南蒂罗尔。[10] 1914年边界划定的是俾斯麦的小德意志帝国,纳粹党不餍于此。当奥地利、苏台德区、但泽及其走廊地带、默麦尔港等德意志人的聚居区都整合进大德意志帝国后,纳粹德国就是当然的中欧霸主。接着,第二阶段,征服法国这个西欧大陆上唯一能制衡纳粹德国的大国。希特勒在《我的奋斗》中表示,要"对法国来一次最后的总算账"[11],但"灭亡法国只是手段,目的是在将来能够为我国人民在其他地方进行扩张"[12]。希特勒所指的"其他地方"就是苏联。所以,第三阶段,也是建立洲级大国的最后也最重要的一个步骤是消灭苏联,并将大德意志帝国控制的地域范围

---

[8] [德] 路德维希·德约:《脆弱的平衡——欧洲四个世纪的权势斗争》,时殷弘译,人民出版社2016年版,第189页。

[9] Adolf Hitler, *Mein Kampf*, Boston: Houghton Mifflin Company, 1943, p. 649.

[10] Patrick Moreau, *Nationalsozialismus Vom links*, Anstadt: Deutsche Anstadt Presse, 1984, p. 23.

[11] Adolf Hitler, *Mein Kampf*, Boston: Houghton Mifflin Company, 1943, p. 619.

[12] Adolf Hitler, *Mein Kampf*, Boston: Houghton Mifflin Company, 1943, pp. 672-674.

拓展到阿尔汉格尔斯克到阿斯特拉罕一线的俄罗斯内陆。[13] 希特勒在1925年表白："我们民族社会党人要继承条顿骑士在600年前中断了的事业。我们要中止德意志人不断向南和向西的移动，而把我们的目光投向东方的土地。今天来谈欧洲的土地，我们指的首先只能是俄罗斯和他的附属国。"[14] 纳粹德国最高统帅部制定的对苏作战的"巴巴罗沙"计划也提到作战的总目的是"建立一道从伏尔加河到阿尔汉格尔的防线，以对付俄国的亚洲部分"。[15]

后来的历史完全是按照这张勾勒好了的路线图推演的。在第二次世界大战于1939年9月1日爆发以前，纳粹德国已实现德奥合并，通过慕尼黑阴谋迫使捷克斯洛伐克割让苏台德区，恫吓立陶宛割让默麦尔，但终因索要但泽及其走廊地带被波兰拒绝引发大战。波兰被德国和苏联第四次瓜分后，一个包含几乎所有中欧德意志人的传统意义上的大德意志帝国已经形成，路线图的第一阶段兑现了。只有南蒂罗尔由于归属盟友意大利是个例外，但当1943年7月意大利法西斯政权垮台，希特勒派遣奥托·斯科尔兹内（OttoSkorzeny）率机降部队从亚平宁山脉山顶救出墨索里尼并在意大利北部建立意大利社会共和国后，便强迫这个傀儡政权割让了南蒂罗尔。[16] 1940年6月，法国覆亡标志着路线图的第二阶段目的达成了。

1941年6月22日，纳粹德国撕毁《苏德互不侵犯条约》进攻苏联，是为了完成建立洲级大国意义上的大德意志帝国的最后一击，但这一击非但没有成功，也葬送了已经到手的从大西洋到波

---

[13] Richard Overy, *Russia's War*, London: Allen Lane The Penguin Press, 1997, p. 62.
[14] Adolf Hitler, *Mein Kampf*, Boston: Houghton Mifflin Company, 1943, p. 654.
[15] [美]威廉·夏伊勒：《第三帝国的兴亡》，董乐山等译，世界知识出版社2012年版，第784页。
[16] [美]威廉·夏伊勒：《第三帝国的兴亡》，董乐山等译，世界知识出版社2012年版，第976页。

兰、从挪威到北非的准洲级大国，以及在这一广阔区域建立稳定秩序的历史机遇。亨利·基辛格（Henry Kissinger）认为，希特勒本应止步于第二阶段，在已建立的帝国的基础上采取战略守势。[17] 阿诺德·汤因比（Arnold Toynbee）严厉而轻蔑地批评希特勒的战略素质与历史上创建持久帝国的英主相比差距甚远。[18]

正因为希特勒执迷于反布尔什维主义意识形态狂想，悍然入侵已持善意中立甚或准同盟立场的苏联，使得纳粹德国的欧洲新秩序在具有压倒性优势的敌对权力的碾压下注定短命。但探讨这一曾存在过的新秩序在欧洲乃至全球层次的样貌和性质仍有必要，进一步，还可以研讨假使希特勒击败苏联，欧洲和世界到底会按何种方式建立秩序以及此种秩序的国际政治经济后果。

三、霍布斯文化下的世界秩序：区域体系间均势

纳粹德国世界秩序的构想延续了兴起于俾斯麦时代的德国地理政治学的一贯思路，即认为，世界体系应由几个大空间构成，每个大空间的核心是一个区域性帝国。纳粹党理论家声称，德国承认其他列强和德国一样，有权取得自己的"帝国式区域"，整个世界可以划分为若干个大生存空间。至于应该划分为多少个大空间，这些理论家意见不一，故只能因时因地而定。[19]

1940年9月27日，德国、日本和意大利签订三国公约，正式结成军事、政治同盟。公约第1条规定，日本承认德国和意大利在

---

[17] [美]亨利·基辛格：《大外交》，顾淑馨、林添贵译，海南出版社1998年版，第331页。

[18] [英]阿诺德·汤因比、维罗尼卡·M.汤因比编著：《第二次世界大战全史》第四册《希特勒的欧洲》序，王智量等译，上海译文出版社2015年版，第2页。

[19] [美]洛温：《第二次世界大战之经济后果》，程耒孟译，商务印书馆1944年版，第51页；Wilhelm Stuckart, Werner Best, *Reich, Volksordnung, Lebensraum*, Darmstadt: Wittig Verlag, 1942, Vol.2, pp.53–75.

建立欧洲新秩序方面的领导地位；公约第 2 条规定，德国和意大利承认日本在建立大东亚新秩序方面的领导地位。[20] 可见，轴心国集团规划的世界秩序包含两个虽有联系却相互独立的区域性秩序。整个旧大陆（亚欧非大陆）也被分成两大区域性体系——欧洲体系（或更广阔一些的欧非体系）和大东亚体系。在这两个区域性体系之间隔着作为独立大空间和欧亚区域性体系领导国的苏联，如果苏德间继续维持和平或求得某种妥协性安排，则旧大陆实际被划分为三大区域性体系，而英帝国在旧大陆的广大领地将成为苏、德、日、意四国相互妥协的筹码和牺牲品，但破落的英帝国仍可保有加拿大、澳大利亚、新西兰和数量众多的岛屿，不失为世界新秩序的一极，虽然毫无疑问会坠落为最弱的一极。[21] 苏德战争和太平洋战争爆发后，两大轴心国区域性体系随之扩展。假使德国击败苏联，按《东方总计划》（Ost Generalplan）的规划，德国治下的欧洲区域性体系将向东扩展至阿尔汉格尔斯克（Arkhangelsk）和阿斯特拉罕（Astrakhan）连成的一线，即 A–A 线。[22] 日本的野心更大，他治下的大东亚区域性体系范围更广。1943 年 7 月颁布的《以大和民族为核心的全球政策调查》提及大东亚共荣圈和东亚合作体范围时称，第一阶段和第二阶段包括中国和英国、法国、荷兰在亚洲的全部殖民地，第三阶段增加菲律宾、印度和贝加尔湖以东的苏联领土，第四阶段扩大到亚述、土耳其、伊朗、伊拉克、阿富汗和其他中亚国家、西亚和西南亚。[23] 申言之，世界秩序的演化脉络将

---

[20] [美] 威廉·夏伊勒：《第三帝国的兴亡》，董乐山等译，世界知识出版社 2012 年版，第 776 页。

[21] British and American Prosecutors at Nuremberg International Military Tribunal, *Nazi Conspiracy and Aggression*, Washington: Government Printing Office, 1946, Vol. 35, p. 323; U. S. Department of State, *Nazi–Soviet Relations 1939–1941: Documents from the Archives of the German Foreign Office*, Washington: Government Printing Office, 1948, pp. 226–261.

[22] Richard Overy, *Russia's War*, London: Allen Lane the Penguin Press, 1997, p. 62.

[23] John W. Dower, *War Without Mercy: Race and Power in the Pacific War*, New York: Pantheon Books, pp. 262–268.

很明显：其一，两个区域性体系的领导国，或曰中央权威国的空间范围将大大扩展，权势随之大幅上升，从中等强国一跃而为洲级规模的帝国；其二，在两个区域性体系内部，原有的主权国家行为体将减少，代之以分别服从两大区域性体系内的中央权威国的半主权国家行为体，甚至基本没有主权的只在表面上具有国家形式的行为体；其三，在此种情势下，美国在美洲、英帝国在他的残山剩水都只能减少自由主义的政治经济因素并加强对国内社会和势力范围内其他国家的控制，虽然控制的力度小于德、日。由此，世界秩序将由四大等级制区域性体系构成，除轴心国的两大区域性体系外，美国作为霸主的南北美洲将形成一个独立的区域性体系，英帝国的剩余领地可能会形成某种形式的大英联合邦，并与美洲体系紧密合作；其四，无论四大区域性体系是长期并立还是归并于一，都将导致自由主义国际秩序的衰落，这与真实历史发生的自由主义政治经济体系在"二战"后，特别是"冷战"后的高扬和扩展截然不同。

从结构建构主义的视角来看，第二次世界大战前的体系文化是洛克文化，但在轴心国采取了越来越具有敌意的互动方式后，体系文化疾速演化为霍布斯文化。第二次世界大战的爆发标志着演化的完成，直到1945年8月，日本投降后，体系文化才重新回归洛克文化。欧洲体系，连带世界体系彻底跌入霍布斯文化结构始于1939年9月1日纳粹德国闪击波兰，之后的六年里，世界秩序遵循着霍布斯文化下的四种趋势重组。[24]

第一种趋势是，常年不断的战争。虽然亚历山大·温特（Alexander Wendt）认为，在此趋势下，国家并非总是处于战争状态，因为对于物质条件的考虑可能会暂时遏制这种趋势，但战争在任何时候都可能发生。然而，历史事实表明，这六年比温特所说的暴力

---

[24] 霍布斯文化结构下的四种趋势，可参见［美］亚历山大·温特：《国际政治的社会理论》，秦亚青译，上海人民出版社2000年版，第328-335页。

性质更为严重,是连续战争的六年,欧洲区域体系里虽然出现了从1939年9月末波兰覆亡到1940年5月10日法兰西战役开始的长达6个月的静坐战、假战争,但在此期间仍发生了纳粹德国侵略挪威、丹麦的战役,苏芬战争和天天都在进行的大西洋海战。

第二种趋势是,消灭"不适应"的行为体。不能适应战争的和军事力量太弱的行为体会在连续战争中被消灭,造成弱国的高死亡率和占有了弱国的强国——主要是区域性体系的中央权威国变得更强。第二次世界大战时期的欧洲体系中,波兰被欧洲区域性体系领导国纳粹德国和欧亚区域性体系领导国苏联瓜分,丹麦被纳粹德国和新大陆或曰美洲区域性体系领导国美国瓜分,[25] 纳粹德国还消灭或实际控制了挪威、荷兰、比利时、卢森堡、法国、南斯拉夫、希腊等国家行为体,苏联消灭了爱沙尼亚、拉脱维亚、立陶宛等国家行为体并从芬兰和罗马尼亚手中夺取领土。英帝国和苏联还瓜分了波斯。这就导致体系内行为体变少、权力的集中和区域性帝国的建立。

第三种趋势部分地与第二种趋势相反:国家一旦强大到难以被消灭的地步,便会制衡相互的权力,从而形成均势。在洛克文化下,主权国际体系可能会自动地或人为地生成均势,但在霍布斯文化下,作为团体施动者和缺乏自制的行为体,国家倾向于无限战争而不是建立或维持均势,但当世界体系中只剩几个区域性帝国行为体时,将导向两种可能的前途。第一种前途是,四大区域性等级制体系在各自帝国的领导下完全有条件实现经济的自给自足,并在政治和军事上维持均势,从而极大地减少四大区域性体系之间的互动,使世界秩序变为四个很少互动的区域秩序的总和,可能的例外是英美体系间的政治经济互动会较多甚至最终融合为一。在希特勒宣布要建立一个自给自足的千年帝国计划之前,纳粹德国的自给自

---

[25] 纳粹德国占领了丹麦本土,英国和美国占领了丹属冰岛和格陵兰岛。

足政策就已经得到了很大的发展，在他要建立的千年帝国中，对外贸易变成特殊交易和"物品交换"协定。第二种前途是，四大帝国——纳粹德国、日本、美国、英帝国中的一个帝国权力增长到大于另外三个帝国的总和，则四大区域性体系便可能归并于一个世界帝国。考虑到均势机制的制衡作用，第二种前途的可能性较小。但无论哪种前途，都宣告了主权国家体系的寿终正寝而导向四个帝国的体系或一个世界帝国。

第四种趋势是，霍布斯体系趋于把所有体系成员全部拖入战争状态，使不结盟和中立变得困难。以第二次世界大战时期的欧洲体系为例，中立国只有西班牙、葡萄牙、瑞典、瑞士、土耳其五个国家。换言之，区域体系中的国家行为体要么成为体系中央权威国的协从国，要么被其吞并，中立国的实质是维持了相对于中央权威国的独立主权，如果纳粹德国在欧洲建立稳定的新秩序，则中立国不可能长久维持中立，而不得不向中央权威国让渡主权，那将导致以纳粹德国为中心的欧洲联合。[26] 这种联合与"二战"后建基于主权国家自愿让渡部分主权给国际制度的欧洲一体化完全不同。

四、民族等级制体系：欧洲新秩序

"新秩序"一词在纳粹德国短暂统治欧洲的几年里被频繁使用，该词兼有国内和欧洲体系两个不同层次的内涵。国内层次的内涵包括新的劳资关系、宗教控制、教育和司法体系的纳粹化等[27]，这些本文置而不论。欧洲体系层次上的新秩序表达的是，欧洲主权国

---

[26] [英]阿诺德·汤因比、维罗尼卡·M. 汤因比编著：《第二次世界大战全史》第四册《希特勒的欧洲》，王智量等译，上海译文出版社2015年版，第57-58页。

[27] 纳粹新秩序的国内层次内涵，可参见 [美] 威廉·夏伊勒：《第三帝国的兴亡》，董乐山等译，世界知识出版社2012年版，第908-965页；[英] 阿诺德·汤因比、维罗尼卡·M. 汤因比编著：《第二次世界大战全史》第四册《希特勒的欧洲》，王智量等译，上海译文出版社2015年版，第22-28、34-37页。

家体系和在这个体系之上初步建立的以国际联盟为最重要国际制度的集体安全体制,被纳粹德国的武力倾覆后,纳粹党人建立的或计划要建立的新的欧洲秩序。欧洲新秩序与世界新秩序之间的关联是,轴心各国在各自的区域体系重建区域秩序,而两个区域秩序加上美国的新大陆秩序和残余的英帝国组合起来就是新的世界秩序。本文从纳粹德国已实施的建立欧洲新秩序的举措和纳粹党人通过演讲、著述和其他文献所作的宣示两方面考察纳粹德国欧洲新秩序的全貌。

第一,欧洲新秩序的体系组织原则不再是肯尼思·沃尔兹(Kenneth N. Waltz)语境中的无政府,而是等级制。[28] 第一次世界大战后的欧洲国际体系相较战前强化了无政府的组织原则。民族自决原则的推行、俄罗斯帝国的革命,特别是奥匈帝国的瓦解,使欧洲部分区域的帝国式一统崩解为众多新兴的民族国家,芬兰、爱沙尼亚、拉脱维亚、立陶宛、波兰、捷克斯洛伐克、匈牙利、奥地利从帝国碎片中诞生。初步实践的国际联盟和集体安全体制在日本侵略中国东北、意大利入侵阿比西尼亚等一系列危机事态中表现乏力,更不必说形成准中央权威了。而纳粹德国的欧洲新秩序挑战了国家主权对内最高、对外独立的原则,在一定程度上要求新秩序内的各国接受德国的指导。这从纳粹德国成功介入他国涉及宣战权和交战权、管辖权、领土权、平等权等国家主权的典型事例中可见一斑。

涉及宣战权和交战权的典型事例是,当纳粹德国之外的欧洲体系内其他国家间出现领土争端时,纳粹德国禁止他们诉诸武力,而要由德国仲裁,实际上剥夺了他国的宣战权和交战权。1938年11月2日,纳粹德国和意大利迫使捷克斯洛伐克将部分领土割让给匈

---

[28] [美]肯尼思·沃尔兹:《国际政治理论》,信强译,上海世纪出版集团2003年版,第106—154页。

牙利，史称"第一次维也纳仲裁"。1940年夏末，当匈牙利为夺回罗马尼亚在第一次世界大战后从匈牙利割去的特兰西瓦尼亚（Transsilvania）不惜一战时，纳粹德国外交部长里宾特洛甫（Ribbentrop）恫吓即将陷入冲突的两国，并要求两国接受纳粹德国的仲裁。同年8月30日，两国在维也纳接受仲裁决定，即特兰西瓦尼亚的一半土地划归匈牙利，史称"第二次维也纳仲裁"。[29] 1940年9月7日，纳粹德国又介入罗马尼亚与保加利亚间的领土争端，使两国签订《克拉约瓦条约》（Treaty of Craiova），罗马尼亚割让南多布罗加（Southern Dobrudja）给保加利亚。战争权一向被认为是国家主权的构成部分，但1920年生效的《国际联盟盟约》限制了国家发动战争的权力，1928年签署的《凯洛格-白里安公约》（Kellogg-Briand Pact）要求国家废弃以战争作为解决国际争端和推行国家政策的手段。吊诡的是，这些诉诸国际制度限制国家战争权的尝试在战间期均告失败，[30] 而纳粹德国在欧洲体系内却成功限制了体系成员间的战争。当然，这是以体系外更大规模的战争为代价的。

涉及管辖权的典型事例有四例。第一例是，纳粹德国迫使他国接受居住于其境内的德意志人为自治法团，有权成立自治政府、颁行自治法律、保有德意志族文化精神、自主发展学校教育、向纳粹德国宣誓效忠并受纳粹德国法律管辖等。这实质上是在他国领土上建立德意志人的国中之国。在纳粹德国统治欧洲的数年里，斯洛伐克、克罗地亚、罗马尼亚、匈牙利、保加利亚等国都在不同程度上

---

[29] [美] 威廉·夏伊勒：《第三帝国的兴亡》，董乐山等译，世界知识出版社2012年版，第774页。

[30] [英] E. H. 卡尔：《两次世界大战之间的国际关系1919-1939》，徐蓝译，商务印书馆2011年版，第107-183页。

向纳粹德国让渡了对本国德意志族公民的管辖权。[31] 第二例是，纳粹德国剥夺他国犹太人公民权。纳粹德国在其统治区和占领区内采取灭绝犹太人的政策属于欧洲新秩序的国内层次后果，但纳粹德国将该政策推及欧洲体系内其他国家行为体，就在剥夺了其他国家对本国德意志族公民管辖权的基础上又剥夺了对部分非德意志族公民的管辖权。[32] 该政策在战时已于斯洛伐克、克罗地亚、罗马尼亚和1944年3月后的匈牙利施行，但由于西班牙、意大利等国的抵制未在欧洲全面施行。可以想见，假使纳粹德国赢得对苏战争并在欧洲建立稳固秩序后，必会进一步削夺体系内各国对本国公民的管辖权。第三例是，重新定居计划。该计划的目的是在欧洲体系内进行大规模人口迁移和置换，将散居欧洲各处的德意志人集中迁居波兰、阿尔萨斯等与德国本土邻接的土地并使之德意志化，居住于这些土地上的非德意志人则被迁出。欧洲几乎所有国家对领土内人口的管辖权都受到了这一狂想的冲击。但纳粹德国实际执行的人口置换计划只是总体计划的冰山一角。"二战"后，纽伦堡国际军事法庭公布的资料显示，纳粹德国制定了规模庞大的人口重新定居计划，如果全面实施，将造成欧洲人口的大迁徙，迁徙规模与蛮族入侵罗马帝国时代时相当，相应地，欧洲体系内行为体的边界将根据

---

[31] International Military Tribunal at Nuremberg, *Trial of the Major War Criminals before the International Military Tribunal* 1945–1946, Nuremberg: Proceedings and Documents in Evidence Printed by International Military Tribunal, 1948, Vol. 31, p. 118; British and American Prosecutors at Nuremberg International Military Tribunal, *Nazi Conspiracy and Aggression*, Washington: Government Printing Office, 1946, Vol. 5, p. 429; *Dokumente der Deutschen Politik*, Berlin: Joncker und Dinghaupt, 1940, Band 8, pp. 392–399.

[32] United States Military Tribunal, *United States of America*, *Military Tribunals*, *Case No.* 11, Nuremberg: Mimeo, 1946–1949, pp. 28301–28541.

纳粹德国的世界秩序

新的民族和种族边界重新洗牌。[33] 第四例是,纳粹德国在他国境内征召人员加入纳粹党武装党卫队(SS)。起初,纳粹德国只征召包括德意志人在内的日耳曼人,后因兵员损耗巨大,征召范围扩至非日耳曼人。该举措不仅侵犯了他国的管辖权,也侵犯了包括征兵权在内的国防自卫权。

涉及领土主权的典型事例更多。如上述,纳粹德国不仅仲裁他国间的领土争端,从而调整了欧洲各国间的领土边界,还通过和平或战争的方式极大地冲击了"一战"后欧洲的领土格局,大范围侵犯、破坏了欧洲各国的领土主权。

这些历史事例综合起来推翻了主权国家间的平等权,表明纳粹德国已具有凌驾于欧洲体系中其他国家行为体的中央权威,如果纳粹德国击败苏联建立稳定的、等级制的欧洲新秩序,必会强化中央权威,进一步削夺欧洲体系内其他国家的主权,使自身成为体系的中央权威国。[34]

第二,欧洲新秩序从理论上的二元领导体制迅速转变为一元领导。根据三国公约的规定,欧洲新秩序由德国和意大利共同领导,换言之,欧洲等级制体系的中央权威由两个国家分享。但实际上,意大利由于权力弱小和意志软弱,日益成为纳粹德国领导下的欧洲新秩序的协从性行为体,地位在1943年7月前,只比轴心国集团的其他欧洲成员国略高。[35] 1943年7月,意大利法西斯政权垮台

---

[33] International Military Tribunal at Nuremberg, *Trial of the Major War Criminals before the International Military Tribunal* 1945–1946, Nuremberg: Proceedings and Documents in Evidence Printed by International Military Tribunal, 1948, Vol. 26, pp. 255–257; British and American Prosecutors at nuremberg International Military Tribunal, *Nazi Conspiracy and Aggression*, Washington: Government Printing Office, 1946, Vol. 3, pp. 496–498; United States Military Tribunal, *United States of America*, *Military Tribunals*, *Case No.* 8, Nuremberg: Mimeo, 1946–1949, pp. 37–356.

[34] [美]戴维·莱克:《国际关系中的等级制》,高婉妮译,上海人民出版社2013年版,第47-64页。

[35] Pual Schmidt, *Statist auf diplomatischer Bühne* 1923–1945, Bonn: Athena–Presse, 1949, p. 479; Galeazzo Ciano, *Ciano's Diary* 1939–1943, London: Heinemann, 1947, p. 388.

后，由墨索里尼在意大利北方建立的意大利社会共和国只是纳粹德国的傀儡，地位与德国保护国相当，完全失去了欧洲新秩序两巨头的地位。

第三，除中央权威国纳粹德国外，欧洲体系内的其他行为体也按民族和种族的标准被排定等级，因此纳粹德国的欧洲新秩序可以被称为民族等级制体系。按纳粹德国的设想，德意志人是第一等级的主宰民族；其他日耳曼人，即北欧血统的日耳曼人或曰诺迪克人（Nordic）是第二等级；欧洲其他民族是第三等级，其中以斯拉夫人为最劣。犹太人、吉普赛人则未被纳入欧洲民族等级制体系内。纳粹德国对非德意志人居住的土地或吞并，或建立保护国，或给予独立国身份，全看纳粹德国认为哪种形式更能保障德意志人的利益和欧洲民族等级制新秩序的稳定。

第四，纳粹德国在欧洲区域体系内重新安排经济分工，形成新的经济秩序，目的是实现纳粹德国对欧洲的经济控制，也希望实现欧洲体系一定程度上的自给自足。曾任纳粹德国经济部长的瓦尔特·丰克认为，如果每个国家都生产从纽扣到火车头的一切产品，就会引起经济上的精神错乱。所以，欧洲国家间应发展专业分工。[36] 问题是如何分工？纳粹德国排斥自由市场的自然安排，推崇军国主义统制经济。按纳粹党人的意见，欧洲经济新秩序要在工农业分配、国际贸易和国际金融三方面作重大调整。

在工农业分配方面，纳粹德国要按民族和种族的标准分配工业发展权，以与民族等级制的政治秩序相配套。由于欧洲缺乏粮食和饲料，若要实现自给自足，就必须增加农业生产，而欧洲是世界上工业生产集中的区域，因此，势必要在欧洲体系内的某些次区域去工业化。除特殊考虑外，比如，罐头工厂设在农产品产地成本更

---

[36] [英]阿诺德·汤因比、维罗尼卡·M. 汤因比编著：《第二次世界大战全史》第四册《希特勒的欧洲》序，王智量等译，上海译文出版社 2015 年版，第 206—207 页。

低，发展个别工业有利于增强保护国人民购买力以吸收更多德国工业品等，工业将按行为体等级分配。洲级规模的大德意志帝国在经济上分为两个部分：德意志人居住的传统意义上的大德意志帝国将实现高水平的工业化；新取得的东方直辖地则作农业殖民之用，由德意志人取得土地所有权，斯拉夫人作为农业劳动力。因此，大德意志帝国将建成工农业都很发达且平衡的经济体。其他日耳曼人行为体，如挪威、荷兰等将分配一部分工业；非日耳曼人卫星国和附庸国主要生产粮食、饲料、蔬菜、肉、蛋和工业用农业原料。

在国际贸易和国际金融方面，纳粹德国摒斥"二战"后欧洲采行的关税同盟、统一市场和统一通货。虽然以纳粹德国在欧洲的统治地位要实现欧洲经济共同体比"二战"后多国协商容易，但纳粹党人认为，统一市场、关税和通货会使欧洲所有国家获得平等待遇，与纳粹德国欲建立民族等级制秩序并使自身处于欧洲经济顶端的设想背道而驰。[37] 如此一来，国际贸易和国际金融只能在大体采取传统方法的基础上作对纳粹德国有利的调整。国际贸易方面，欧洲工业的重新分配天然地塑造了欧洲体系内的贸易格局，即纳粹德国向农业附庸国输出工业品，非日耳曼人附庸国向纳粹德国输出农业产品。在与其他几大区域性体系的贸易关系上，纳粹德国虽不取消但坚持管制贸易，目的是出口欧洲市场无法完全消纳的工业品，进口欧洲体系无法充足供应的工业原料、矿产品。为配合此种国际贸易，纳粹德国发展出一套国际清算制度，这种制度并未试图以德国马克取代英镑或美元为国际清算标准通货，更未采用金本位制，而更接近于以马克为主导通货的易货贸易制度。简单地说，纳粹德国与其他国家贸易时，双方均用本国通货通过本国央行支付，如果贸易不平衡，入超国的贸易欠款则记于两国中央银行清算账目

---

[37] [美]洛温：《第二次世界大战之经济后果》，程希孟译，商务印书馆1944年版，第125—126页。

内，本可以用黄金和外汇清算，但纳粹德国不愿黄金和外汇介入贸易，因为英美在这两种清算媒介上的操控力均远强于纳粹德国，故纳粹德国决定根据两种不同情况采取有利于自身的方法。第一种情况是，当纳粹德国欠款时，其他国家被迫增购德国商品以削减德国欠账，这又增加了德国的出口，从而增进了德国的经济利益。第二种情况是，当其他国家欠款时，纳粹德国同样可以增购对方国商品。如果某国长期保持对德国的出超地位，纳粹德国还可以采取改变货币汇率、单方面降低对方国家商品进口税（片面最惠国待遇）等方法强制处于出超地位国家的贸易变为与德国平衡。[38]

五、失败的实验：新秩序难以克服内在紧张

19世纪后半期到20世纪90年代初是各种政治意识形态——民族主义、种族主义、自由主义、社会主义、共产主义、无政府主义、法西斯主义（民族社会主义）竞相把理论主张付诸现实政治实验的时代。纳粹德国是20世纪20年代到40年代席卷全球多国的法西斯主义、民族社会主义、整体主义政治运动和实验的范例。[39]从纳粹德国的世界秩序实践和构想可管窥此种政治实验以及传承其精神衣钵的当代极右翼、新纳粹政治运动的后果。

第一，纳粹德国在建立世界和欧洲新秩序的过程中就隐含了导致失败的较难克服的内在紧张。其一，纳粹德国建立世界新秩序的第一步是建立洲级大国规模的德意志帝国，为此，纳粹德国至少须与英帝国及其背后的美国两个洲级大国作战，本就难以取胜，再加上纳粹意识形态狂想使敌手又增加了一个洲级大国苏联，让作为中

---

[38] [美] 洛温：《第二次世界大战之经济后果》，程希孟译，商务印书馆1944年版，第127—142页。

[39] 进行过类似政治实验的国家还有意大利、西班牙、葡萄牙、巴西、阿根廷等。可参见朱廷光主编：《法西斯新论》，重庆出版社1991年版，第436—534页。

等强国的纳粹德国失去了取胜的可能。其二，纳粹意识形态的理论基础是日耳曼民族的优越，奋斗目标是日耳曼民族在欧洲和世界的主导地位。然而，在实际作战中，权势不足的纳粹德国为在欧洲大陆建立陆上霸权，不得不与非日耳曼民族的意大利甚至非白人的日本结盟，以克服致力于欧陆均势的日耳曼人海权强国英帝国的阻力，这加深了理论和实操间的内在紧张，引发了纳粹德国民众甚至领导层的疑虑，纳粹党副党魁鲁道夫·赫斯出走英国亦与此有关。这种张力随战场形势每况愈下愈发紧张，特别是"二战"末纳粹德国启用弗拉索夫（Vlasov）建立俄罗斯解放军严重冲击了纳粹意识形态，因为斯拉夫人在纳粹意识形态中是欧洲的劣等民族。[40] 这一内在紧张虽然不如第一点那样致命，却有力地暗示要么纳粹意识形态失败了，要么纳粹的政治实操失败了，两者必居其一。[41] 就算纳粹德国摧毁苏联，日本随之占领远东和西伯利亚，必会引发纳粹德国对哈·麦金德（Halford Mackinder）念念不忘的"黄祸"的担忧，使夹在日本与英美间的纳粹德国的战略处境一如往常般艰难且难以取舍。[42] 其三，纳粹德国声称，英美是世界政治经济体系中的"财阀民主国"，由盎格鲁撒克逊人主导的世界秩序很不公正，纳粹德国要起而改变之，故不得不投身战争。然而，一方面，纳粹德国在欧洲的举措已显示其所要建立的新秩序只会比英美主导的世界秩序更加不公正；[43] 另一方面，英帝国清晰地意识到"拥有海上优势的岛国须将国家政策指向与全人类共同愿望和理想相协调的

---

[40] George Fischer, "General Vlasov's Official Biography", *Russian Review*, October 1949, pp. 284-300.

[41] ［德］弗里德里希·迈内克：《德国的浩劫》，何兆武译，商务印书馆2011年版，第94页。

[42] ［英］哈·麦金德：《历史的地理枢纽》，林尔蔚、陈江译，商务印书馆2011年版，第70-71页；［英］阿诺德·汤因比、维罗尼卡·M. 汤因比编著：《第二次世界大战全史》第四册《希特勒的欧洲》序，王智量等译，上海译文出版社2015年版，第75-76页。

[43] ［美］洛温：《第二次世界大战之经济后果》，程希孟译，商务印书馆1944年版，第56-57页。

方向",即须与尽可能多的国家的核心利益一致才能长久地维护自身利益。[44] 因此,除了对"一战"后世界秩序极度不满或被纳粹德国胁迫的国家外,世界上大部分国家并未在"二战"中站在纳粹德国一边。

第二,即便纳粹德国击败苏联、逼和英美而在欧洲建立起较稳定的新秩序,也较难克服或致其失败的内在紧张。因为纳粹德国的民族等级制秩序实为有计划地对欧洲其他国家,特别是非日耳曼人国家作系统的政治控制和经济盘剥的方案和实践,所以不可能得到欧洲大部分人民的长久支持,甚至可能导致欧洲范围内的大反抗和大内战。此种可能性因欧洲体系内外因素的影响而极大增加。在欧洲体系外部,暂不考虑建立了大东亚新秩序的日本的战略走向,仅英美两大海洋强权便不可能不利用欧洲体系内的不满情绪和反抗力量颠覆纳粹德国的新秩序,而新秩序的压迫性质恰好为海权强国的颠覆和反扑准备了易燃易爆品。在欧洲体系内部,1939年,德意志人占欧洲总人口的比例为16%,即便加上遭受压制较轻因而反抗性较弱的其他非德意志日耳曼人,人口仍为绝对少数。纳粹德国欲以如此之少的人口控制、盘剥充满愤怒和不满且得到外部强权支持的欧洲大多数人民,诚为力所难及之事,若勉力强行,则只能使相当大比例的德意志青年军事化后分散驻扎于欧洲各地,震慑各地人民并随时敉平反抗。此一必出的应对之策会导致三个可能动摇新秩序的后果:其一,民族等级制的压迫性质使反抗长期化、常态化,即使纳粹德国能以较小的代价镇压每次反抗,但长此以往,仍会不可遏止地耗竭德意志人的财富和鲜血;其二,反抗的加剧要求纳粹德国的管制和军国主义化的升级,导致德意志人生活负担加重、服役时间延长、精神生活单调甚至客死各地的反游击战战场,慢慢地

---

[44] *Memorandum by Mr. Eyre Crowe*〔*The Crowe Memorandum*〕, January 1, 1907; G. P. Gooch, Harold Temperley, *British Documents on the Origins of the War*, Vol. Ⅲ, London, 1928, pp. 405-419.

德意志人对这一纳粹意识形态设定的"主宰民族"也会怀疑、厌倦纳粹党的统治；其三，大量德意志青年分散部署于欧洲各地，致使纳粹德国必须像应对"二战"时本国男性走向战场造成劳动力短缺一样大量使用非日耳曼人劳工并承受人口出生率下降的代价。如此一来，传统意义上的大德意志帝国这一纳粹德国的核心地域便不再是纳粹党宣称的那样是只属于德意志人的民族家园，即便纳粹德国将非日耳曼人劳工视为劣等民族，但终究不过是重演蛮族在罗马帝国的土地上开始被歧视却终成罗马帝国掘墓人的历史戏码。[45]而人口迁徙的方向也会从理论设计的德意志人迁到非德意志人土地并使之德意志化变为实际上的非德意志人迁入德意志人的传统居住地。

　　第三，纳粹文化意识形态先天地植有矛盾的种子，降世时便患有较难治愈的先天病。纳粹党是利用附着于民族主义意识形态上的理想主义煽惑性赢得了德国民众的支持而上台，然而纳粹意识形态的理想主义光芒与英美的自由主义、苏联的共产主义相比局限性最大，难以与两者作长久的世界性竞争，因为纳粹主义的光芒只施及一个"优等种族"，后两者至少在理论上关照大部分人类。[46]纳粹党人还反复声称，他们投身战争是为保卫欧洲文明，但恰是纳粹主义削弱了欧洲文化中的贵族积淀、人文主义、人道主义、自由主义甚至宗教传统（纳粹党主张限制基督教）等主流成分，只抓住了权力意志、英雄人格、尚武精神、注重荣誉等一鳞半爪；更造成了辉煌灿烂的德意志古典文化的衰落，此种衰落是在斯宾格勒（Oswald Spengler）断言的"西方的没落"上的进一步庸俗和贫乏，甚至反

---

　　[45] Edward Gibbon, *The Decline and Fall of the Roman Empire*, London: Chatto and Windus, 1986, pp.429-530.
　　[46] [英] 杰弗里·巴勒克拉夫:《当代史导论》，张广勇、张宇宏译，上海社会科学院出版社2011年版，第142-167页；[德] 弗里德里希·迈内克:《德国的浩劫》，何兆武译，商务印书馆2011年版，第99-104页。

映在了斯宾格勒本人身上,虽然仍保有表面上诸如火炬游行式的壮美形态。[47] 而一个文化软实力不断衰退的帝国终将无力继续世界性竞争,无论是热战还是冷战。

综上所述,即便纳粹德国侥幸建立起稳定的欧洲新秩序,最后的竞争结果也与实际的历史结局相去不远,即纳粹主义在三大政治意识形态的竞争中率先落败,而代价同样是欧洲中心地位的丧失和侧翼大国取而代之主导世界政治。

六、结论

本文对纳粹德国世界秩序的研究具有很强的创新性。中国学界对英美自由主义世界秩序和苏联共产主义世界秩序的构想和实践都作了较充分的研究,对其国际政治经济后果也作了较充分的研讨,对纳粹德国欧洲新秩序国内层次的政策和后果也有较全面的认识,唯独对纳粹德国世界和欧洲体系层次的构想、实践和后果几乎没有研究,本文在这方面作了拾遗补阙的工作。

本文采用国关理论框架下的历史理解和思想史理解相结合的研究方法揭示出,纳粹德国设想的世界秩序是由纳粹德国领导的欧洲新秩序、日本领导的大东亚新秩序、美国领导的美洲或曰新大陆新秩序、英国领导的大英联合邦几大区域性帝国联立的世界体系。而从"二战"前主要由主权国家组成的世界体系导向区域性帝国联立

---

[47] [德] 约瑟夫·戈培尔:《莫扎特逝世 150 周年纪念演讲》(1941 年 12 月 4 日)、巴尔杜尔·冯·席拉赫:《德意志帝国莫扎特音乐周开幕音乐会上的欢迎词》(1941 年 11 月 28 日),转引自 [英] 艾瑞克·莱维:《莫扎特与纳粹:第三帝国对一个文化偶像的歪曲滥用》,杨宁译,广西师范大学出版社 2017 年版,第 288-299 页;[德] 奥斯瓦尔德·斯宾格勒:《西方的没落》,吴琼译,上海三联书店 2006 年版,第 13-50 页;[德] 弗里德里希·莱克:《绝望者日记:纳粹德国时期的政治与社会生活》,何卫宁译,新华出版社 2015 年版,第 1-5 页;[德] 弗里德里希·迈内克:《德国的浩劫》,何兆武译,商务印书馆 2011 年版,第 5 页;[德] 维克多·克莱普勒:《第三帝国的语言》,印芝红译,商务印书馆 2013 年版,第 44-50 页;[英] J.M. 里奇:《纳粹德国文学史》,孟军译,文汇出版社 2006 年版,第 75-127 页。

的世界体系的进程集中体现为亚历山大·温特的结构建构主义理论中的霍布斯文化结构下的四种趋势。纳粹德国将注意力集中于建立欧洲新秩序。欧洲新秩序的核心是地理空间上大为扩展的、已达洲级大国规模的德意志帝国，该帝国也是欧洲体系的中央权威国，领导体系内的行为体，削夺原国家行为体的主权，并使各行为体按种族和民族的标准排列等级，再根据等级排列确定经济分工以重塑欧洲经济秩序。这一切使欧洲体系从无政府的主权国家体系转变为民族等级制体系，但该体系始终蕴含着自身较难克服的并可能致其失败的内在紧张。

纳粹德国的世界秩序虽然短命且未获充分实践，但清晰地认知这一世界秩序构想及其短暂实践能使今人洞悉纳粹德国如果获胜后世界会被如何组织及其国际政治经济后果。这可使当今中国撷取更多的历史智慧，辨明把中国类比为纳粹德国的论调是错误的，认清当代极右翼、新纳粹意识形态的国际秩序诉求和后果。

麦金德论地理和地缘政治

文学名著的翻译鉴赏

人力作为衡量民族国家和帝国力量的标准[*]

[英]哈尔福德·麦金德　著　刘文娟[**]　译

当前正在进行的重大讨论中,不时要求参与者从模糊的统计数字转向他们背后的现实生活,这是否可以有所帮助呢?像运用数学一样,做统计时,每次计算当然有一系列前提假设,而结果也只在假设范围内是正确的。我们可以设定一个国家的人口,简单地将其定在几百万人,但无法借此衡量它与其他国家竞争中的实力,因为这种衡量的前提是每个人的能力完全等同。我们可以确定一个家庭的纯粹货币支出,却无法借此判断它的相对幸福程度,因为这种判断的前提是每磅支出的效果完全等同。很少有表述中的假设比用金钱衡量的进出口总额更大,但有多少争论正是建立在这一假设之上呢?且不论那些细小的错误,核心问题在于大量结论不是往往毫不怀疑地认定,贸易量就是足以判断国家安乐程度的指标

---

[*]　本文是麦金德在 1905 年 2 月 3 日,受"同胞俱乐部"邀请而作的演讲稿,初次发表于《国家与英语评论》(*National and English Review*) 1905 年第 14 期。

[**]　刘文娟,北京大学国际法研究所硕士研究生。

吗？换言之，我们不是时常处于"将政策建立在对生活方式的思索，而不是生活本身"的危险之上吗？

我建议我们把关注点从价值，甚至是从财富上移开，放到人力的产出上，这是财富用于支付的燃料之外的东西。

问题可以通过两种进路进行探讨。我们可以从对人力来源的抽象讨论开始，进入到真正的经济政治环境。或者从探究英帝国和其他帝国开始，在分析中逐步建立原则。若你们允许，我选择了后一种路径，因为它更有可能得出实际结论。

英帝国包括了英伦诸岛和海外统治权。这一现实是在帝国竞赛中形成的，国民集中在这几座岛屿上，其他土地却少有人定居，岛屿中的一些地方还居住着大量外族。大多数帝国中，统治者都已经从原始居住地逐渐分散到了邻近的土地上去。这一过程中，征服者往往会失去自由，而被征服者则或多或少地被他们的主人同化吸收。就像罗马人在罗马帝国中解体，留给后人的则是在统治和自由之间的两难选择。但英帝国独一无二，她的主要岛屿和海外领土之间有广阔的海洋。这点可以同时带来优势和弱势：一方面，由于没有过渡社群的存在，导致海内外共情度难以提高；另一方面，它保存了帝国核心的人力，使其不被稀释。因此，这在某种程度上可能刺破征服者与被征服者这样的粗糙对立；但相应地，这也必然要求为出国执行帝国统治任务的人员提供自由的教育。帝国在人力上的首要资产就是4200万岛民，或许还要加上岛外约1000万有共同血统和宣誓效忠的人。

除了与世隔绝，现代英国最重要的资产在于海上力量，包括商业和军事实力。帝国拥有9000艘蒸汽船，平均每艘总吨位近2000吨，有覆盖整个海洋的复杂电报系统和补煤站点，世界最好的蒸汽机用煤炭，还有规模堪比其他两三个国家之和的军事舰队。这种海上实力的特殊实质就是人力经济。相比于陆军，英国海军中物质资料的占比远高于人员（把舰船制造人员算上也依然如此），但海上力量的远距离攻击能力和机动性使其效果增强了数倍。海洋是永远畅通的道路，枢纽随处都是，而开拓和维护都无需付费。但海洋经济效果的充分发挥，只在进攻型战略下才能保证。防御意味着在所有可能被攻击的地点设置被拴在海岸边的战队，和足够在贸易路线上巡逻的巡航舰艇。经济安全要求战舰可以攻击或限制敌人，巡航舰艇要追击有敌意的舰只。这时候，国家不用每间屋子都安排警卫，只要保有一支警力，将强盗从人民中驱逐出去即可。这一原则当然也意味着，舰队规模和要保护的利益之间并没有必然正相关。只要摧毁或消灭了敌人，就可以把海洋解放出来，对所有大小船只平等开放。随之而来的，则是我们舰队的规模和部署位置要根据潜在敌舰的力量来决定。这些都是海权的一般原则，但它们衡量的是它的经济性，也等同于人力的倍数。

我们绝不能认为力量——即使是专门的战争力量——只有在战时才能显出效果。想想过去十年间的历史。不必特别沉默，对我要提及的这些事国际领导者们确实没有多少热情。对他们的讨论和询问不必抱有太多敌意，就像对商人的财富、信誉这些问题的调查一样。我们在冲突中衡量力量，在交易中衡量价值；但我们并不交易所有判断过价值的东西，也不会在每次力量对比时都进行战斗。现代世界最大的成就之一就是用于力量评判的信用体系的完善。过去十年间，大英海上力量是其他各国总实力四倍的事实，让我们没有经历战争就获得了帝国地位。我们在古巴战争中保持中立，同时通过支持门罗主义获得了美国在布尔战争[1]上对我们的善意。在法绍达，[2] 我们成功阻止了法国对非洲的控制，但不应忘记的是：所向披靡的海权也是我们当前与法国友好关系的基础，它保障着整

---

[1] 指第二次布尔战争。——译者注
[2] 1898年，英法两国为争夺非洲殖民地，在苏丹法绍达发生冲突。——译者注

个海外帝国，最近还扩张到了摩洛哥。在南非，以公开的事实为例，德国占领了东西海岸，条状领地延长到赞比西河。这明显是个帝国的未完成体，通过德国政策的合法执行形成，也是为了阻止一些意外情况。而这些意外，因为英国舰队维持住了南非战争的平衡，而被阻止。换言之，力量在缔结国际友谊方面的价值并不比在冲突中低；而这两条路上，适当的力量都有助于和平。毫不夸张地说：英帝国的现有力量使得局部战争足以引发整个国际体系的变革。

这里还有一个重要事实需要补充。由于印度远离大不列颠岛，我们当然无法在没有海上力量的情况下保有它。但我们在印度洋上，不过是一支警察舰队。另外，除了马达加斯加、苏哈里海岸的一部分还有马里群岛，那片海洋的所有海岸都是我们的，或在我们的保护之下。没有任何其他强大势力的主要领土有这样的大前方。我们公布的波斯湾政策是为了防止对这一现状的改变。很明显，一个国家有两种方式来维持其海上力量在自己未拥有领土的沿海部署舰队；我们在地中海就一直维持这种情况。或者放弃舰队控制海岸；但这样就必须时刻准备在内陆进行战斗。换言之，印度西北前线的军队也是为了帮助维护印度洋的英帝国海上力量。如果这支军队被强大陆上力量击败，而胜者要进一步在南亚建立海军基地，我们就需要在印度洋增设一支舰队。英帝国在印度的陆上力量和在大西洋上的海上力量是一体两面的。占有印度不仅保障了我们对广阔市场有开放的大门，同时让我们拥有一支军队并省去了一支舰队，而这些都是因为大英启用锡克教徒和廓尔喀人，让他们成了人力的一部分，保障了她在海洋和印度本土的帝国地位。日本在占领朝鲜半岛和亚瑟港之时，目标也是通过清除其本土敌人的基地来控制海洋。在设置强大舰队和防卫性策略的同时，她还倾向配置数量刚刚足够的舰只和同时具备陆上作战能力的军队。或许有一天，我们在印度需要比南非战争时期更大规模的人力，但这不是为了印度事务，而是为了维持我们对海洋的控制。

即使对于内陆国家，纯粹海洋策略也是可行的，但这需要当前的国际条件，这些条件正在逐渐消逝。地处内陆和拥有海上力量之间没有必然联系，只是沿海国拥有专注发展一面的机会而已。当前，所有强国都在组织舰队，最终大陆一半的国家会比岛屿更有资源和人员。我们对荷兰和葡萄牙的政策中，考虑了这一危险，并用了日本处理"满洲国"的方式处理印度。无论最终会怎样，世界霸权都不能把自身力量限制于海洋，也必然不能把人力资源全部发挥在海权经济上。

一个强大的海洋力量正在大西洋上迅速崛起。它在太平洋和周边海峡中建立基地，即将开凿巴拿马运河，也正在建立舰队。与这一强权建立平等的联盟关系是个很有吸引力的想法，但形成联盟的前提得是我们的力量不亚于对方。几年前，我们改变美国的民族情感，使其支持我们，凭借的是意志，更是实力。我们也不该忘记，我们获得美国支持的条件是支持门罗主义，也就是帮美国把欧洲势力逐出南美地区。我们在将德国封锁在欧洲境内这点上帮了忙。

通过支持日本，我们还把俄国困在了欧亚内部。契科夫王子证明了，单条未完成的劣质铁路也可以帮助敌人完成运输工作。亚洲不久就会建成铁路网。从目前情势看，铁路会将俄国作为尽头，但未来中，我们的印度很有可能要在路上面对联合起来的敌人。半个世纪前，在俄国面对的海洋上，它的敌人曾联合过。[3]

西利说"我们一不小心建立了一个帝国"，看过去，这或许是真的；但说这个帝国不知如何占据了维持一个紧密、均匀的有机体的成长所必需的领土，就不那么真实了。大英帝国绝对不仅是人民

---

〔3〕 大陆上铁路建设带来的陆权和海权关系的转变问题，我在去年四月地理杂志发表的《历史的地理枢纽》一文中曾经讨论过。

的偶然聚合。加拿大的未来很可能在太平洋而非大西洋，因为在太平洋方向，它有更广阔的麦田和森林，也没有冰冻区。这样一来，我们可以把加拿大、澳大利亚和南美洲看作土耳其国旗上的新月，而那颗星就是印度。我们一般会把他们当作一系列海军基地，而不只是一个个站点。但它们也是潜在的白人人力库，可以用以保护印度群岛，同时顺便牵制我们那些正在建立舰队的陆上对手。埃及在这一意义上可以视为印度群岛的一部分；至于土耳其，像俄国和德国一样是大陆国家，不可能缺乏铁路正在调动的天然而狂热的人力。

我们无法派战舰进入叙利亚，但控制苏伊士运河的陆上势力或联合势力却可以掌握世界最中心的海军。因此，殖民军队前往萨瓦金（苏丹北部城市）为英国提供帮助，并支持她在尼罗河上建立军事霸权，就不仅仅是参与一场英国地方战争，而是在支持帝国的海军力量，其意义毫不低于在南非的战斗。

我的目标并非进行预测，只是想说明当前的军事活动使我们很难长期依赖舰队经济维持孤立的海权地位。在有限责任原则之上，世界地位和财富难以获得永久保障。我们或许还有一代人的时间，因此必须提高白人人力的数量和效率，并以此吸引有色人种人力，让我们的友谊具有联盟的价值，让敌人在我们的力量面前退缩。这里提出的永恒斗争概念无疑会引起许多人（尤其是那些追求逐渐消除一切国界的普遍慈善事业的人）的反对但我们不能忘记，世界曾拒绝过我们1846年提议的商业和平。自由贸易者们的慷慨理想会永远照亮我们的历史，但从外国视角看，他们只是在为全球帝国服务。俄国建立神圣同盟也是在做同样的尝试，她的武器是专制主义和军事主义，我们的则是海权和资本。在1846年的普遍自由贸易世界中，我们的伟大工业使我们成为全球制造商和资本持有人，其他种族为我们劳作。用亚当·斯密的话说，他们睁开眼看过后，更愿意对抗财富。而且，拥有和谐独立的人民、维持合适比例的工业和农业，谁能说这样的理想就比从属于英帝国的资本、工业世界都会要来得低呢？无论如何，如今民族主义当道。所有的武器，无论是商业、教育还是军事，都要为这一事业服务。一旦有了民族主义这一理想，对于德国这样的国家，对抗法国、俄国的军队，反抗英国和美国的资本，就成了比求富更伟大的事业。我们也不能言之凿凿地说自由贸易的英国就比她的保护主义的对手更爱好和平。对比之下，发动战争是为维持境外市场对我们的出口、投资开放，还是为保障自身市场对境外竞争者关闭，并不重要。没打起来的四场仗，都涉及了英国海外市场受到威胁的情况。

　　结果会怎样？在我看来，要在与财产所有权相关的公约中，做出合理的取舍。如果世界的效率只能在竞争中维持，那么竞争就该存在，人类的全部能量也该在竞争中被测试。过度军事主义无疑会自我摧毁；过度商业主义，乃至任何方向的过度发展都是一样。正确的政策是清醒地建立目标，寻求获得最大量、最全面的人力资源——包括体能的，智识的，道德的。将这一政策运用到英国，就会倾向于协调对内对外政策，而这些政策曾经经常受相互矛盾的理想所动摇。对外，可以通过联盟节约人力，通过培植白人殖民地来增加人力资源，在印度群岛以有同情心和想象力的方式进行治理；以在海洋和陆地之间的审慎平衡政策来消解有敌意的人力。在国内，不仅教育、住房、行为禁止等方面的立法要与这一目标接轨，某些被提出的对特定阶级有好处的举措也要如此。最低工资的想法，在其工会制度和社会主义的根源之上，是受节约人力的想法所启发。所有重大的雇佣规则问题，无论因为境外竞争、贸易纠纷、原材料短缺，还是雇主失败，都涉及固定在人身上的资本的严重事故，换句话说，都是人力的"崩坏"。我们的极端分工体系使得人们在面对曾经微不足道的变化时变得无助。

可贫民窟是我们国家人力上的废料堆吗？谁能说清我们有多少男人女人在技能被淘汰之后，衰落到了下层阶级，并"失去了希望和品德"？无疑，适当的竞争有刺激作用。

在所有过程中，一些损失也无法避免。但我们需要小心对待我们在这些人力损失之上建立的收获，因为一代人要三十年才能长成，而罪恶又会延续到第三代、第四代。在这些事上，我们要抱持长远视野，不管在纯粹内阁政策问题中短视选择看起来有多明智。通过吸取耶拿战争失败的教训，普鲁士为两代人之后的色当胜利做好了准备。

一国的真正实力在于其工人、思想家、战士和母亲，我们国家累积的财富总量只是年收入的五六倍，这其中还没有计算母亲们的工作带来的价值。帝国建设者们在国内和殖民地要展示他们与财富相比更重视人力的态度，这样我们的群众就会学着重视帝国，因为帝国保护他们生而为人的尊严。在这种态度中，半自觉地存在着殖民地自由主义与保护主义，驱逐有色人种与帝国主义之间的和解。但就进出口关系的问题而言，从人力的角度看，我们赖以生存的工作是至关重要的。比起食物，我们肌肉和精神的活动对我们的性格和体质有更强的决定作用，食物只是提供最基本的营养而已。我们熟悉的经济上进口比出口重要的共识是靠不住的。就国际贸易而言，出口的类型可以判定我们工业制度的优劣，进而可以判定我们人力的质量；而可见出口与不可见出口之间的比例，体现的是工业中商业利润和金融利润的关系。从这一角度来说，在对包括帝国各部分之间贸易的合理税收控制上，还有很多可说的。一定时间，或许两三代之内，我们的政策可以正确地把国内明确发展工业、殖民地以农业为主导作为目标，但帝国内部的完全自由贸易可能造成工业与农业之间的不健康隔离，而这是一种早已被其他国家所拒绝的倾向。作为帝国主义者，我们应当做好准备，[4] 欢迎英国第一艘在新斯科舍省或新西兰建造的军舰。

国家效率要求在国际平衡中拥有足够的力量。帝国是在境内施行人力经济的直接动力。然而作为一个小国，我们要如何根据统计数字安慰自己，说我们可以维护自身呢？自然是无情的，我们必须建立足以与其他国家相抗衡的力量，不然就要成为默默忍受的国家中的一员。

摆在白人殖民地面前的选择，和母国也是一样的。若有人因为我大量使用"力量"一词而不舒服，那么让我提醒他，愿意奉上另一半脸颊的最虔诚的基督徒赞美的也不是软弱，而是爱控制的力量。

世上是存在这回事的：以力量实践善行。

---

[4] "社会经济学"这一说法正在形成一种模糊的暗示，或许还不十分清晰，但正是反对这里提到的财富经济学；但在我看来，这一学说的许多支持者未能看到国家政策的整体。当然，在社会建构工作中，没有什么动机能比让一个国家在世界权力平衡中保有自己的地位，并履行帝国对托管领土的职责更好。

地理学与历史学[*]

[英] 哈尔福德·麦金德　著　刘文娟[**]　译

先生，你们的通讯记者，沃伦德（Warrand）少将的说法是一种对地理教育问题根本的普遍误解。他反对将地理纳入军队入门考试的独立科目，他呼吁历史和地理应当作为一个科目共同教学。这种观点的基础恐怕最主要是习惯，也是这种习惯导致了当前地理学的较低地位。

你们的通讯记者正确地指出了历史和地理的姐妹关系，但这并不代表二者是连体婴儿。二者间关系的价值就在于，维持二者相对独立的学科方法。地理学主要是物理学的分支；它的目标在于展示整个地球的地形、空气、水体之间相互影响的动态系统。也就是说，首要学科问题是通过地形控制气候，通过气候控制地形，并通过地形和气候控制生命的生存环境。这是纯粹地理学，它与地理政治学、地理经济学、地理军事学等学科的关系，跟数学与混合数学的关系是一样的。未曾学习地理学的精华就要将它运用到历史学

---

[*] 本文刊登于《时代》杂志1905年2月9日刊，第6页，是麦金德写给杂志编辑的信件。
[**] 刘文娟，北京大学国际法研究所硕士研究生。

中，是对两种学科的教育意义的共同破坏：或者地理学部分会由于未能从其基本原理开始讲述而被消解；或者历史学的因果关系链会被伟大的地理学插入语打断。你们的通讯记者引用了阿诺德博士的名言"给我一个国家的地理特性，我就可以告诉你它的历史"，即使这句话是完全正确的，也代表着这之前需要对地理学进行单独的、全面的学习。进一步地，在学习历史的过程中顺便学习地理，当然无法满足战略制定的需求，军队考试就是最需要探讨的领域。

我认为你们的通讯记者的观点当然违背了地理学专家们的共识。这一点尤其需要强调，因为当前改革已经由于其他学科的课程表、资金，还有既定兴趣点等受到了阻碍。

您真诚的 H. J. 麦金德

2月8日

人类的栖息地[*]

[英] 哈尔福德·麦金德 著　吴彤[**] 译

在这百年庆典之际，我们自然应该回顾从威廉四世以来英国科学学会所走过的道路。然而，就地理学而言，我们这个学科的历史与皇家地理学会的历史是交织在一起的。显然，该学会的杰出历史学家休·罗伯特·米尔博士，是把这段历史写入其大作的恰当人选。昨天，应我的邀请，米尔博士以其特有的幽默完成了这项任务。现在，我将为这个庆典致辞。

自皇家地理学会理事会成立以来，大约半个世纪过去了，有一些争议也随之出现：**如果要成功地改革地理教育，就必须把注意力从学院转移到大学**。这方面的改革，是从牛津大学开始的。我的回忆可以追溯到44年前，那时我作为高级讲师第一次开设讲座。我有三位听众，一位男士和两位女士。那位男士是位老先生，他自称通晓

---

[*] 1931年9月18日，英国科学学会（British Science Association）在伦敦召开成立一百周年纪念大会，哈尔福德·麦金德在会上发表了题为《人类的栖息地》的演讲，该演讲收录在《苏格兰地理杂志》（*The Scottish Geographical Magazine*）第47卷第6期（1931年11月），第321—335页。

[**] 吴彤，北京大学法学院硕士研究生。

瑞士地理，因为他刚刚从头到尾读过旅行指南。那两位女士则带了针线活来做。牛津大学现在终于通过选出具有独立地位和薪酬的地理学教授，来完成我的后续工作。在这段时间里，全国每所大学都开设了地理学课程。因此，牛津大学设立地理学教席的决定，是对这项全国性运动的认可，是国家发展的最高荣誉。牛津是举办盛会的最佳地点。伊丽莎白时代的理查德·哈克里特是牛津大学第一位地理学高级讲师，我则位居其次。现在，建议将地理学教席命名为哈克里特教席，正当其时。这光荣的时刻，将是对我们这个地理学科的前辈——历史学的崇高致意。

牛津大学决定设立新的地理学教授职位的同时，也宣布将在适当时候建立一所荣誉地理学院。这将不可避免再次引发有关这门学科内容的讨论，因为我并不认为牛津大学会仅仅满足于遵循外来模式。那些为了就地理学的正式定义达成共识而进行的枯燥无味、不厌其烦的讨论，都将为我们这些回首往事者所铭记。虽然现在可能没有人再对地理学的定义和范围感兴趣，最近这方面的显著进展却是在两者之间。但是，虽然一门指导荣誉学生学习的地理学课程没有明确规定，但也应该遵循某种统一的规则。在我看来，我们现在的一些地理学课程缺少这种统一的规定。

高等地理学研究和教学中出现的变化，并不完全出于学术社团和大学的主动作为，它在很大程度上是对公众需求的回应。历史研究或许对我们的自由教育传统产生了过度偏见，导致商界对受过大学教育的人的执行能力产生了怀疑。这些大学现在正把一些最好的学生送进普通商业领域，而不是让他们成为技术专家。这些人必须在保持把握现实能力的基础上，获得思想和表达的智慧力量。长期以来，他们的声望一直依赖于对人文科学的研究，依赖于对数个世纪的语言、历史和思想的运用。有教养的英国人不会低估历史。难道我们的法律不是建立在先例和不成文宪法的基础之上吗？难道尊重传统不是我们民族性格的基础吗？但是，现代理论认为，空间和时间是连续的。当我们的祖先认为上帝全能、永恒的时候，也说过同样的话。谁能说全能或永恒两者之中，哪一个是至高的神圣属性？**情同此理，我们为何不能像从历史学中寻求智慧一样，也从地理学中寻求智慧呢？**

米尔博士告诉我们，皇家地理学会的一个部门是在19世纪30年代成立的，其范围后来缩小到地质学和自然地理学，到了50年代，就必须为地理学的其他内容设立一个新的部门。这是一部精巧的外交壮举简史，或者直截了当地说，是一部盗窃史。直到19世纪80年代，在弗朗西斯·高尔顿、詹姆斯·布莱斯和道格拉斯·弗雷什菲尔德等人的领导下，阿尔萨斯才重新割让给德国。其他国家这方面的例子，恕不赘述。最糟糕的是，不少地理学家对自己有限的研究领域沾沾自喜。记忆犹新的是，在1887年，当我作为一名年轻的地理学革命者，宣读关于地理学的范围与方法的论文时，一名前排观众用航海语言低声轻笑。他是一个可敬的海军上将，也是皇家地理学会理事会的成员。19世纪90年代末，在牛津大学，赫伯特森和我提出了我们所称的区域综合理念。赫伯特森发表了关于主要自然区域的论文，我也编辑了《世界区域》系列书籍。在20世纪第一个十年间，地理学逐渐得到认可，开设了一些课程，并将这门学科从其他学科中分离出来。**我认为，自上次世界大战以来，地理学的发展获得了新的动力。**

在探求一种能使地理学家目标统一的原则时，不要以为我是在一意孤行，生拉硬扯地把表里不一的各种因素凑在一起，以证明建立地理学科的合理性。**建造在沙地上的房屋是站立不住的。**但是，我们这些地图爱好者都意识到，在地理学的某些方面存在着一种基本统一性，尽管我们所知甚少。我们的难题，不就是如何把这门学科的地理和人文方面结合起来吗？问题的提出本身，就意味着向问题的解决迈进了一大步。难道不是地貌学的诱惑在误导我们吗？我并不完全认同哥伦比亚大学道格拉斯·约翰逊教授的观点，他将地貌学绝对地排除在地理学之外，然而，我只是把地貌学视作地理学的次要因素，而非主要因素。在我看来，正如目前它所发展的那样，地貌学是具有内在统一性的独立学科。我们许多地理学家由于执迷于其专业兴趣，从而无视这样一个事实，即作为地貌学家，并不处于地理学研究的中心位置，而是处于边缘。我甚至想说，他们为了摆脱奴役，抢劫了埃及人和地质学家，并在荒野中度过了一代人的时间，因为拥有不义之财而受到诅咒。

到底是什么让地球表面有了如此独特的魅力？当然不是它死气沉沉的地貌，月球上也有山，也有过去的遗迹。笼罩地球的流体、水和空气之间的循环交流、物理反应和化学反应，以及它们与地球生物的联系，使地球表面产生一种几乎与生命本身相似的活力，难道不是这样吗？是生动活泼的生命，还是生命的遗迹，两者之中哪一个是地理学研究的基础？功能和形式，何者更为优先？我承认，在我早期的著作中，常常误入歧途，被阿奇博尔德·盖基的地质学教科书所吸引，其中描述了岩石基体与其表层形状的对比。似乎前者属于地质学，后者属于地理学。**在我看来，当代地理学关注的重点应该是水体，而非岩石。**

请允许我引用一位我所认可的天文学家琼斯的观点。这段话摘自琼斯的大作《我们周围的宇宙》。为了在保留其权威性措辞的同时概括其论点，我冒昧地对原文顺序进行了重新排列：

"过去认为，浩瀚天空中的每一个光点，都代表着可能的生命家园，这种观点对现代天文学来说是不可思议的。到目前为止，宇宙中大部分物质的温度都在数百万摄氏度。由于生命的概念本身就意味着时间的持续，所以，如果原子每秒数百万次地改变其组合，就没有一对原子能够结合在一起，那么，就不可能有生命存在。它还意味着在空间中具有一定的流动性，这两种影响将生命现象局限于具备液体物理条件的很小范围内。据我们所知，除了像我们的地球这样围绕太阳旋转的行星外，没有任何一种天体的条件适合人类生存。在宇宙罕见的行星系统中，许多天体完全没有生命迹象，至于其他生命形式，如果存在，可能也仅限于极少数行星。如果生命要获得立足之地，行星就不能太热或太冷。我们无法想象，水星或海王星上存在生命：液体会在水星上沸腾，会在海王星上凝固。数以百万计的恒星寂然存在，毫无生机。即使是最乐观的估计，生命也是仅存于宇宙的一隅。"

对于这种说法，我认为，地理学家应该摆脱历史学家和地质学家常常强加于他们的那种自卑感。**有水圈的行星是一个独特的研究对象。地球的重要性不仅在于主观认识，而且在于它是我们这些研究者的栖身之地，无法忽视，发人深省**。我们似乎可以把地球与化学元素中的镭作些比较。如同极微量的镭元素激发了普通原子中存在的能量那样，地球的水圈在极其罕见的条件下让生命变得活跃，而宇宙中的其他地方并不具备这样的条件。

三年前，我在剑桥国际地理学大会上的讲话，对地球的水圈进行了解释，请允许我在此重复：

"……水圈，是指涵盖地球的所有水体。它聚集在海洋，消失于空气，凝结在云层，或如雨雪飘落，或如冰川缓行，或在江河奔流，或在地下渗透，或作为植物的汁液升腾，或作为动物的血液循环。水圈尽管在沙漠上和沙漠中有一些稀薄的地方，但可能没有完全的空隙。如果剔除其他一切物体，水圈就是一个巨大的泡沫。此外，水圈在功能上是一体的，只要有足够的时间，每一个水滴都可能取代其他水滴，从海洋出发再回归海洋。显然，生命，尤其是人类生命，只有在水圈范围内才有可能存在。在纯粹的自然地理学中，90%的研究过程依赖于水的物理性质。一个值得注意的事实是，在地球表面温度变化不大的范围内，存在着水的全部变化形态，以及由高比热流动、大潜热释放和吸收所产生的一切后果。大气所表现出的气候差异，主要取决于所含水分的多少。在太阳能量的作用下，水是由地球内部能量所引发的固体形态的主要塑造者。没有水，就没有农业，也没有煤矿和铁矿。即使是人类，也必须靠自己的汗水来谋生。"

有必要在此补充说明的是，我在主张把水圈视作地理学研究的中心议题时，并没有忽视在最近地理学讨论中大出风头的岩石圈的重要性，也没有忘记大气层中风和氧气的作用。如果你愿意，我们将把地理学研究的对象，扩大到岩石圈和大气层中被水圈渗透的部分。显然，一个干燥的岩石圈和一个干燥的大气层，将呈现出一片仅有裸露甚至尚未风化的岩石的景观，以及一片仅有一个个风成沙丘的贫瘠沙海。当我们想到数以百万计的恒星"表面温度都在1650 到 30 000 度之间"（琼斯所言）时，在漫长的地质时代，地球表面温度的小幅变化能够允许水圈的存在，这是多么不可思议啊！

我现在谈谈生物地理学，因为这是我们的困难所在。生物地理学的基本单位是自然区域。除了栖息地或环境的概念外，自然区域没有任何意义。赋予它意义的是，无论你是接受先天特性的遗传，还是仅仅相信自然选择，物种都起源于本地品种。非洲大象无疑是单一的杂交物种，但是，非洲西部热带雨林中的大象与东部高地的大象品种有所不同。山地大猩猩和森林大猩猩无疑也是如此。对于种类繁多的蝴蝶来说，情况更是如此。现在，将一个本地品种认定为一个物种的依据是，该品种不应由那么多个体组成，而应属于一种单一血统。为了方便起见，请允许我使用"血统"而不是"原生质"进行描述。

让我们首先以人本身为例来说明这一点。英格兰人是智人的本地种属。今天，大约有 4000 万人居住在一个可以称之为英国平原的自然区域,这是因为那里很少有人生活在超过海平面600英尺的陆地上。事实上,我们每个人都是自己双亲的后代,这就意味着:如果你回到诺曼征服时代,我们每个人现在都有6000多万个祖先。但在当时的英国,人口只有200万。如果我们假设婚姻市场是流动的,那么,我们每一个在世者的先祖,都是征服者时代200万人中的一员,他们每个人都有30个不同血统的后代。当然,婚姻机会流动性的假设并不完全正确,而且,尽管过去林肯郡可能很少与汉普郡通婚,但是,林肯郡却与北安普敦郡通婚,北安普敦郡与牛津郡通婚,牛津郡与伯克郡通婚,伯克郡与林肯郡通婚。从亨伯河到南安普敦水系,有一种社会连续性。因此,严格地说,当代英格兰人是单一血统,尽管有些地方的血统更纯。然而,英吉利海峡或北海附近,则存在法国和荷兰血统,这是数个世纪以来血统混合的结果。英国平原的另一条边界是沿着威尔士边境划定的。1265年,西蒙·德·蒙特福特在附近的伊夫舍姆战役中遭遇了致命的失败,他麾下习惯吃面包的英格兰士兵叛变了,因为他们的内战盟友威尔士人只能给他们吃高地的肉和奶(阿曼所言)。数个世纪以前,英国人的血统和语言,逐渐地在适宜农耕的英国平原上繁衍开来,直到在威尔士高地边缘遭遇强烈抵抗。这种停顿不仅是因为威尔士人的抵抗,还因为英格兰人从农耕生活突然转为游牧生活的不适。毫无疑问,从那以后,英国平原和威尔士高地边境上有过一些血统混合。但是,让人惊奇的是,除了当初随着英格兰人穿越英国平原而形成的种族混合之外,血统混合的情况十分罕见。直到今天,种族之间的界限还是相当明确的。你还记得莎士比亚笔下莫蒂默的心声吗:"这就是我恼怒怨恨之所在——我的妻子不会说英语,我则不会说威尔士语。"但那是一场准王室的婚姻,而王室的血液是一种珍贵的液体,非常具有流动性!

因此,在英国平原上,我们有一个典型的自然区域,迄今为止，气候和土壤相互适应，这有利于内部的社会连续性，并且因其充分的自然条件阻碍了异族通婚，以免破坏这种社会连续性。在这片自然区域内，我们拥有英格兰人的血统，数个世纪以来绵延不绝，流淌在我们这一代 4000 万人的身体中。孤悬海外的英国人是无数拥有不同血统和汁液生命体的典型，各地各种动物或植物体内的每一种液体都是其生命精华。**气候和土壤的连续性和间断性决定了物种的起源，其能量来自于水分，其作用不亚于生物体中的水分，它们都是水圈现象。**

　　自然区域这个概念不仅出于表述的方便，从其根源和效果来看，它是一个基本事实。首先考虑它的根源，无论是地势较高还是地势较低，它都有一定的面积或扩散，其最终原因在于液态水的表面是平的。形态循环的概念作为地貌学专业术语，是基于所有地貌都会逐渐下降到水平的假设。在平原地区，无论是表层剥蚀、海洋侵蚀，还是沉积物沉积，这种扩散的水源性是显而易见的。但在不久前，就地貌特征而言，相对独立的自然区域边界的形成，还几乎普遍地被归因于地球面积的缩小。现在另有新的假设：大量的山基地层堆积记录和重力观测的均衡性研究表明，地壳隆起的水源性程度不亚于陆地退化。大陆板块如同漂浮的花岗岩石筏，漂浮移动。它们漂浮在较重的玄武岩层上，除了某些局部隆起外，只有在深海底部才能抵达岩石圈表面。不断流动的海水冲平了高地，并将这些冲积物分布在广阔的低地和大陆架的浅层海底部。因此，大陆筏的宽度受到上浮和下沉两种不同应力的作用。在某些情况下，大陆板块结构会发生弯曲，沿海岸的海平面会缓慢地调整；在其他地方，沿着上浮区和下沉区之间的轴向运动带，以褶皱、断裂、剪切的方式进行造山运动。无论这些观察和推测的细节如何，似乎很有可能的是，至少在目前和最近的地质时代，陆地板块的上升不亚于土地的破坏、陆地边界的扩张不亚于自然区域的扩展，这都是水圈的作用。在本次讨论中，我没有涉及海洋自然区域的特点，它们显然也是水圈现象。

现在探讨自然区域存在的后果。我们可以想象一个没有确定的自然区域的世界，在这种情况下，低地成为连接肥沃地带的广泛网络，火山锥之类的孤立山峰和液态水聚集而成的无数小湖泊，星罗棋布，点缀其间。在这样一个世界里，由于据以分离和固定当地物种的血统没有中断，很难出现和繁衍大量不同物种，也不会存在成熟物种主导的广泛统一区域。有朝一日，在知识条件具备的情况下，生物学家和地理学家也许会分门别类地合作展示我们这个世界的物种目录：连成一体的海洋，一大三小的四块大陆，数幅辽阔的平原和高原，数条高分水岭山脉，许多小岛屿、半岛、峡谷、湖泊、绿洲。当然，以往地形的动量效应也必须考虑。

水圈有两大特点。首先，**水圈传递和储存能量，而非能量的来源**。水圈的能量大部分直接来自太阳，或者由生命控制（为方便叙述，我们把月球的潮汐拉力和太阳的能量视为一体）。**生命的地理意义在于其群体作用**。珊瑚形成珊瑚礁和树木变成煤炭的情况，让这种事实显而易见。的确，生命本身就是被众多流动的个体所承载。高等生物因本能而选择群居。他们会被彼此交流的观念所吸引或排斥。凡是观察过鸟群飞翔的人，都不得不同意这种说法。加大拉的猪群是另外一种情况。在人类事务中，银行的挤兑、部队的行军、运河的开凿都具有可比性。

其次，**水圈是一个封闭的系统**。事实上，水圈是一个液态的或者不断变成液态的球体，并且据我们所知，其水体的总量并无明显增加或减少。因此，它是单一动态系统的媒介。尽管水圈液体表面的上升和下降及其气态和固态转换弱化了系统内部弹性，但在系统内部发生的任何事情，都不会对其他方面产生影响。理论上，没有那个海岸岬角因为海流的冲击而改变形状，但是，世界各地的海岸开始了一系列连锁反应：海流改变海岸岬角的形状，海岸岬角对海流起反作用。这句话意味着，无论它们在地球表面的距离多么遥远，每个自然区域都是其他自然区域环境的一部分。由此也可以断言，地理学专业思维的最高视野，包括整个世界。地理学家吸收天文学家、物理学家、化学家、地质学家、生物学家、历史学家、经济学家和战略家的专业研究成果，纳入其动态研究系统，形成其自然区域，并最终融入其世界观。

我在非洲的时候，曾见过一个巨大的起伏斜坡，上面覆盖着茂密的森林，颜色碧绿，在阳光下熠熠生辉。我走进森林，在里面走了一整天。当我走出来，回头看时，还是那片森林，然而在我看来，它已经不一样了，因为我现在可以欣赏它的质地了：我不仅看到了它的外在，更见识了它的内涵。训练有素的地理学家也是如此：他站在其他专业科学家的肩膀之上，穿越自己的自然区域，拥有对整个世界的全新认识和洞察。如果我没有弄错的话，在不远的将来，地理学家将对塑造人类的命运做出重要贡献。

在地理学家的世界观中，人类和人类栖息地的主要特征是什么？当然有两个，即东方和西方。让我来试着直面一些显而易见的事实。

季风席卷亚洲，是因为这片广阔的土地完全位于赤道以北。因此，作为一个整体，亚洲受到季节变化的影响。从印度到中国东北以及邻近的大岛，这片位于亚洲南部和东部的 500 万平方英里土地上，季风带来的平均降雨量每年大约为 18 万亿/吨。世界人口中有一半（约 9 亿）生活在这一地区的自然区域，大约每平方英里 180 人。因此，每个居民的年均降雨量约为 20 000 吨。该地区各自然区域之间的交往相当频繁，并有渔业发展。为了体现其区域完整性，让我们再为边缘和内陆海洋增加 300 万平方英里的面积。那么，这个地区将总共拥有 800 万平方英里的面积，约占地球表面的 4%，承载全球人口的50%。这里每年增长人口大概七八百万人，与此相比，移民出入数量很少。总的来说，我们这里有大量稳定的农耕人口。如果我用中世纪的法律术语表述，那就是："依附于土地的封建农奴"：这里雨水丰沛，人口众多，人们安土重迁，辛勤劳作。这就是东方。

西方包括欧洲和北美洲东部三分之一的地方，前者位于伏尔加河的南部和西部，后者位于密西西比河干流和圣劳伦斯河流域。伏尔加边界内的欧洲大约有300万平方英里，北美洲东部大约有200万平方英里。因此，西方这两部分的土地面积加在一起，相当于整个东方的面积。如果我们为渔业和包含欧洲和北美之间"航道"的海洋带增加300万平方英里，我们将再次拥有约占地球表面4%的面积，这是西方文明的主要地理栖息地。这个区域有6亿人口，也就是每平方英里有120人。尽管有海洋的阻隔，但从东北偏东到西南偏西、从伏尔加河到密西西比河的距离来看，这里仍然可以被看作是一个单独的区域。这个距离大约7000英里，也就是环绕地球一周的四分之一多一点。欧洲和北美东部陆地降雨的来源相同，它主要来自南方和大西洋，每人每年大约12 000吨。该区域每年净增人口四五百万，相比之下，流出移民的人数很少。在20世纪初的十几年中，每年有100万移民从欧洲迁徙到北美，这当然是该区域的内部问题。

因此，东方和西方这两个区域，约占世界面积的10%，栖息着80%以上的世界人口。在东方和西方以外的其他地方，约占世界面积的90%，人口仅占世界总人口的20%。这个东方和西方以外的区域，有大约4000万平方英里的土地，人口平均密度大约是每平方英里10人。相对而言，西方500万平方英里的土地上，其人口平均密度为每平方英里120人；东方500万平方英里的土地上，其人口平均密度为每平方英里180人。在东方和西方雨带以外的陆地区域，从撒哈拉沙漠的干旱到亚马孙河和刚果的洪水，雨水分布不均。但一个值得注意的事实是，在南美洲650万平方英里的肥沃土地上，人口密度仅为每平方英里10人，这是东方和西方以外世界的平均人口密度。**南美洲这一肥沃的空旷地带，也许可视为人类栖息地的第三大区域，它必须与东方和西方非凡而持久的内生性发展并驾齐驱。**世界人口增长每年约1200万人，主要是在东方和西方本土。移民迁入对外来人口增长的影响，相对来说微不足道。世界人口的主要增长，即人类血统的扩散，仅仅是从古代占领地区溢出到邻近地区，进入北欧和东北欧、北美东部、中国东北。除了北美和西伯利亚小麦带上相对狭窄的出口外，干旱和霜冻已经形成了自然边界。即使在北美洲，人口的中心也不再向西部移动。

在东方和西方这两个区域人口的持续增长中，其实际增长人数远远超过世界其他区域。尽管其他几大区域雨水丰沛，但我们有地理动量为例。这种动量虽然来自过去，在却是客观事实，是当代地理动态系统的组成部分。重复一个我在别处用过的比喻：如果我站在山顶上，对于我为什么在那里这个问题，有两个答案。第一个答案是岩石支撑着我，这是一个动态的答案；第二个答案是我爬到了那里，这是历史学或遗传学的答案。无论是回顾过去还是展望未来，我们的遗传学研究都应该从牢牢把握当前的动态系统开始。**训练有素的地理学家可以通过想象还原过去的地理，从而对地质学、考古学和历史学做出贡献。总之，地理学家可以研究历史的现场。**但是，无论他研究现在还是研究过去，他主要关注的是空间，而对时间的关注只是建立在一切事物都有动量的基础之上。**现在，来自过去，通向未来。**从力量平衡的意义上讲，存在一种复杂的动态表现，所有力量都以不同的程度起起落落。水圈的研究者关心水、植物汁液和生物血液，在太阳的能量和生命的能动性下运动。水圈循环系统所控制的一些形态相对稳定，比如陆地形态，但是相对而言，海流形态或地图上所描绘的平均降雨分布形态，就没那么稳定了。正如此前所述，甚至人口的分布也受到动量的影响，这种影响甚至超越了物质条件。

现在，让我们谈谈水圈与人类乃至所有生物能动性之间的一种可能关系。无论生命的本质是什么，它都能够对抗不断变化的环境所带来的盲目压力，并且只要变化不太剧烈，新的物种就会因为适者生存而出现。在生物面临的所有环境变化中，最普遍和最有力的影响无疑是由于供水量和供水方式变化所直接或间接造成的。让我举一个众所周知的事例加以说明：新生婴儿的脚具有一些抓握能力，并且能用大脚趾与其他四个脚趾相配合，这种现象可以解释为是我们生活在树上的四手祖先的象征。亚瑟·汤姆森爵士认为，在过去的地质时代，干旱的增加使森林面积逐渐减少，并迫使生活在过度拥挤区域的人口放弃了森林家园，被迫成为两足动物。由此可见，在与干旱和霜冻的斗争中，陆地生物的能动性被激发了。

人类社会的发展也是如此。例如，东方和西方的相同之处在于，在这两个区域的大部分地区，由于季节性降雨中断和冬季霜冻，植物的生长期被限制在一年中的某些月份。南美洲和西非热带森林的情况则并非如此。值得注意的是，东方的马来亚地区有持续不断的热带高温和降雨，除荷兰控制后期的爪哇国外，反而人口稀少。在这个雨水丰沛的地方，人类似乎缺乏发展的动力。

争水抗旱抗冻的主要武器是资本。资本最简单的形式就是为每年的干旱或霜冻季节储存粮食。《圣经》中的约瑟夫在七年丰年里为七年灾年存钱，是一位知道所谓"流动"资本价值的政治家。

但是，如果东方和西方在这方面有共同之处，它们在人类能量的实际输出方面就大相径庭了。在这方面，我们对水圈的研究有什么可说的呢？人类文明似乎是以最为引人注目的方式，肇始于世界的地理中心：在苏伊士附近地区，东西方的海洋在亚洲和非洲的交

界处彼此接近。你会记得，中世纪的僧侣把世界地图的中心放在了耶路撒冷。在这个地区，游牧民族以骆驼奶为生，每年都要迁徙以寻求稀稀拉拉的雨水，而这些雨水为他们的牛群提供草料。在这个地区，尼罗河和幼发拉底河也为原始农业生产者提供了全年日照、无霜冻、河流按时涨落的生产环境。因此，邻国的人民，一方面被迫不断迁移，另一方面又被迫过着定居生活。所以，水量供给的大小不等导致游牧民族和农业民族的巨大冲突，无论如何，这在某种程度上带来了人类能量、需求满足和对西方的征服。**东方区域相对安全，只有两三条明显路线容易受到游牧民族的入侵；而西方则面向沙漠和草原门户洞开，除了被广大地中海地区屏障的部分外，容易受到游牧民族的入侵。**

当然，在近代西方文明史上，远远不止于此。19世纪，西方国家对外部世界空旷海洋和几乎空旷的陆地进行控制，以及它对东方国家的入侵，都是由于一个暂时原因加剧的：在过去的地理条件下，由于太阳能量和生物能量的作用，水圈积聚了大量的煤、石油和铁矿石，西方在开采这些资源的进程中走在了最前面。

在我看来，作为地理研究主要课题的动态系统，有两个要素具有某种相似性，但又各不相同。它们都是过去的产物，但又都属于现在。一想到煤，人们会很快联想到很久以前的森林情景。但是，在煤的燃烧过程中，没有必要通过地质历史来了解烧煤释放的能量。同样，从地质学和历史学的角度出发，可以根据起源和增长来研究具有既定循环特征的动量，不仅从人文经济方面，而且从纯粹地球物理方面，另外，也是作为我们地理动态系统中的事实。以伦敦这样一个伟大的人类事实为例：今天的伦敦实质上是一个市场，在人文地理学中，没有比市场更持久的事实了。市场不仅是道路的交汇点，也是流通的交汇点，市场的动量是若干动量相互作用的产物。在一个发育健全的市场中，远近各处的人们都相信，既会有出售商品的卖方竞争者，也会有购买商品的买方竞争者。根据最近的人口普查，从最广泛的意义上说，伦敦大约有 1200 万人口，这是因为那些为市场服务的人需要港口、工业、度假胜地和郊区农业的支持。对于今天的商人来说，伦敦的山村和潮汐溪流的起源并不重要。充其量，如果他是一个有想象力的文化人，在闲暇时间和好奇的孩子们的陪伴下，这最多也只能算是一段迷人的罗曼史。但动量是当前的一个客观事实，他在经营中若忽视这一点，就会面临危险。因为进入伦敦发展动量的许多因素都是随时变化、有起有落的。如果他是一位哲学家，并且是一位浪漫主义者，他可能会展望未来几代，看到伦敦成长为英国的象征，看到我们所谓的主要产业需要的工人更少（尽管我们希望保持），看到世界市场的动量增强。在一个城市和郊区，从 1200 万人口增长到 2400 万似乎是不可能的。但是，如果你考虑到 1200 万已经是世界人口的七分之一，而 2400 万仅仅是四分之一，这个奇迹似乎变得没那么难实现。**如我们所见，东方和西方作为伟大的自然区域和人类社区，在世界上的相对重要性并没有丧失，两者当前的发展似乎是集约式而非外延式。随着组织化程度越来越高，世界经济管理中心将变得更加重要，而非可有可无。虽然一些职能可能会下放给较小的城市，但像伦敦、巴黎、柏林、纽约和芝加哥这样为数不多的世界中心的相对重要性，似乎并不会减弱。**

　　关于动量问题还有一点内容。曾几何时，沼泽和森林是原始农业部落居住的小自然区域最有效的边界。在英国和邻近的大陆上，这样的部落定居在中等土壤上，因为他们没有给轻质土壤施肥的技术，也因为他们的农具简陋，所以不能耕种重质土壤。随着生产力水平的提高，森林逐渐被砍伐，沼泽被抽干，较小的自然区域被并入较大的自然区域。人们认为，随着这一进程的继续，全人类最终将统一起来。但是，不应忘记动量的因素。以语言的发展为例，现代印刷术以及广播技术的应用，使得传统农民使用的数百个单词，正在被含义丰富多彩的成千上万个单词和短语所取代。**伟大的民族文化是一种巨大的动量，它使自己区别于其他民族。**一个受过良好教育的英国人，尽管他可能会学习外语并有国际视野，但在实际上，他的英国色彩要比没有文化的英国农民更加明显。在某些情况下，少数民族和较不发达民族可能会被融合，但目前大民族的动量正在明显增强。除非我弄错了，否则我们需要考虑的是，任何未来的国际合作都必须以联邦理念为基础。为了不让我们的文明在盲目自相残杀中走向没落，就必须从区域规划中发展世界规划，正如区域规划产生于城市规划一样。未来的政治家如果要谋求稳定，就必须对地理自然区域有所了解。和平地调整条约以适应不同的发展水平，需要作出明智而精妙的地理判断。

在这种判断的形成过程中，地貌学不能起主要作用。直到一个多世纪以前，地图还基本上是水文记录。当时的地图只是精确地显示了海岸线和河流，以及沿海和沿河城镇的位置，到了现代才精确地把地形标示出来。今天的地图不逊于风景本身，对于一个艺术地理学家来说，这也许是一件值得高兴的事情。对于英国地理学家沃恩·康沃尔来说，透迤山形和蜿蜒溪流，是一首富有韵律与和声的诗。不可避免的是，他会试图透过现象看本质，因为发现了问题并渴望答案，但一定让他小心！在他看来，重要的是这些岩石是多孔的、不透水的，还是可溶性的？它们是如何分层和互层的？它们以什么样的角度、节理和断层到达表面？它们如何风化，形成什么土质？我想让这位年轻的地理学家练习使用一种几乎是罗斯金式的纯粹描述性的语言，使用从采石场工人、石匠、农民、高山攀登者和水利工程师那里吸收的词汇。当然，这样做得太过分就成了酸文假醋。在地质学文献中有现成的适当知识储备，但它们是用一种外来语而非从地质学的角度来表达的。**地理学家关心的是大气和水圈与**

岩石圈的动态关系。作为地理学家，他很少关心地质的范围和时代。然而，用地质年代来描述一个区域的诱惑是令人困扰和阴险的。这是一种危险的做法，因为它往往会使地理学家不务正业。地质学之于地理学家，犹如解剖学之于艺术家。地质学对于地理学来说，是个好仆人，但却是个坏主人。

我这篇演讲的主要目的在于建议：**如果把水圈而不是岩石圈置于地理学前沿，就会立刻出现贯穿这门学科两个方面的统一原则**。水承载和储存能量，无论这些能量是直接来自太阳还是被生命控制。太阳和生命这两种媒介在同样的介质水中工作，因而必须受制于同样的条件。由于太阳的作用，生命的某些运动得以进行。珊瑚礁和人工防波堤限制海浪的活动；河狸和人类筑坝阻挡河水的流动。在更大的合力下，人类灌溉沙漠，通过人工海峡连接海洋，从瀑布中截取能量。如同前人栽树后人乘凉，在当今时代，人类开发了大量用之不竭的潜在能量，而在过去，这些能量是由水圈积聚在煤和石油的沉积物中而形成的。因此，我们文明的水性特征，暂时被部分掩盖了。但在本质上，自然地理和人文地理都与地球表面能量的运输和储存有关，而其运输工具就是水这个千变万化的元素。甚至闪电也是云层的附带现象，而广播音乐则依赖于蒸汽或水力。

因此，地理学不仅具有哲学上的一致性，这种一致性本身在一门教育学科中也很有价值，而且在实践观点上也发生了彻底变化。当你把地貌看作是主要的，把流体运动看作是由地貌控制的，你的大脑不可避免地会回顾这些地貌的演变，你会从地质学和历史学的角度思考。但是，当你把流体循环看作是首要的，把地貌看作是偶然的，你的思想就集中在现在。你在动态地思考，你已经为行动做好了准备。在第一种情况下，地理学家与考古学家合作；在第二种情况下，地理学家则与建筑师和工程师合作。

最近，地理学家（我不是指制图师）第一次看到了一个实用的，而不仅仅是提供培训的教育渠道。**我已经说过，城市规划产生区域规划，我们迟早要进行世界规划。** 在最近几代人中，人类生活充满悲剧性节奏：先是一场大战，搞得精疲力竭；然后，是相对的平静和暂时的平衡；最后，是一段压力越来越大的时期：由于自然条件和人力条件不同，导致发展水平的不同，从而使各种力量失去平衡；由于担心这些不平衡力量间的冲突，政治家不敢采取行动。我们现在正处于战后疲惫状态的低谷，但年轻一代应该享受到 21 世纪中叶的机会；那时，人们既不为疲惫所困扰，也不为恐惧所困扰；只要他们始终能主宰自己的思想，他们就可能在一定程度上掌握自己的命运。**然后，将是地理学家和政治家的机会，因为如果你不想让地理学为军事战略服务，那么，地理学必须是和平战略的基础。**

俗话说，历史在一开始全部都是地理；换句话说，人类曾经在大自然的掌控下无能为力。难道我们不能努力，让历史在未来也全部都是地理，但却具有不同的含义吗？第一种是宿命论的说法；第二种是世界规划者的说法，是行动中的地理学家的说法。愿上天保佑我们免于落入任何专家之手，不管他是医生还是地理学家，但那些高举摩西手臂的人，必将分享他的胜利。在坚定地面向未来的时候，让我们不要与我们的好朋友考古学家和我们曾经的对手地质学家分道扬镳；在成为现实主义者的过程中，让我们在一定程度上继续保持浪漫主义。

作为技艺和哲学的地理学[*]

[英] 哈尔福德·麦金德 著 余先发[**] 译

默里[1]主席对我们协会表示了高度赞赏。他是牛津大学古典传统中的杰出学者，一直很重视地理学。他总是善意又略带讽刺地批评和激励我们。他开门见山地告诉我们，他向某些人提了一个苏格拉底式的问题："什么是地理学？"但迄今为止他得到的答案都是专业知识的堆砌而非连贯的整体。然而，显然是受直觉的驱使，他以这句非凡而慷慨的话语总结道："可以肯定的是，栖息地视阈下的人类研究，即人类的生态学路径，是一件有趣而令人兴奋的事情。"

总的来说，对那些为使受教育的公众更明白地理学目标为何的地理学家而言，默里博士的演讲难道不是一个挑战吗？还有，如果我们自己能够多少认识到我们的专长与整个学科的技艺和哲学之间的关系，这难道不是很好吗？我认为，毫

---

[*] 本文是哈尔福德·麦金德1942年在埃克塞特举行的地理学会（GA）年会上的演讲要点，发表于《地理学》（Geography）第27卷第4期（1942年12月），第122-130页。

[**] 余先发，北京大学法学院硕士研究生。

[1] 约翰·默里（John Murray, 1879-1964年），英国自由党政治家、大学行政人员。在数年的政治生涯之后，默里又回到了教育界。他从1926年至1951年任英格兰西南大学学院（University College of the South West of England）院长。——译者注

无疑问，用默里博士的话来说，我们目标显著的多样性降低了我们的研究在科学家和人文主义者中的声望，并因此减少了我们在英语世界即将到来的文化革命中发挥独特作用的机会。

我冒昧地在此发言，提请大家关注地理学的某些方面。关于这一点，与那些对默里博士之问相当随性的回答所表明的相比，我认为我们已经有了更为普遍的一致性。在我看来，大多数地理学家就以下四点有实质共识。它们分别是①地理学的范围；②地理学的技艺；③视觉思维方式；④世界地图的基本轮廓。我希望这些目次下的以下思路能够被普遍认可。因此，在力图扫清障碍后，我将大胆地对那些在默里博士看来——我认为在某种程度上他是对的——阻碍了该学科一个"主导"（Magistral）概念发展的专科地理学（specialist geographies）进行一些分析。最后，我将尝试提出地理哲学的内容，在我看来，时机已经成熟。请原谅我的冒失！

地理学的领域通常被表述为地球表面。当然，在此背景下，"表面"一词绝不仅仅意指某种数学抽象。地球表面由土地、水、空气、光、生命和思想组成，这恰好是《创世纪》第一章中为我们保存下来的卓越的巴比伦式分析。地球内部是黑暗的，并且地球表面的栖身者会受到重力牵引，这使他们不致因地球自转而被抛进外层空间。人类被囚禁在地球表面的肉体里，只得从投进到自己柏拉图洞穴的光影中，推断出他们所知道的外面无法企及的浩瀚。

地球表面的内外界限都是模糊的。人类还远未弄清楚岩石会随深度增加而发生什么样的变化，而大气则向外渐渐变得稀薄以致难以察觉。然而，在"水圈"中，我们不是有一个概念提供了简单而充分定义的基础吗？我认为"水圈"是指地球上所有的水，它不仅汇聚在液态的海洋和河流中，而且浸透到土地表层，并且在低空中化为蒸汽、在广阔的陆地和海洋中凝结为冰雪。

水圈是实际存在的而不是凭空捏造。因为很容易想象，同样的水滴今天可能是沧海一粟，明天就随云飘散，后天则化雨润物，其后被果树吸收并进入血液而流经心脏。因为水在地球温度范围内可以固体、液体和气体形式存在，具有很高的比热和潜热，是细胞质这一生命载体的重要组成部分。到目前为止，它是行星表面有机和无机物理过程中最为重要和分布最广的物质。

水圈包括唯一已知的人类栖息地及其瞭望台，人类由此可以窥见茫无涯际的宇宙。无论你是否认为人文地理学和自然地理学有天壤之别，水圈都可以被看作是囊括了地理学领域的所有组成部分。可以说，它上达云层，下至海沟，绵延十几英里，笼罩着地球。在地理学的"主导"概念中，这肯定是第一个统合的要素。

在地理学技艺中，最为核心的是地图。测量员的脚印遍及陆海表面，他们确定海角和山峰的方位，并且记录其成果的最简单和最明了的方法是将它们绘制在球面图上，我们教室和图书馆里的地球仪就是一个缩影。但是，地球表面约为4000个英格兰般大小，而以任何可用比例尺绘制的球面图都是极其笨重和昂贵的，哪怕将其拆分为诸多部分。基于此种实际理由，制图师介入到测量员和地理学家之间。

在地图上设想南北两极间挂着一张经纬线网，并经由数学手段将它"投射"到平面上。事实上，测量员正是在平面图上绘就了各点的准确位置。迄今为止，作为地理技艺之母和之父的几何学和天文学为测量员和制图员提供了路径，但当下，制图师务必要学习绘画艺术。他必须像风景画家一样在各点间绘制出绵延弯曲的海岸线和河道线，也必须在这一过程中尽量减少对自然地貌的刻画。

如果他的地图要传达某种真实意象，比如说海岸线的，他就必须在众多细节中进行审慎选择以达至上述简化；就此而言，书中那些由更大的草图翻拍而成的地图往往违背了艺术的灵魂本质，因此挑剔的读者看到的是千篇一律的轮廓。地理学家的首要职责是评判和指导他的制图师。地理学家应该根据他所设想的特殊目的来选择最合适的投影，并且地理学家应该指出所需的比例尺和详略程度。

现在让我们谈谈视觉思维方式。我认为，正是阿宾汉姆中学的伟大校长斯林博士（Dr. Thring）[2]，在五十多年前第一次使用了"地理学家以形态思考/地理学家的形态思维"这句话，并进而引发了对地理思维和历史思维之间差异的凝练关注。历史学家的天职是以文字记录历史，地理学家的本职在于绘制地图。文字作品的一大局限是它必须按思维顺序表述，而地理学在将地图呈现于读者眼前的同时还讲述着诸多事实。正如音乐家可以边默读乐谱边听音乐一样，地理学家也可以边读地图边看图片。

训练有素的地理想象力并不会局限于二维形态，即长度和宽度、经度和纬度。它还能看到固体和流体循环的形态。许多世纪以来，地图学都止步于刻画海岸轮廓和河道。直到大约200年前，内陆地表的高低起伏都是由分布在丘陵地区的锥形山峰的缩略图表示的。这些山峰后来被连成一排以表示山脉，并且正是从大约詹姆斯·库克船长[3]（Captain James Cook）时代最新的进步中，将山描影作不同色差处理（shading）的想法就萌芽了。正是这样，"描述性地理学"（descriptive geography）才逐渐出现在地图上。

大约在同一时期，运河工程师和道路工程师都提出了一种更科学的原理来呈现海底和陆表的起伏形态。通过假设海平面上升到一定高度或下降到一定深度，并以虚构的海岸线连续地将地面和海床环绕起来，现代地图的等高/深线就逐步形成了。起初，晕线是对

---

[2] 爱德华·斯林（Edward Thring, 1821—1887年），英国著名教育家，他曾于1853年至1887年任阿宾汉姆中学校长。——译者注

[3] 詹姆斯·库克（James Cook, 1728—1779年），英国皇家海军军官、探险家和制图师，也被称为库克船长。他领导船员成为首批登陆澳洲东岸和夏威夷群岛的欧洲人，也创下首次有欧洲船只环绕新西兰航行的纪录。他曾于1768年至1779年三度航行到太平洋，并为新西兰和夏威夷之间的太平洋岛屿绘制大量高精度地图，最终死于第三次航行太平洋期间与夏威夷岛民的争斗。——译者注

山描影而成，后来在科学的基础上被重绘，当它们垂直穿过等高线时，就表明了降雨径流的方向。因此，水圈的作用在于描绘形态和过程，而这就是当今自然地理学中被称为"地貌学"、"气候学"和"海洋学"的学科。

地理图像的另一个根本问题随液体循环形态这一概念而出现了。实践中的地图要和理论中的地图尽可能同步。它应该按照当时——要么是过去的"此在"，要么是某个未来的"此在"或者特定历史中的"此在"——的实际情况描绘现象的格局。在这三种情况下，也许可将"此在"比作一把刀刃，那未来就在刀刃上走向历史。出于地理的考量，我们已经将地球"表面"界定为地球的外皮，它由水圈这一具体概念所覆盖，而具体当然只能存在于完整的时空连续体中。

因此，我们要将某些时间概念与空间中的水圈关联起来。在我看来，大自然似乎在一年的季节变换中为我们提供了这些，理论上讲，今年或者任一年都是如此。地球表面的液体循环在一年中规律地变幻着形态。与活体动物类比的话，可以将水圈层视为呼吸系统。水圈层和太阳年共同界定了时空中的地理范围。尽管在地理学家的帮助下，地质史学家可以在某种程度上重建地图以阐明连续不断的"历史轮廓"（historic presents），但世界地图基本格局之地貌在万古时光长河中的演变则是另一回事。

世界地图的基本轮廓取决于海岸线与河道的格局，我想没有地理学家会有异议。当地图浮现在我们脑海中时，视觉记忆中蹦出的不是虚构的线条网络，而是我们熟知的大陆、半岛、岛屿、海湾、湖泊、河流和一些高耸山脉等地貌的格局，它就像乘法表一样伴着我们由小到大。诚然，一个口头问题往往引发对政治体本性的回应，但可以肯定的是，双方都将看到与海岸基地、河流或山脉形状或多或少地明确关联的同一形态。政治领域中那种维多利亚式的思维习惯现在肯定已经被严重败坏了!

在我看来,上述关于地理学范围与方法的普遍一致意见显然使得它有资格成为一门独立的表达技艺。剩下的仅仅是,它主要是一门科学还是哲学?

该问题将我们导向了专科地理学这一疑问,其解决办法可以由一些梯次问题来简要阐明。与生物科学中的博物学(Natural History)相似,每个知识分支都有其形成阶段,这个阶段累积的是无序或者只是暂时有序的真相。就地理学而言,在古希腊人掌握地图技术后的许多世纪里,形形色色的信息杂乱无章地堆积成一团,直到最近才被称为"描述性地理学"。地理学家已经学会在经纬度参照网以及全球地貌基本布局中回答"在哪儿"(Where)的问题。但是,他要想在综合布局时有更多作为的话,就必须先完成重大的分析任务;各个地理子学科都不得不着手回答另外两个问题:动力学上的"为何"(Why)以及起源学上的"如何"(How)。[4] 其后,地理学开始追问"为什么是那儿"(Why there),并因而与各种学科紧密联系起来。由此,专科地理学诞生了。如果我们称其为"复合型"或"应用型"而非"专科型"地理学,这难道不是一语中的吗?

科学家在开始一项研究时通常不会在意时间和地点,因为他必须集中注意力专注于他所要了解的研究进程。地理学家会有熟稔基本格局的出头之日,因为大多数研究都有一个随经验普及化而开花结果的成熟阶段。每当此时,地理学就获得了一种可叠加于其基本轮廓之上的额外格局,从而朝着绘制地表"整体事物格局"的目标迈出了一步。地理学因此成为一种格局的复合体,"比较地理学"

---

[4] 麦金德在此处实际上是指出了地理学家随地理学的发展而承担的三重使命:①Where:确定全球地貌基本格局的具体位置,这已经完成;②Why:解释其在动力学上的成因;③How:阐明其在起源学上是如何形成的。专科地理学就是在对以上问题的回答中逐渐形成的。以上是笔者的一孔之见,供参酌。

（Comparative geography）逐渐取代"描述性地理学"。

但是，由于需要两种技术、两种思维方式和两个信息体系，研究人员的脑力负担加重了，于是出现了一种勾连地理学与自然科学或学术（历史）的专业。以动物地理学为例，在该学科从事原创研究的人必须具备充足的、包含广泛的共性和个性差异在内的动物学知识，以及良好的地理环境知识。必然，他在动物学和地理学的其他某些方面会有知识盲区。

地理学与地质学的关系由于两方面的原因而更为复杂。第一个原因是，无论如何，在不列颠群岛，研究自然地理学的最初动因是地质的而非地理的。当时，地质学家在研究中几乎无意回应"在哪儿"（Where）的问题，其目标是立足当下，学习如何从岩石记录中解读历史。莱尔[5]时代所谓的自然地理学教材由题为"火山""冰川""侵蚀"等的章节组成，它关注的是过程（How）。

当维也纳的苏斯[6]发表《地球的脸庞》（Face of the Earth）时，英国地质学家正面临一场重大危机，因为他们不愿承认一门新的专业学科——今天被称为地貌学——已经诞生，以及地理学从此至少要在离题的"自然地理学"中开拓一种伙伴关系。在德国和法国、美国和加拿大，地理学着手回应"为什么是那儿"（Why there）都比不列颠早得多。这在欧洲是出于军事目的，而在北美洲是因为需要知悉基本格局，以便绘制新近开放的国家地质和其他自然资源图。

如阿奇博尔德·盖基[7]很久前指出的那样，使地质学与地理

---

[5] 查尔斯·莱尔（Charles Lyell，1797-1875年），英国皇家学会会员、著名地质学家，被誉为"现代地质学之父"。其著作《地质学原理》（Principles of Geology）对地质学的发展产生了很大影响，并被译成多种文字出版，查尔斯·达尔文的进化论学说也受到了该书的启发。——译者注

[6] 爱德华·苏斯（Eduard Suess，1831-1914年），奥地利地质学家。——译者注

[7] 阿奇博尔德·盖基（Archibald Geikie，1835-1924年），英国地质学家、作家。他是最早发现冰川运动对苏格兰地区地质形成之影响的科学家，他还勘测绘制了苏格兰地质图。他极大地推动了英国自然地理学的发展。——译者注

学关系复杂化的第二个原因是，地质学涉及连续不断的岩石史和现存地表的历史这两个独立主题。立体构造地质图和大陆"漂移"图为地理学图库提供了有力图式。

就我们当前的目的而言，我还不必审视复合或应用地理学的前世今生。它们的地理要素本质上是相同的。可以将它们比作一排酸性相同的不同的盐，或者以数学代替化学作比——可以将它们视为混合地理学（mixed geography）的分支，都具有纯地理学的共同要素。在任何"主导"地理学的概念中，共同要素必定是最突出的。毫无疑问，复合体在两个亲本研究上的相对效力不同，但科学或历史研究的结果会受到无足轻重的质疑。人言人殊，已证事实可以导向任何科学目的。然而在涉及价值哲学时，事实只有与普遍的思维框架相关联才有意义。

就此而言，我认为最好引用一段1935年5月13日国王乔治五世登基50周年之际，我向皇家地理学会发表的演讲：

> 物理学家或化学家要面对同一现象的不断重复。他剥离细枝末节并集中于正题，推断公理，这样他就能确凿地预言，在适当的情况下也能构建事物的因果关联。但地理学家试图破译地表这种独特现象的格局。对他来说，由于没有重复的地理格局，因而不可能有物理意义上的法则可以遵循。历史不会重演，地理也不会……另一方面，不同位阶的原因相互作用会产生互动关联的结果，在这个意义上，地理格局是错综复杂的。

> 地理学家的目标是认识具体的复杂性，而不是抽象和简化。地理学家和科学家无疑都是在分析的基础上进行综合的，但是严谨科学家的综合是同类的综合，而地理学家的综合是不同类的综合。如果科学法则与地理格局的这种对比有可取之处的话，那么自然地理和人文地理分野的需要就不存在了。也许人类变化无常的行为无法归结为法则，但它肯定是地理格局的

成因之一。

当我 1887 年回到牛津大学时，我的目标是教授一门"区域地理学"（regional geography），它与专业主义截然对立，是迈向众多格局综合而成的世界地理学（world geography）的关键一步，尽管最初我并没有使用"区域"和"格局"这两个词，或者事实上是没有看到它们的价值。为了开设一门新的大学教育课程，我必须先在地理背景下讲授欧洲历史。十年后，我为英国的海涅曼出版社和纽约的阿普尔顿公司编辑了《世界各地区》这一书集，并为它写了《不列颠和不列颠之海》，其初版已于 1902 年出版。

1899 年，赫伯森[8]离开了爱丁堡，成为我的同事。1905 年，他为皇家地理学会撰写了题为《世界主要自然区域》的经典专著。当时，我们谁也没有意识到，局势在接下来的半个世纪里如此的瞬息万变。一方面，世界地图基本格局已然成型；另一方面，流动的人类技艺产生了如此巨大的影响。我们的区域地理学不过是地理格局全球化的一次试验。

要回答地理学是科学还是哲学这一问题，我们就必须区分研究和文明。从研究的维度看，这个问题无疑是白磨嘴皮，因为研究者必须不忘初心，寻根溯源；而从文明的角度看，关乎当下的地理学的统一无疑是哲学上的统一。数学无法估量政治学、战略和经济学的价值，那些我们不能全然或者注定不能全然知悉的学科在很大程度上也无法衡量。

是什么赋予这颗小行星的水圈层以价值？它不是人类的栖身之所吗？若不然，如沧海一粟的它在整个空间中的意义又是什么呢？你可能一生都致力于纯粹自然地理学的研究，甚或其令人着迷的科

---

[8] 安德鲁·约翰·赫伯森（Andrew John Herbertson, 1865-1915 年），英国地理学家。他于 1899 年前往牛津大学任职，职务为地理学讲师；1905 年，他成为牛津大学历史上第一位地理学教授，并于 1910 年升为牛津大学地理系主任。1908 年，他当选为英国皇家气象学会会员。——译者注

学应用的某个分支，并贡献良多，但地理学作为国家文明的要素，只有其人文皇冠才能赋予它广泛的意义。地理学、历史学和文学都肩负着作为行动判断之思想根基的重大使命。

为确定行动方案或制定政策而在不同价值之间抉择时，脑海中考虑的究竟是什么？难道不是"通盘谋划"和"全面考虑"吗？这些都是哲学思想的体现。过去，判断取决于个体经验和民间知识。那时，村子周围的生活井然有序。渐渐地，人们考虑的因素越来越多。而今，史无前例，每个互不相干的人都是栖居于全球的。事物的节奏加快了，人类的活动范围在一代人的时间里就惊人地拓展了。为承担起我们的职责和使命，我们务必要能够在缜密的知识思维背景和价值标准的基础上果断作出决定。

在我看来，默里博士所设想的"主导"意义上的地理学有三个维度。它是一门与文学艺术相似而又互补的表达技艺。如柏拉图和亚里士多德借鉴了当时的物理学和生物学一样，它在某种程度上也筛选了众多学科地理学方面的资料。它从人的立场导出结论，也由此背离了科学的客观性，因为它必然涉及客观事实与主观价值。因此，"视野"就是其特征。它是一种人类环境哲学，人本身，即人的躯体，是该环境中的一个要素。

尽管我同意默里博士的观点——我们牛津的"伟大"课程都是精心设计的，以及它在实践中的完满贯彻仍然值得若干自然科学学者投入时间和精力——但这还不是与他泛泛而论古典教育之利弊的场合。但是，在这个人类社会最伟大的变革中，当前和未来的紧迫性是如此之大，以至于我们再也经不起把十年的精力耗费在两种消亡的语言上了，尤其是对诸多在我们国民生活中具有领导才智和品格的人来说。仅论那些准确理解英语用语和拼写所必需的拉丁语和希腊语基础的话，在稍晚的教育阶段也能简单、快速地习得。英语文学中正涌现出越来越多的翻译名著，从中可以精选出古典作家的精华。就此，英文版圣经不就是大有作为的光辉典范吗？

另一方面，我完全同意默里博士的观点——在我们这样的国家，文明观念至少应该在相当多的研究中占支配地位。我将狗尾续貂，提出一个现代性的方案，真正的"主导"地理学应该是其中一个不可或缺的元素。

问题是要为培养有教化、有能力的男女塑造一门有机统一的学科，以使他们有才能在接下来的世代里经营好我们的民主。他们必须具有全球视野，迅速反应以应对紧急情况，因为在这个新近的"封闭"世界中，"我们的稳定不过只是一种均势和平衡，而智慧则在于对未知的娴熟掌控"，从未有比这更精准的道理。他们还必须具备一种经过训练的价值衡量能力，并能秉持长远眼光制定未来政策。当然，他们仍然需要理解人类及其环境由古到今演变的动量。

在青少年时期和成年初期实现上述目标涉及教育方式和教育机构方面的实际问题，对此我没有资格说三道四，但我的愿景是地理和历史这两门"视野"科目应该与其他所有思想性和物质性科目混编或者分组。数学、物理、化学、生物和地质学的原理可以在野外和实验室与地理学结合起来学习，而科学和地理的发展史则应与历史学联系起来研修。地理一直是我这篇文章的主题；而关于历史这门相辅相成的学科，为提供视角的话，只消几句话就够了。

我们应该深入研究全球英语民族自伊丽莎白女王时代到现在四个世纪以来各个方面的历史。如果你算上希腊科学史和罗马法史这段"宏伟"进程的话，英语民族这部历史就与希腊历史有许多相似之处。我希望每个年轻人都学会说一门娴熟的第二语言。除母语外，如此透彻地掌握一门语言，其文化价值远远超过仅通过阅读和旅行习得的两三门语言。若没有压倒一切的实际理由作其他选择的话，我认为第二语言应该是法语。法语的脉络贯穿我们所有的历史，尽管英法两国语言、制度、思维方式和生活方式有差异，但这是一种有助于相互启发的差异。

　　法国人的未来肯定会以某种与英语民族紧密联系而又独特光荣的形式呈现，因为法国在英国人、苏格兰人、爱尔兰人、美国人、加拿大人和南非人的演变中直接和间接地施加了重要影响，并因作为印度、埃及和西印度群岛的拓荒者而青史留名。大陆上虎狼雄踞，就自然区位而言，法国与美国及英联邦如唇齿。这一联盟本可以避免第二次世界大战，并且如果凡尔赛会议之后商谈的美国、英国和法国三国联盟能落到实处的话，它就应该这样做。当时，这些伟大的民主国家都没有充分汲取教训，但我们祈愿它们在目前的悲剧中能有更高的智慧。

地理学的发展

[英] 哈尔福德·麦金德、约翰·迈雷斯、赫伯特·弗勒* 著 余先发** 译

引言

1943年8月,在剑桥举行的协会年会上,设置专门会议在较广泛层面上讨论了地理学当前和未来的发展。不幸的是,哈尔福德·麦金德爵士未能出席,但他发来了以"全球地理"为主题的文章。约翰·迈雷斯爵士[1]和秘书长阁下[2]也提交了相关论文。现将三篇文章依次完整刊载于此。

---

* 1943年8月,地理学协会(Geographical Association)年会在剑桥举办,年会主题为"地理学的未来发展"。哈尔福德·麦金德向年会递送了以"全球地理"为主题的文章,约翰·迈雷斯和赫伯特·弗勒也提交了论文。上述三篇文章被《地理学》(Geography)收录,现全文译出。原文见《地理学》第28卷第3期(1943年9月),第69-77页。

** 余先发,北京大学法学院硕士研究生。

[1] 约翰·迈雷斯(John Linton Myres, 1869-1954年),英国考古学家。他曾分别在牛津大学、利物浦大学讲授古代历史和古代地理。——译者注

[2] 赫伯特·弗勒(Herbert John Fleure, 1877-1969年),英国动物学家、地理学家。他于1936年当选为英国皇家学会(The Royal Society)会员,他曾任地理协会(The Geographical Association, GA)秘书、《地理学》(Geography)杂志编辑。——译者注

一*

我向在剑桥举办的关于"地理学的未来发展"研讨会投送的这个摘要是我在埃克塞特演讲的后记,已在1942年12月发行的《地理学》上出版。

我们国家理性的地理教育肇始于两方面。一个世纪前,在萨克雷(Thackeray)写到平克顿女校(Miss Pinkerton's academy)时,他提到年轻人经常被很好地教授"如何使用地球仪"。[1]一代人之后,赫胥黎(Huxley)出版了《自然地理学》[2],令人钦佩地第一次概述了"自然研究",他在其中以我们的家,也即以地球上某点周围为例,将各种科学知识关联起来。我们过去半个世纪的教学建基于"自然区域"这一概念,它介于点和全球之间。它试图在宏观而又适用的空间中将各种现象的分布关联起来。然而,不能——也不可能——准确划定这样的空间,因为它们的边界必然是基于不同标准的界限间的折中区域。"自然"一词曾被用来标明它们与政治国家和行政区划(因传统而形成的)精确边界的对比与不同。

难道现在不是应该起码将我们中学阶段的教育建立在全球视野上吗?从诸方面来说,现在整个行星表面不就是一块"自然"区域吗?而且作为一个封闭的区域,其优势在于对诸多范式秩序的准确比较成为可能。地理学先驱的工作已经完成,随后的政治占取以迅

---

* 本部分作者为哈尔福德·麦金德(Halford John Mackinder)。——译者注

[1] 威廉·梅克比斯·萨克雷(William Makepeace Thackeray,1811-1863年),生于印度加尔各答(其父亲长期在东印度公司任职),是英国维多利亚时代极具代表性的小说家,因长篇小说《名利场》(Vanity Fair)而蜚声于世,小说主人公蓓基·夏泼和爱米丽亚·赛特笠曾就读于平克顿女校。——译者注

[2] 托马斯·亨利·赫胥黎(Thomas Henry Huxley,1825-1895年),是英国著名博物学家、教育家和达尔文进化论的坚定支持者,自称"达尔文斗犬"。此处《自然地理学》(Physiography)全称是《自然地理学:自然研究导论》(Physiography: An Introduction to the Study of Nature)。——译者注

雷不及掩耳之势展开，以至于每一平方英里的无主土地都已成为砧板上的鱼肉。二战正在进行，敌人声称其目标是获取生存空间（lebensraum）。我们政治家的决定是以全球价值观为基础的，例如，头等大事一直都是确定我们在欧洲或太平洋战场的攻势。即使在规划战后和平方面也是如此，例如，即使两极地区有"大圆"（great circle）航线，飞行员也提出了十字交叉（criss-crossing）构想，以及一个国际会议基于对世界粮食生产的预估而考虑了全人类的配给问题。

在过去的一个世纪中，一门又一门的学科已经达到了全球哲学意义上的一般化普适阶段（《牛津词典》写道，哲学"研究事物最普遍的原理和原因"）。例如，将地球物理学和地貌学理论的改变视为是地壳均衡说和放射性活动理论得到普遍接受的结果——这引出了诸如大陆漂移、海床交替扩张和收缩之类的启发性假说，孕育了环太平洋山脉和贯穿亚洲和东非的大裂谷。

在去年埃克塞特的会议上，我冒昧地提出了我们行星表面的六大成分：土地、水、空气、光、生命和思想。我现在以全球性术语重新命名它们：岩石圈、水圈、大气圈、光圈、生物圈和意识圈。光化波和照亮光球的光能来源相同，光化波在生物圈中起着构建植物蛋白的作用；并且电磁波可能很快就会提供一种类似于神经系统的东西，将 20 亿各有意识的人类思想与激励我们想象和行动的主大脑中心连接起来。这个意识圈中的类比并不完全是荒诞的，因为当活人的眼睛突然受到光线刺激时，生理学家不是探测到了沿视神经传导到大脑的电流吗？前五个圈的形成经历了数亿年，但第六个圈，即意识圈，仅仅在数千年的时间里就已在全球连为一体。

在埃克塞特，我谈到，地理学是以某种单一的技艺为根基的，其权威仅仅来源于哲学，其目的是培养开阔的视野，并为行动中的合理判断提供价值基础。诚然，就研究或工业应用的标准而言，人不可能在学科知识上无所不知。然而，如果有一门学科是在实践中习得的，有一门语言达到了学术水平，那么经过如此训练的人们就可能跟上文化的普遍进步。引导初生的民主通过原生文化的礁石和浅滩，无疑与习得新知识一样值得一生奉献。

　　最后，请允许我简要介绍一种全球性的地理教学方法，供大家参考。在规划一种覆盖全球表面自然区域的对称安排上，曾经有过一些英勇的努力，但据我所知，都没有获得普遍认可。在边界问题上达成妥协总是不容易。我的计划是放弃本土外的这些区域，并更换中心据点以求具象化和理性化的眼睛从每一点都能扫过逐渐扩大的区域，直到视野最终覆盖全世界表面，即该区域将是全球性的。这一思维阶段的准备工作将是对每项活动进行一系列的全球研究，包括在地球仪上进行描绘物理或人类全球活动特征和（或）过程图案的投影。它将是所有这些在由中心据点扩散而成区域的最后阶段受到研究的所有图案的完整综合体。我们在过去半个世纪所知晓的区域方法的逻辑可按如下顺序陈述："本土、区域、全球"。

二[*]

　　当1942年我们协会在埃克塞特开会时，一个富有挑战性的、关于地理学的目标和方法的问题摆在默里[5]院长面前，并且对于这个问题，我们协会仍在世的创始人和忠实的朋友哈尔福德·麦金德爵士给出了振聋发聩的回答，他如此赤诚的表白为人们所谨记。我完全同意他的观点，因此，我没有必要就此再赘述。如果我能有所补充的话，那将是我莫大的荣幸，尤其是在我研究了他今天的闭

---

　　[*] 本部分作者为约翰·迈雷斯（John Linton Myres）。——译者注
　　[5] 约翰·默里（John Murray，1879－1964年），英国自由党政治家、大学行政人员。在数年的政治生涯之后，默里又回到了教育界。他从1926年至1951年任英格兰西南大学学院（University College of the South West of England）院长。——译者注

幕致辞后。

　　但作为一名地理历史学家，而非历史地理学家，我首先要强调的是在埃克塞特的演讲行至末尾时提到的要点——地理学以人为本的功用，它在人文学科和哲学中的地位——然后略微着墨对其进行阐述，因为我担心它仍然偶尔被误解。

　　哈尔福德爵士提醒我们，"地球表面由土地、水、空气、光、生命和思想组成。"这听起来像是巴比伦式的宇宙论；它是希腊自然哲学的基础，正是因为"思想"（*mind*），并且经由对希腊词汇"自然"（*physics*）的意义进行极端去希腊化的限缩，地理学才能由过去所谓的"地相学"发展而来。受教育不足的博物学家用"生物学"一词来指称意识阈下对生命的研究，这是一场灾难。希腊语中"生物圈"（*bios*）特指有意识和理性的人类生活范畴，这与动植物中"生命"（*zoë*）营养和感知的意涵对比鲜明。并且作为地理学家而言，这种误用以及由不熟悉"政治学"——教会教义所称的"我对邻居的责任"的研究——真正意义的人捏造的企图取而代之的拙劣词汇"社会学"给我们带来了一些问题。区域划分已成为地理学的主要职能之一。

　　在此，也仅在此，在精神（*mind*）——或者用地理语言来说，心智（*minds*）——与从自然界到动物界的外部环境现实的互动关联中，我们在自然因素的影响以及人类选择的行为两方面都有所经历和抵近。重要的是，在这两个方面，它们能长存于记忆中，哪怕是直接经验随岁月而消逝后。同时，作为地理学家，由于不能在地图上规划生活，我必须着眼于人的生存。相较某座山或某片红树林的自然长存性而言，从更为本质的意义上说，它们建构了过去所谓人类生活的"控制"——在对大多数人而言已经是无意识活动的本能和习惯之上形成的记忆和传统——中最为强大的部分。就有形的纪念遗迹而言，只有人才会追索和回应"你说这些石头有什么价值呢?"这一问题。

然而,人类思想的特性是:就一切有意识地记住的事物而言,它们能或多或少地完全脱离自然环境和记忆遗产而决策和行动。不论好坏善恶,人们会背弃他们的过去、忘却自身的历史印记、改写自身的法律和历史,哪怕可能因忤逆过往的旁证(circumstantial evidence)而被判有罪——事实上这是肯定的。

这种旁证,也就是环境证据,是历史学家和地理学家研究的共同基础和材料。但是他们从相反的角度来研究它。从一般意义上讲,历史只是历史科学的一门,而历史科学同(例如)天文学和地质学一样,涉及事件在时间上的顺序和联系。而一般意义上的地理学也只是地理科学的一门,它研究物体和事件在空间上的位置和关系,它也如地质学和天文学一样关乎矿工和航海家。如我们所见,对人而言,使历史成为可能的是人们的记忆以及人们经由对自身记忆进行记录并与他人记忆进行关联而形成的图形作品,使地理成为可能的是人的流动性以及人们为记录自身活动并与他人活动,也就是迁徙,进行关联而形成的制图技艺。地理学家首要和基本的问题是:"你们出去是要看什么?"

这也许只是地理学家在地图上自我表达的老套真理的另一种方式;但他们呈现的地图,不仅是静态的点的分布排列,而且是动态的方位——不仅是运动(movement),也是努力(effort)和注意力(attention)的方位——的组合。

朝这样的方向迈进是否值得人们花时间,或者是否有人已经这样做过,这与钻石的地图分布之于不需要钻石的人一样无关紧要。此外,当你克服或穿越自然的障碍后,它就不再是阻碍;并且如果没有人尝试去努力的话,它也不是严格意义上的障碍。

经由地图,地理学家获得了其所受训练中至关重要的部分。与任何其他演说中思想的阐释者一样,历史学家对他"文风"

(*style*)——希腊评论家称之为"说"(speaking),罗马作家则以"说出来"(speaking out)这一语词相称——的意涵了然于心,其结果是赋予特定事物以适当形式。在与其他学科共同的话语基础上,地理学家具有自己的文字风格,并且你可能已经觉察到所有伟大的地理学家都是文体大师。但就像音乐家和数学家一样,地理学家也有专属于自己学科的符号。他在地图中揭示地理观念和地理现实,尽善尽美的地理风格在他的地图作品中美妙绝伦。尽管艰苦实践能实现制图标准的统一,但没有谁的地图风格是一样的。并且如音乐和其他艺术一样,地理学也有很多优秀的、风格不一的制图学派。我们不可因一叶而障目,不必非要找寻最杰出的。

相反,一张糟糕的地图在地理学上是失败的。作为严厉的审查员,我希望更多人因为糟糕的地图和根本不画地图而被淘汰,就像他们因为文盲而被其他学科淘汰一样。

地图和语词描述还有一个关乎教育根基的共同点。我们的目标是客观、真实地呈现我们的所见所知。但我们认识到,每一幅地图在用途和构造上都有赖于其投影,而任何投影都不可能与现实或任何其他投影完全一致。语词描述也是如此,尽管我们力求客观,但我们每个人都有也应该有投射在内心方格图上的事实和观念;还要认识到,不论在性格和训练上如何精心构建,这种心理投射也不过是我们认知客体的一种近似,并且无论我们如何处心积虑地调整自身"观点",每一个地理学家的心理投射都各不相同。

这种所有地理知识中的必然状况赋予地图以价值,地图由此可以确定失真的原因和数量。它使制图学成为个体经验、判断的标准和协调器;它使地理学家比历史学家具有显著优势,因为历史学家没有类似的手段,而历史学的图表必须借助于制图技术。

另一方面,我们地理学家也能从历史学家的文学技艺中学到一些东西。有人说:"读书使人充实,写作使人精确。"我认为,我们地理学家，尤其是那些成长中的地理学家，在写作上没有投入足够的时间；写作不一定是为了发表——如果重写已出版的作品的话，很多都会写得更好——而是为了练习思维和语言的清晰性。这种训练性的写作需要时间，但磨刀不误砍柴工，最好是先读一些写得很好的东西并在一段时间后进行严格修改。英语地理作品风格高雅，与所有英语著作一样，它正处于切实的危险之中。我们地理学家务必要留心，地理学不能成为如诸多科学作品那样不善文辞的研究。我们责无旁贷，因为其他人不掌握以地理英语为载体的地理知识。

不可避免的是，地理学家的许多阅读材料都是临时仓促编写的报告和公报，并且往往是非文字的。因此，更有必要重温探险的伟大叙事，重温地理综合的经典。我们不可能都到遥远的地方去旅行，也不会探索一个杳无人迹的国度，并且那些饱受战争蹂躏的国家成为"游客的家园"也需要很长一段时间。但我们有两种补救方法。一种是随伟大的旅行家进行文字探险以研习他们的视野和发现——因为我们的科学就是这样发展起来的——以及他们的文学技艺；关于这一点，我已经说得够多了。

另一种补救方法是国内旅行，即我花园周围的旅行（the Voyage autour de mon jardin.）。如果不能远行，就要把握住眼前这片自己的土地。并且要谨记，对我们的年轻一代来说，英格兰是一个陌生的国度，但他们在旅行中能亲眼所见、能受到严密的观察训练，并敏于阅读和理解这片土地。即使在之前的战争——当时的军事训练随性而流于形式——结束后，这种视野也刻骨铭心，是教师的天赐之物。很快，现在这样的班级和学生都将消逝不见，除非我们抓住这一机会，（和他们一道）将这种山水情怀融入我们人民的日常传统。在我们协会成立 50 周年之际，使我国的地理学配置适于地理学家是我们的责任、使命和特殊义务。春种秋收，集腋成裘，我们若有所准备并成功迈出那一步，地理学是个"好东西"的消息就会不胫而走。

我在地理阐释的技艺上花了一些时间,不仅因为它是地理思想最可靠的试金石,也是因为我们地理学家在未来的岁月里将扮演重要角色,我们必须把地理学作为一门技艺和一门科学来对待。过去几天又赢得了一个加以维持和巩固即可作为前哨基地的战术堡垒。西里尔·诺伍德[6](Cyril Norwood)爵士的中学课程和考试委员会在其报告(第101-104页)中采纳了一项关于地理教学的看法和建议,这对地理学家是极大的鼓舞。

该报告的重要意义在于以下两个确证。一是认为地理训练是优秀公民不可或缺的"基本知识",是终身的而不能太早开始;二是它不仅涉及自然科学揭示和解释的外部地理区域,也关涉历史学、经济学和公共事务所阐明的与外部世界互动关联的人类本性。正如最近雄辩地重申的那样,所观察到的引发"人的堕落"(*Fall of Man*)和"原罪"(*Original Sin*)教义的历史现实是彼时人类在吃掉"知识之树"(Tree of Knowledge)后破坏性地利用其不完全信息和选择自由的漫长历史时期的回溯;并且每一个这样的选择都是在如地理学家全力思考和分析的外部地区展望中作出的。同样,任何"人类发展"(*Ascent of Man*)的教义都是建立在进步事实——不仅包括物质便利,还有作为善意和正确选择必要前提的结果意识——的历史和地区实践之上的。因为就历史和地理而言,"凡事都有希冀,惟有人是卑劣的"并不是永恒的,也不是普遍的。

我们听到很多关于希腊主义、犹太主义和其他文化传统的哲学,它们都声称是超越地域的。我不会提出普遍性的东西,只是冒昧地提请地理学家注意旧大陆希腊主义唯一真正敌手的前景,以及在通俗史中,将古老波斯仅仅描绘为希腊的手下败将是一场灾难。

---

[6] 西里尔·诺伍德(Cyril Norwood, 1875-1956),英国教育家,曾任哈罗公学校长和牛津大学圣约翰学院院长等职务。——译者注

亚历山大不这么看。在琐罗亚斯德[7]（Zoroaster）的语境下，当我们说"天堂"是人的完美世界时，这究竟是什么意思？天堂是一个波斯词汇，意为人类合理利用的原生自然，人类修剪林木，以谷物取代禾草、家畜取代鹿和山羊，野蛮人受训于万王之王（King of Kings）的奴仆而——如希罗多德所述——"骑马、射箭和讲真话"。骑马是为了赢得大自然最高贵的馈赠；射箭是为了消灭一切邪恶的东西和国王的敌人；而要说真话，你就必须领悟关于外在自然、周遭人类以及内在自身的真理。这是运动员、绅士和地理学家信仰的表白和生活的准则。

三*

在回顾地理学思潮时，我们不要局限于那些所谓的地理学家。在我看来，达尔文的著作名列对我们思想影响最大的作品之一，其对诸多其他学科的影响也是如此。他不只是自然选择进化论的奠基人，他还使人们认识到：生物和其所处的环境是在巨大的变化潮流中交织在一起的，并且在这一潮流中，它们日渐相互影响、相互改变。人及其行为都是自然的一部分，适用于自然的东西通常也适用于人。但要明白，我们不可能像研究动物和植物那样完全客观地研究人类及其环境。我们也要注意到这个问题的多面性。老子有言，"道可道，非常道；名可名，非常名。"因此，我们和我们的历史学、地质学同行可以互相补充彼此的真理观，并且我们的职责往往

---

[7] 琐罗亚斯德（Zoroaster），也被称为查拉图斯特拉（Zarathustra），学界对其生平没有共识。他是古伊朗的先知、精神领袖和伦理哲学家，创立了琐罗亚斯德教。琐罗亚斯德教又被称为拜火教、祆教，是现存最古老的宗教之一。琐罗亚斯德教奉行一神论信仰，核心是善与恶的二元宇宙论以及恶将毁灭的末世论。琐罗亚斯德教倡导的弥赛亚主义、死后审判、天堂和地狱、自由意志等对包括第二殿犹太教、诺斯替教、基督教、伊斯兰教和佛教在内的其他宗教产生了或大或小的影响。——译者注

* 本部分作者为赫伯特·弗勒（Herbert John Fleure）。——译者注

是努力将它们综合起来。然而，与此同时，我们也要关注某些自身直接观察而得的第一手材料，否则我们就会退化为汇编员。此外，我们务必要明白，认识和阐述区域背景下社会生活的模式和趋势是我们的特殊使命；地图是我们自己的工具，由于它是展示动态变化和静态环境的利器，我们可以使它越来越高效，可以在阐释中运用地图。

因为人基本是社会性的，所以社会与我们关联颇深。缅甸对其1500万人民及他们生活方式的重要性，或许超过了其对大米出口的重要性，尽管后者也很有价值。正是在社会中，个性才得到了发展，孕育了先知，也造就了剥削者。也正是社会与环境的相互作用构成了思想多维发展的线索，自始至终改变着人类和环境。

很久以前，在从轮廓鲜明的索尔兹伯里陵地到沿科茨沃尔德、奇尔特恩、北部及南部丘陵、黑色山丘和曼迪普斯山绵延的山脊或山路上，我们的先辈曾俯瞰如五月里低地林木叶子那么翠绿、如十一月的叶子那般金红的海洋，他们将五朔节（May Day）和万灵节（All Souls）这样的庆典传诸后世。我们的文明在衰落，伦敦已取代索尔兹伯里成为大都会；它那令人沉醉的街灯，让许多人忘却了旧时绿色和金色的荣耀。

再说一遍，现在我们已看不到兰格伦[7]曾经所见的那片全是人的美丽田野，呈现在我们眼前的是藩篱，几乎没有充裕的人力以满足国家的需要。我们所处的世界风云变幻，如果我们保持学习，我们或许还能不落后于时代。历史并非当时情况的最优解，而主要是第二或第三选择。制度经常导向明确的解决方案，而非主要关注降低生活和福利成本的调整策略。计划往往挂一漏万、忽视隐形要素，从而时效性不足！

我清楚地记得，随着水力发电和内燃机的出现，国际生活发生

---

[7] 威廉·兰格伦（William Langland，1332-1386），中世纪英格兰诗人。——译者注

了怎样的变化。铁路的份额下跌，朗达地区走出了阴影，商业和政治权力的新格局已经涌现并将不断洗牌。我们也许不久就会看到制造用的水力发电和运输用的内燃机的共同影响，那时苏黎世就能够通过飞机牵引的轮式列车出口其高级工程产品。变革无处不在。这些若隐若现的影响引发了巨大的政治和社会后果。

17世纪，荷兰工程师在贯穿普鲁士平原东西的冰蚀谷上开凿了条条运河，最终将波希米亚、西里西亚及波兰与汉堡通过水路联系起来。起初，这是腓特烈二世入侵的诱因之一。并且其影响深远，当荒地地主通过播撒土豆、甜菜等农作物而摇身一变成为容克新贵时，这种影响得到了强化。当今的战争企图侵略更远的地方，把压迫和剥削贯彻得淋漓尽致。我们至少要明白，我们面对的不是暂时的例外。如果我们在绘制地图上更有作为的话，我们也许不仅能帮助更多人意识到文明所面临的危险，而且能使他们更全面地理解侵略的过程和目标。

如何发现和阐述社会生活的模式及其变化趋势是研究和实验的课题。许多人在研究人口变化时都试图这样做，他们是对的。因为我毫不怀疑，出生率是历史最重要的因素，它忽高忽低，与社会形态有着最密切的联系。任何在斯拉夫、罗马尼亚或东方的农民社区、缺乏一技之长的城市工人社区和伦敦富裕的郊区生活过一段时间的人都能看到这点。我们的地图必须是动态的，我们的地理学也是如此。

在研究某个不论是我们自身的或者任何其他的区域时，我们有时往往只局限于该区域，然而影响该区域的要素可能正逼近其边界。坦克和战机的发展在很长一段时间内都发生在法国国境之外，但它在1940年却使这个欧洲历史上的伟大国家因此而殒命。

我们必须设法从尽可能多的角度——不仅仅是自然地理和经济产品，还有艺术和宗教、家庭和社区生活——来认识世界。我们还必须看到世界形势风云变幻。放眼全球，这个风谲云诡的世界就是我们的教区。如果我们谨记这一愿景、敢想敢为的话，我们就能全力以赴达至约翰·迈雷斯爵士所祈求的那种表达技艺。这被富有想象力而又风格多样的地理学家卓越地践行着，其中我可以列举出维达尔·白兰士[8]、冯·李希霍芬[9]、乔治·亚当·史密斯[10]以及我国的休·罗伯特·密尔[11]和哈尔福德·麦金德。

后记

英国皇家学会会员、格拉斯哥大学的亚瑟·特鲁曼[12]教授在《科学与未来》中提出了一个广受欢迎的倡议，即将从地质学到其他科学，再到历史学、经济学和社会学的学科，以地理学为中心进行组合，从而实现研究的统一联合。

---

[8] 维达尔·白兰士（Paul Vidal de la Blache, 1845-1918），法国地理学家、法国近代地理学和地缘政治学的奠基人。他致力于人文地理学和区域地理学的研究，认为特定地区的生活方式是该地区经济、社会、意识形态和心理特征的反映。他曾在大学长期任教。——译者注

[9] 冯·李希霍芬（von Richtofen, 1833-1905），德国地理学家、地质学家，被誉为"地貌学之父"。早年从事欧洲区域地质调查，并曾多次到中国考察地质地理。——译者注

[10] 乔治·亚当·史密斯（George Adam Smith, 1856-1942），苏格兰神学家。他于1916年当选英国国家学术院（The British Academy）院士，同年受封为爵士。1917年，他当选为爱丁堡皇家学会（The Royal Society of Edinburgh）会员。——译者注

[11] 休·罗伯特·密尔（Hugh Robert Mill, 1861-1950），苏格兰地理学家、气象学家。他在地理学教学改革和气象学发展中具有重要影响。他曾于1907年至1908年任英国皇家气象学会（The Royal Meteorological Society）主席。——译者注

[12] 亚瑟·特鲁曼（Arthur Elijah Trueman, 1894-1956），英国地质学家。他曾获大英帝国爵级司令勋章（KBE），是英国皇家学会（The Royal Society）和爱丁堡皇家学会（The Royal Society of Edinburgh）会员，并于1945年至1947年任地质学会（The Geological Society）主席。他从1937年至1946年在格拉斯哥大学教授地质学。——译者注

评论

例外论[*]

[美] 丹尼尔·T. 罗杰斯 著 石烁[**] 译

最近出版的一本学术文集提出了这样一个问题："美国不一样吗?"[1] 有人可能会觉得这问题令人迷惑不解，它在修辞上如此矫揉造作，暗含的对比明显含糊不清，然而无论比较的标准应该是什么，答案都显然是肯定的。并且，即便用另外一个主语来代替"美国"，使问题变成"阿根廷不一样吗"或"阿富汗不一样吗"，回答仍然是肯定的。有人则可能会觉得这是个值得注意的问题，也就是说，如果这一问题在美国历史上并未被频繁地问及，并如此强烈地渴望得到一个肯定性的回答，那么它确实值得注意。

对于"美国不一样吗"这样一个问题，人们期待着职业历史学家以一系列使合众国历史与众不同的情况与例外作答：这块土地按照欧洲标准人口极少，（考虑到这片土地上的居住者与侵

---

[*] 译自 Molho Anthony, Gordon S. Wood. *Imagined histories: American Historians Interpret the Past*, Princeton: Princeton University Press, 1998, pp.21-40。——译者注

[**] 石烁，清华大学人文学院历史系博士生。

[1] Byron E. Shafer, *Is America Different? A New Look at American Exceptionalism*, Oxford: Clarendon Press, 1991.

略者之间在生理免疫和技术传承上的巨大不平等）它相对来说无需代价就能够被征服，并且富含着易于开发的自然资源，远离强国间冲突的核心战场，没有垄断着土地所有权和国家公职的世袭贵族，所以（相较于欧洲的旧制度）相对来说，无需代价就能够民主化，且全部处于经济发展相对容易达到西欧核心国家程度的现代世界历史时期，诸如此类。所有这些（甚至不止这些）都是真实的，也都是重要的。

但是，假如这些答案至关紧要，那么在更深的层面上，这个问题本身同样如此。这是个奇怪的问题，它如此经久不衰地被讨论，以至于让自己囿于这样的教条之中：只要拥有博士学位，就被认为有资格具备一种对时间和变易的专业敏感性。在冷战的白热化时期，美国的"例外论"历史借由一种奇异的政治变装，带有了一种斯大林主义的新名词含义。然而，在当代美国历史书写的支配性主题中，没有哪个议题的发表，对于受到周遭文化影响的职业历史学家来说，比一种不仅仅追求差异，也追求一种凌驾于诸国独特性之上的独特性的渴望更加急迫。这种渴望试图证明美国自己的独特性如此之深刻，以至于认为其他所有国家的历史都免不了受到它的牵绊。那么，这种狂想的史学以前是什么样的呢？它现行的史学趋势又是什么呢？

在一场其实质经常滑入文字游戏的辩论中，就让我们从术语本身开始吧。无论美国与众不同的观点可能关乎什么，它本身与差异无关。在纯粹的差异中，找不到任何特别的或者突出的东西。乔伊斯·阿普尔比（Joyce Appleby）在最近的一篇文章中道出了问题的常识之处："所有的国家都是不同的，而且几乎所有的国民情绪都充分利用了它们的差异。"[2] 无论是在头脑中还是事实上，独特性

---

[2] Joyce Appleby, "Recovering America's Historic Diversity: Beyond Exceptionalism", *Journal of American History*, 79 (1992), 419.

都是所有国家的应有之物。围绕着这一如此直白的同义反复，修辞和分析的热度都足以点燃一场不会沉静下来的史学争论。

在一连串自 17 世纪以来的比喻中，欧美人围绕着变成了美利坚合众国的那部分美洲编造故事；差异事实上仅仅是诸多线索中的一条而已，它既不是最独特的，也不是最重要的。新世界的"新奇性"（newness）才是一个更加引人注目的隐喻。"新奇性"最初被用来表现欧洲人对他们的世界地理学知识的意外差错的惊异，在革命氛围笼罩着的 1770 年代和 1780 年代，它成了一个更令人兴奋的主张的标识，即社会和政治关系上史无前例的英属北美时代的开端：一种"时代的新秩序"。[3] 然而，一条三流的线索成了幸运的那个。从约翰·温斯罗普（John Winthrop）到奥利弗·诺斯（Oliver North），[正如萨克文·伯科维奇（Sacvan Bercovitch）所言]"上帝之国的仪式"已经运转起来了：一种上帝在祂所特意拣选的土地的历史中行事的感觉。[4] 不仅如此，差异在美国民族文化中相当于"更好"，即美国道路的优越性。诸种差别融合着，纠结着。成为与众不同的，就是成为最好的，就是在声称自己拥有一个崭新的、唯一神圣的社会的成员资格。

然而，这类情绪中没有多少像美国人想象的那样是只属于美国的。如果美国人是"不同的"，那么英国人也有着他们自己珍视的独特性，法国人也有他们的"法兰西精神"（génie français），19 世纪的德国人则有着他们与众不同的"文化"（Kultur）。美国人并非

---

[3] J. H. Elliott, *The Old World and the New*, 1492-1650, Cambridge: Cambridge University Press, 1970; C. Vann Woodward, *The Old World's New World*, New York: New York Public Library and Oxford University Press, 1991; Jack P. Greene, *The Intellectual Construction of America: Exceptionalism and Identity from 1492 to 1800*, Chapel Hill: Omohundro Institute of Early American History and Culture, 1993; Karen Ordahl Kupperman., *America in European Consciousness*, 1493-1750, Chapel Hill: University of North Carolina Press for the Omohundro Institute of Early American History and Culture, 1995.

[4] Sacvan Bercovitch, *The Rites of Assent: Transformations in the Symbolic Construction of America*, New York: Routledge, 1993, p. 30.

是唯一幻想让时间重新开始，或者了解一想到"新世界的诞生"〔托马斯·潘恩（Thomas Paine）的说法〕近在眼前就陷入狂喜的人群。自豪感与天佑论（providentialism）流播太广以至于无法想象它们是美国的特别之处。如果欧洲访客来到19世纪的美国，忍受着美国人的狂妄自大，那么美国游客造访威廉二世时期的德国（Wilhelmine Germany）以及维多利亚时代晚期的英国，也同样要忍受着在自负和自满上不输美国的民族优越感。纵观历史，军队都以上帝为他们的统帅而集结，政客则密谋着外交政策，就好像他们是命运本身的代理人一样。这些并非是偶然相似。从现代早期到后殖民的当下，差异与优越情绪的培养一直处于国族建构方案的核心地位。若要让一位乡下人看起来像个法国人（或者印度人、伊拉克人），最重要的事莫过于往公民的脑袋里灌输国家独特性的意识。

可是，在这些通用说法中，存在着这样一种观念，它即便不完全区别于美国复杂性，也别具一种尤为显著的分量。这就是"例外论"的观念。例外论不同于差异。差异需要比对；例外论则需要一套规律。差异的主张有赖于对立与多样性；例外论的主张则将某人自己的国家特殊性建立在所有其余民族的同质性上，即建立在支配着手头特例以外的一切的规律和条件上。阿普尔比写道："例外论预设从普遍命运中解脱出来。没有什么例外不基于为人所熟知的普遍化或规范，相对于它们，例外更需要引人注目。"[5] 简单来说，当在例外论中来理解差异时，所指之物被普遍化了。与什么不同？与历史的普遍趋势、国家的"常规"命运以及历史动力学本身的法则不同。

"例外论"一词是美国历史和政治分析上晚近出现的迟来者，它是1920年代斯大林主义的造物，在二战后意外地进入了美国历

---

[5] Appleby, "Recovering America's Historic Diversity", *The Journal of American History*, 79 (2) (1992), pp. 419–420.

史书写的核心词汇表中。这个术语从一开始就与马克思本人所说的普遍"历史运动的法则"——世界历史的运动始终朝向资本积累、贫困化（immiseration）、无产阶级化（proletarianization）以及将最终资本击垮的阶级斗争的更激烈的形式——捆绑在了一起。普遍历史的观念这个世纪之交马克思主义知识分子面临的理论问题——它与美国毫不相关，那里的发展并不总是简单地符合普遍道路——在1920年代晚期成了一根打击离经叛道的国家共产主义政党并使之屈服的大棒。这其中就包括1920年代晚期的美国共产党。在亨利·福特（Henry Ford）和赫伯特·胡佛（Herbert Hoover）的时代，由于美共遭遇组织困难的打击，其领导人们抵制共产国际关于世界现代史的"第三阶段"早已在1929年就开始了的声明，坚持认为美国经济尚未到达"崩溃稳定化"（collapsing stabilization）的地步，而是一直卡在资本主义的上升阶段。更糟的是，他们要求在日常的策略和战略中掌握更大的自主权。在受召来莫斯科参与一场关于"美国"问题矫揉造作的公开讨论时，美国共产党的领导人们错误地将他们自己的理由与尼古拉·布哈林（Nikolai Bukharin）联系在了一起，此时斯大林正筹划着将他的这位联合领导人（指布哈林）革职。由于烙上了"例外论"这一"邪说"的印记，美国人被驱逐出党，由一支敌对的干部队伍取代了他们的位置。策划这一事件的斯大林对利害攸关的历史问题并不感兴趣。对于被开除的洛夫斯通派（Lovestoneites）[6]来说，他们既没有使用过"例外论"这一术语，也没有声称美国的经济发展和其他地区的经济发展相比处于不同的规律中，其他地方只是落在了后面而已。[7]

---

[6] 指由美国共产党前任总书记杰伊·洛夫斯通（Jay Lovestone）领导的、美共内部的反对派团体。1929年，该组织被驱逐出美共。——译者注

[7] Robert J. Alexander, *The Right Opposition: The Lovestoneites and the International Communist Opposition of the 1930s*, Westport: Greenwood, 1981; Bertram D. Wolfe, *A Life in Two Centuries: An Autobiography*, New York: Stein and Day, 1981.

自这样极为不详的开端之后，例外论的观念本应该不出所料地死于概念的迅速凋亡。若不是因为一系列强有力的、与国家文化中其他潮流相关的同源关系，例外论的观念几乎不可能摆脱它诞生之初的特定环境。然而在其他的音调和音域上，例外论的历史更深、更牢固地根源于美国而非马克思主义。新教美国人长期以来就有着他们自己的、以末世论（eschatology）和千禧年主义（millennialism）的语言写就的普遍历史，他们自己有着朝向原罪的历史运动的基本法则，从中一群特定的人群被拣选出来，成为一个被"选中"的民族。例外论历史的"共和主义"版本在保留例外论结构不变的同时，将新教历史的术语世俗化了。在权力与财富的爆发中，国家崛起了，但是历史的普遍趋势却是下行的，因为在私人财富的诱惑和自我关怀的利己主义氛围中，道德和习俗堕落了。假使时间的普遍趋势畅通无阻地运行，美利坚合众国的常规化、"欧洲化"是命中注定的——除非，这个国家能够凭借德性从变更的普遍潮流中让自己解脱出来，从时间当中抽身而出。[8] 规律和例外进入了对于莫斯科的美国委员会来说透露着异端气息的模式中，稍早或者稍晚的例外论变种都运转着，在区分行为中变得趋同，在声称特定的行为中制定出普遍法则，但这条特殊的例外条款只对美国有效。

在所有这些构想中，想要搞清楚分析从何处停止，训诫在何处开始，从来都不是一件容易的事。自从约翰·温斯罗普的断言——并非是上帝将清教徒的计划置于"山巅"，而是祂的那些在中大西洋争论不休的同伙在希望之中引领了自身——之后，例外论修辞中的条件性部分和事实性部分已然变得极难强行区分。然而在美国，例外论从焦虑之井中汲取的一点都不比骄傲之井少。专门被豁免的

---

[8] Michael Lienesch, *New Order of the Ages: Time, the Constitution, and the Making of Modern American Political Thought*, Princeton: Princeton University Press, 1988.

国家可能会从其他国家的份额中拖欠属于自己的自由，但这一提议的条款却未受到广泛地质疑。在这方面，美国的例外论修辞不同于大部分形成于现代早期欧洲帝国边缘的国家的例外论，尽管它们非常相似。此处，再次出现了常规国家发展的强预设。但是观察家们强调，在加拿大和拉丁美洲，例外论的修辞学是一种与常规的疏远，一种缺席、遗失和惋惜。它们生于边缘，其认同仍旧部分是殖民地的，就像萨克文·伯克维奇笔下的加拿大一样，他们的神话"在别处"。[9]

相比而言，例外论在美国是被当作一种恩赐而非缺失被接受的。它也是一种关于缺乏的修辞，但这种缺乏是一个普遍化了的外部世界的疾病与不足。尽管如此，美国神话以自己的方式使其存在于"别处"，它在差异中设定自己的身份，又在从规则之豁免中设定自己的差异。一个用例外论术语构想自身的国家注定要至少花费和书写其自身历史同样多的大众史学能量来用在想象其他民族的历史上。这乃是美国历史的一个不为人知的反讽。

虽然他们在充满着例外论信念的国家文化中进行写作，但形塑了美国史专业书写的历史学家们却在形成时期表现得并不总是步调一致。身处一个既是大西洋的，又是美国的学术世界，他们受到的训练使得他们更能够把美国史视作内在于而非外在于世界历史的进程。他们笔下的美国很少符合他们自己的历史需求，而是更多地遵循更宽广的、跨文化的历史动力：国家的进步、欧洲或西方的崛起以及文明本身的上升。观点也出现在家族簇（family clusters）中，例外论在特定的框架中关联着它的对立面和替代物：联系性（connectiedness）、共谋性和嵌入性。在职业史学整合自身的19世纪八

---

[9] Bercovitch, *Rites of Assent*, New York：Routledge, 1993, p. 8.

九十年代，可以说后者（替代物）占了上风。[10]

替代物有着若干不同的形式。在乔治·班克罗夫特（George Bancroft）1882 年完成的《美国史》中，首要的原动力便是自由的"世界精神"暂时"住进了"美国。正是这一原动力使得美国革命对于班克罗夫特来说不仅仅是一件国家事务，更是"对于全世界人类及未来数代人的权利声张，且不带有一点点例外"。[11] 到了 19 世纪末，班克罗夫特对"人类统一体"的信念已经消失殆尽，新的大学科系从东方上层阶级社会圈子中大量招募成员，正是在其中，"人类统一体"的信念被一种更加狭窄受限的、对所谓的日耳曼的或盎格鲁-撒克逊遗产的信念所替代。盎格鲁-撒克逊编史学是从移民和非白人美国人可能要提出严肃要求的那种可能性中提取美国历史精髓的一种简便手段，但是它并未制造出国家自给自足的幻象。"任何国家的历史都处在与世界其他地区的联系当中"，哈佛大学的艾伯特·布什内尔·哈特（Albert Bushnell Hart）在他的"美国史基本原则"（1883）列表的开端如是说。"我们的制度从起源上是日耳曼的；它们经由英国制度汇入到我们中"。[12]

例外论阵营中最具分量的鼓吹者是弗雷德里克·杰克逊·特纳（Frederick Jackson Turner）。特纳强调用"不断重生"（perennial rebirth）来定义美国经验，并阐述了相对于支配着其他地区的社会发展规范的偏离感。正是在这些工作中，他将例外论历史的各种比喻

---

[10] 多萝西·罗斯将"美国例外论的意识形态"置于新兴社会科学的特定中心，她强调永恒的乐观主义，从现在时到未来时的、迅捷且不成问题的推断，以及体现在 19 和 20 世纪早期历史写作中的、对进步和社会进程的"前历史"理解。但是，尽管这些特点很恰当，罗斯却夸大了它们特有的美国性。Dorothy Ross, *The Origins of American Social Science*, New York：Cambridge University Press, 1991. 参见 Daniel T. Rodgers, "Fine for Our Time", *Intellectual History Newsletter* 13 (1991), pp. 41-44.

[11] George Bancroft, *History of the United States, from the Discovery of the Continent* (vol 4), New York：Appleton Co. Press, 1890, p. 450.

[12] John Higham, Leonard Krieger, Felix Gilbert, *History*, Englewood Cliffs：Prentice-Hall, 1965, p. 161.

集聚到特定的权力形式中。特纳边疆的空间模糊性时常被注意到，因为它甚至都不像欧洲反面位置那样在地图上占据一席之地。在1893年论文最有名的一段中，特纳写道"欧洲人带着衣服、工业、工具、旅行方式和思想"到达了拓居地的边界，拓荒者脱离了历史通常不可抗拒的必然性，作为美国人接受了一次再洗礼。不亚于马克思，特纳也有他自己关于历史运动的法则：从简单到复杂、从原始经济到制造业经济、从野蛮到文明，所有这些都是一个受过良好教育的晚期维多利亚时代的人常见的社会演化观念。但是边疆是美国的解放者：这里历史运动的普遍法则出现了倒转。特纳写道，边疆是美国"逃离过往羁绊的大门"，也是逃离上层历史学家的日耳曼根源、逃离欧洲、实际上逃离历史本身的大门。[13]

像特纳的"边疆在美国历史上的意义"这样如此富有隐喻性的文章本该被认定为是19世纪晚期美国出品的最重要的单篇历史作品，但是除了特纳的生动描述如此受到欢迎之外，它几乎不被人所理解。实际上，特纳的边疆论文差不多可以定位在学院式学术和肖托夸文化（Chautauqua culture）[14] 的交叉点上。这篇论文是例外论的边界条件形式，全文充满着不安的意识，即他认为导致美国各种例外之处的物质条件现已耗尽了。如果说特纳将例外论的关键安放在了边疆上，那么随着边疆的消逝，阻止新世界逐渐老去就是一件毫无希望的事。但是在例外论的阵营中，历史与信仰之间的界限总是模糊的，并且从来没有像特纳那样模糊。在接下来的20年内，面对他自己的环境唯物主义，特纳忍不住劝诫他的国民仅仅通过意

---

[13] Frederick Jackson Turner, *The Frontier in American History*, New York: Henry Holt and company, 1921, p. 2, 4, 38.

[14] 指19世纪末美国肖托夸运动中形成的文化风格。第一次肖托夸集会在1874年纽约州的肖托夸湖畔举行，后来发展成巡回集会，在整个美国乡村流行起来。美国前总统西奥多·罗斯福曾称肖托夸为"最具美国特色的东西"。——译者注

志的行动"抵制适应欧洲模式的趋势"。[15]

然而,尽管特纳声名显赫,但例外论仍未成为职业史学界的主旋律。那个时代史学界最宏大的、最野心勃勃的集体创作当属哈珀(Harper)和布拉泽斯(Brothers)的 28 卷本《美国史》。这套书于 1904 年到 1918 年间陆续出版,它并非以边疆开篇,而是以威廉·切尼(William Cheyney)的《美国历史的欧洲背景》开篇,接下来是利文斯顿·法兰德(LivingstonFarrand)对美国印第安民族详尽的人种志叙述,然后进入了 20 世纪四五十年代美国历史学家所认为的美国历史的适当开端——大西洋海岸的英格兰殖民地。[16] 在查尔斯·安德鲁斯(Charles M. Andrews)的领导下,美国革命最为权威的研究者们不再带着高涨的爱国主义描述革命事件,而是将其视作一个大西洋的、英语帝国之内的一系列纷争来重新描述。[17] 至于 20 世纪美国历史书写的巨匠查尔斯·比尔德(Charles Beard)和杜波依斯(W. E. B. Du Bois),他们吸收了太多的阶级分析和经济分析,并且本能地构思着一个过于庞大的世界图景,因而不能够成为例外论者。"美洲的发现、殖民和扩张仅仅构成人类在地球表面漫长而躁动的活动的一个时期",查尔斯·比尔德和玛丽·比尔德如此开始这本 20 世纪早期最具影响力的美国史书。很显然,此句的关键之处在于那个无端的词"仅仅"(merely)。在比尔德的《美国文明的兴起》(1927)一书中,经济进程跌宕起伏,帝国崛

---

[15] Frederick Jackson Turner, *The Frontier in American History*, New York: Henry Holt and company, 1921, p. 281.

[16] Edward P. Cheyney, *European Background of American History*, 1300–1600, New York: Harper And Brothers, 1904; Livingston Farrand, *Basis of American History* (1500–1900), New York: Kessinger Publishing, LLC, 1904. Turner, Frederick Jackson, *The Rise of the New West*, 1819–1829, New York: Harper and Brothers, 1906.

[17] Charles M. Andrews, *The Colonial Background of the American Revolution*, New Haven: Yale University Press, 1924.

起，利益冲突，但特殊命运之手却并非在美国历史上。[18]

简言之，在一种渗透着例外论信念的文化中写作，职业历史学家并不会轻易地接受例外论的前提。他们之所以不能，是因为他们是黑格尔主义者（如班克罗夫特）或精英分子（如哈特），因为他们了解那些远在美国之外的世界（牛津激进主义之于比尔德，学生时代的柏林之于杜波依斯），或者是因为事实对他们来说似乎不符合例外论的模式（比如深入挖掘英语材料的安德鲁斯）。

正是20世纪30年代末欧洲的第二次震裂——被1940年代的许多美国人称之为旧世界的"自杀"——改变了史学氛围。1940年代发表作品的那一代学者最先将例外论视作美国的基本事实。如今再看，他们这样做似乎是意图明显的，这并不是因为他们所强调的美国历史现象过去没人注意到，而是因为他们对欧洲的理解如此戏剧性地动摇了。人们必须通过字里行间的阅读才能理解，在一种新的悲剧基调中被改写的与其说是美国的特有历史，不如说是历史运动本身的普遍法则。

赫克托·圣约翰·德·克雷夫科尔（J. Hector St. John de Crevecoeur），一位颇为失败的18世纪法国移民、旅行作家。在新史学转向的几个指示性标志中，突然间对他作品的四处引用便是引人瞩目的一项。克雷夫科尔的抒情诗讲述了美国社会对新移民的转化影响，讲述美国社会将各个民族的人融合进"一个新的人类种族"。实际上，他的这些文字在20世纪之前的美国鲜有人读，而将它们从语境中提取出来，重新以"美国人这种新人是什么？"为题，

---

[18] W. E. B. Du Bois, *Black Reconstruction*, New York: Harcourt, Brace Co, 1935; Charles A., Mary R. Beard, *The Rise of American Civilization*, rev. ed., New York: Macmillan Company, 1940, p. 3.

如今似乎变得随处可见。[19] 老阿瑟·施莱辛格将这个问题作为他 1942 年在美国历史学会上所作的主席发言的主题。[20] 新美国研究运动中的作品充斥着对克雷夫科尔的援引。它们打开了美国革命修正主义史学的催化剂，尤其是罗伯特·布朗（Robert E. Brown）1995 年的《中产阶级民主与马萨诸塞革命》一书。[21] 离开它们去书写美国史与欧洲史的关系几乎是不可能的。像克雷夫科尔这样如此处于临界点的（liminal）人物，他并非一个法国人或者一个英属北美人，而是被一场原理不为自己所知的，创新之处受到自己怀疑的，暴力让自己感到厌恶的革命困于两者中间的人，[22] 他本应该抓住这片土地的钥匙，却在 1780 年逃离了它，这一切都表明历史学家们对一个摆脱了欧洲历史的美国突然间变得多么在意。

克雷夫科尔的复活是智识基础上深层转变的表层征兆。从战时的士气规划开始，国家特点与性格的研究走到了战后社会科学的前沿。论及"美国国民性"之处如雨后春笋般既出现在新美国研究项

---

[19] 克雷夫科尔自己的标题更加温和："何谓一个美国人？" J. Hector St. John de Crévecoeur, *Letters from an American Farmer* 1782, The Christian Science Monitor, Oct. 17, 1983. 克雷夫科尔的短文只是新例外论史学之经典文本中的一个。维尔纳·桑巴特的《美国为什么没有社会主义？》（不是桑巴特自己写的那本）则是另外一个。在书中，桑巴特认为廉价土地和人为高实际工资的特殊条件只是暂缓了走向一般的工人阶级政治的普遍力量，这种力量如他所见，在美国和其他地方是一样的。而是另有完全不同的条件，这其中桑巴特的临时条件变成了国家特殊财富中的固有条件。托克维尔对美国的全部兴趣都来自于他对大西洋两岸民主推力之相关性的感觉，并且他在杰克逊时代的美国所看到的都不是例外，而是规律，是法国未来的面貌，可即便如此，他都通过被选择性引用而被改写为美国例外论的预言家。Seymour Martin Lipset, "American Exceptionalism Reaffirmed", in Shafer, *Is America Different*? p. 2.

[20] Arthur M. Schlesinger, "What, Then Is the American, This New Man?", *American Historical Review*, 48 (1943), pp. 225-244.

[21] Robert E. Brown, *Middle-Class Democracy and the Revolution in Massachusetts*, 1691-1780, Ithaca: Cornell University Press for the American Historical Association, 1955.

[22] Hector St. John De Crévecoeur, *Letters from an American Farmer*, Letter XII; Thomas Philbrick, St., New York: Oxford University Press, 1970.

目的"软"的多学科折中主义中,也出现在"硬"的社会科学中。[23] 大卫·里斯曼(David Riesman)为他 1950 年的著作《蹩脚的大众》起的副标题叫做一项关于"转变中的美国性格"的研究。大卫·波特(David Potter)以一种特纳式结构的修订拓展版使用国民性这个概念,来说明丰裕(abundance)乃是美国特有历史的关键。[24] 通过佩里·米勒(Perry Miller)和其他人的作品,美国历史上的天意紧张感被吸纳进史学研究的核心地带。米勒和他的学生将新英格兰的清教主义从 1920 年代禁酒令曾给予过它的诽谤——清教主义是美国心智中原罪式纠缠的、拒绝享乐的阴影——中解放出来,高举新英格兰分离派乌托邦主义的大旗,并将它作为国家心智和文化的基要。约翰·温斯罗普的"山巅之城"指引着一个已经逃离其命运的世界,它不再是中大西洋的希望,甚至也不再是波士顿;他现如今乃是美国自身。[25]

这些例外论规划中,为了战争和冷战而阐明一个有特色的"美国道路"的需求发挥了核心作用。然而,一种不太明显的政治需求同样驱使着它们:面对传统欧洲的崩溃,有必要解释美国是如何毫发未伤地经历了 20 世纪中叶的灾难,经历了俄罗斯、德国和西班牙的左翼革命、1940 年代法国的内部崩溃、英国的破产以及中欧和南欧危险的不稳定。如果这就是历史的趋势——一个存在着动荡

---

[23] Michael McGiffert, "Selected Writings on American National Character", *American Quarterly* 15, summer 1963, supplement, 271-88; Michael McGiffert, "The Uses of National Character Studies", ibid., 21 (1969), pp. 330-49; Luther S. Luedtke, "Introduction: The Search for American Character", in Luedtke ed., *Making America: The Society and Culture of the United States*, Chapel Hill: University of North Carolina Press, 1992.

[24] David Riesman, *The Lonely Crowd: A Study of the Changing American Character*, New Haven: Yale University Press, 1950; David M. Potter, *People of Plenty: Economic Abundance and the American National Character*, Chicago: University of Chicago Press, 1954.

[25] 米勒在 1954 年写道:"按照时间顺序来讲,史密斯和弗吉尼亚的其他几个人,普利茅斯的两三个人在(温斯罗普的)《基督教慈爱的典范》之前就出版了关于美国的著作,但是温斯罗普触及了美国心灵的主旋律,……他站在了我们意识的起点。"Perry Miller, *Nature's Nation*, Cambridge: Belknap Press of Harvard University Press, 1967, p. 6.

和革命的马克思主义的世界,它充满着持续而残忍的阶级冲突,却又剥离了马克思关于其美好结局的幻想——那么美国的历史确实是例外的。

在这种对历史的普遍趋势的重新思考中,美国革命占据了一个特别重要的位置。正是在这个问题上,安德鲁斯讲述了一个帝国因为对时局的错误判断而导致分崩离析的故事,比尔德意识到经济的普遍性发挥着作用,克兰·布林顿(Crane Brinton)领悟到革命自身的普遍形式。[26] 战后研究美国革命的史家重新将这一事件阐述为异常的历史例外。在一个被革命摧毁稳定的影响所困扰的世界中,美国的情况似乎是别具一格的:一场维持在温和的、洛克式的边界内的民众革命,一场没有雅各宾派和布尔什维克党人的、不具恐怖统治的、没有列宁和罗伯斯庇尔的革命。像罗伯特·帕尔默(Robert Palmer)这样的欧洲史家也许会写出18世纪革命的普遍时代[27],但是对于美国历史学家们来说,1776年和1789年的激变无论在象征意义上还是在历史意义上都有着天壤之别。罗伯特·布朗怀着满腔热血写道,美国革命"绝对不是革命的",就像很多与他同道的史家对巴黎的描写一样。正如布朗试图从独立前夕马萨诸塞殖民地的财产分配中展示的那样,美国革命是"独一无二的",因为北美殖民地的社会分层本身就被独特地缩减为一种"几乎与欧洲社会完全相反"的结构。[28]

从这里开始,美国政治的剩余部分呈现出来。在美国革命被重新概念化为一次对常规革命规律的非凡突破的地方,随之而来的政治进程被重新定义为无阶级性的胜利。只有在1930年代的激进之

---

[26] Crane Brinton, *The Anatomy of Revolution*, New York: W. W. Norton and Company, 1938.

[27] R. R. Palmer, *The Age of Democratic Revolution*: *A Political History of Europe and America*, 1760–1800, Princeton: Princeton University Press, 1959, p. 1964.

[28] Brown, Robert Eldon, *Middle-Class Democracy and the Revolution in Massachusetts*, 1691–1780, New York: Harper&Row, 1969, pp. 368–401.

火熄灭后，只有美国产业工会联合会（CIO）融入了战后经济增长的共荣精神中，最重要的是，只有在大灾难的背景下，这样一种对美国政治的解读才能够站稳脚跟。小阿瑟·施莱辛格（Arthur Schlesinger, Jr.）的《杰克逊时代》（1945）仍然呼吸着战前历史书写的气息，但这一气息很快就变得稀薄了。[29] 从反斯大林主义左翼向中间派移动的学者们在共产党的惯用语中抽出"例外论"一词，并把这个词纳入了美国社会和政治科学的核心词汇表。一种缺陷——社会主义在美国的相对失败——成了国家历史上起决定性作用的时刻，成了一种对美国在马克思所鼓吹的革命性世界中受到特别豁免的认可。

没有哪本将战后例外论史学的主题放在一起讨论的书比路易斯·哈茨（Louis Hartz）1995年的《美国的自由传统》更具有影响力。诚然，哈茨是一位政治理论家而非历史学家。除了其政治经济体系为哈茨所稔熟的19世纪早期宾夕法尼亚，他的历史不过是一幅概要的缩略图；但是他以生动的方式表达了战后美国人想要听到的：扼住欧洲喉咙的历史运动规律对于美国来说并不适用。就像特纳的著作一样，哈茨的书是例外论的一种边界条件形式。由于没有欧洲社会的封建制和从资产阶级"萌芽"中开始，美国历史只能以不一样的方式呈现。然而，与特纳的例外论不同，在特纳的例外论中，历史的普遍动力在不断地移向边疆中保持着它的影响，而在哈茨的例外论中，时间本身在美国停止了。由于没有封建制的历史，历史内在的、辩证的动力就没有价值了。没有罗伯斯庇尔，没有德·迈斯特，没有马克思，没有戈培尔，也没有斯大林，只有（用哈茨喜欢的简写）一个不朽的洛克。其他国家饱经重生的剧痛，而美国人却凭借他们建国的偶然条件，已经摆脱了历史变迁的根本动

---

[29] Arthur M. Schlesinger, Jr., *The Age of Jackson*, Boston: Little, Brown and Company, 1945.

力。开端与众不同,美国人注定永远相同,并永远不同于其他人。[30]

哈茨所说的"关于美国的故事书真理",是关于一个在逃离历史的过程中,发现他们自己例外的未来比欧洲的更加自由,也更加稳定的民族。这个故事如此不证自明,以至于对它做过贡献的历史学家们很难意识到在他们的反马克思主义中,对马克思关于历史运动的普遍法则——它能够适用于任何地方,唯独不适合他们自己国家的情况——的重新构想是多么惊人。当然,那种在其他地方投射出来的、充斥于美国史书写的线索间的革命不稳定性,几乎从未从美国史本身中缺席过。在另一种背景下,种族与奴隶制的易燃成分,长达三十年的种族斗争以及内战的灾难可能会扰乱例外论历史的核心假设。但是巴黎公社发生的地方是法兰西,而美国内战虽然是一件无可比拟的巨大历史事件,却在某种程度上与美国无关。例外论史家们的双手可能深埋于美国的历史档案中,但是他们的一部分心智却系于别处:在1793年的巴黎,断头台在极度狂热中派上了用场;在1917年的列宁格勒,白宫正处于风雨交加之中;或者在1933年的柏林,彼时街头上挤满了"褐衫党"(brownshirts)。只有在这种选择性的欧洲历史的背景下,将其他国家的历史事件融合进一个单一的主题当中,才能证明他们是独一无二的,美国的过去似乎是稳定的,"天衣无缝的"(丹尼尔·布尔斯廷的用语),是对规则的豁免。[31]

例外论的美国历史即便在其最高涨的时候,也从未像世界主义

---

[30] Louis Hartz, *The Liberal Tradition in America*: *An Interpretation of American Political Thought since the Revolution*, New York: Harcourt Brace and Company, 1955; Louis Hartz et al., *The Founding of New Societies*: *Studies in the History of the United States*, *Latin America*, *South Africa*, *Canada*, *and Australia*, New York: Harcourt, Brace and World, 1964.

[31] Daniel J. Boorstin, *The Genius of American Politics*, Chicago: University of Chicago Press, 1953, p. 30.

史学曾做到的那样控制了整个史学领域。20世纪40年代与50年代，旨在将美国当下的愿景与欧洲过往的最佳状态结合起来的西方文明课程激增——虽然从事美国历史研究的史家很少教授这些课程，这不仅仅因为他们还有其他工作要做，也因为概念上的鸿沟过于巨大。[32] 其他的历史学家则为美国在大西洋共同体或者"自由世界"的领导地位而鼓吹。但没有什么比批判史家在1960年代和70年代克服例外论的假设时所遇到的困难更能说明例外论假设的大量存在。在威廉·威廉姆斯（William A. Williams）的工作坊接受训练的"新"外交史家们恢复了一个几乎被政治记忆抹杀的帝国，但也只是将其解释为美国独特力量和价值的投影。[33] 新一代的移民史学家说明了同化远没有再生或者熔炉这样的词所表达的那么简单、准确；但是让故事从例外论史家使其开始的地方开始，随着移民们进入新世界的那一刻，他们发现获取文化互化（acculturation）中主人的资格远比推翻它更加容易。[34]

新社会史家开始努力展示例外论历史核心前提的空洞——他们从经验上证明了美国的社会流动性从没有像白手起家的神话所假想的那样深远，证明了美国政治的早期民主化并未能触及白人男性公民的特权圈子，证明了美国历史上的阶级分化和种族分化如此根深蒂固到容易让人忽视，证明了美国的工人阶级并不是消极地参与到新兴的资本主义和雇佣劳动的制度中，而是与之抗争，事实上比欧洲的工人阶级更加激烈——即使他们并没有根本上逃脱例外论历史

---

[32] Weber, Eugen Joseph, *The Western Tradition*, Mass: D.C. Heath&Co, 1990, chapter 10 in this volume.

[33] William Appleman Williams, *The Tragedy of American Diplomacy*, Cleveland: World Publishing Company, 1959; William Appleman Williams, *The Roots of the Modern American Empire*, New York: Random Hous, 1969; Lloyd C. Gardner, ed., *Redefining the Past: Essays in Diplomatic History in Honor of William Appleman Williams*, Corvallis: Oregon State University Press, 1986.

[34] Philip Gleason, "Crévecoeur's Question", chapter 6 in this volume. （指收入本文的 *Imagined Histories: American Historians Interpret the Past*, Princeton: Princeton University Press, 1998。——译者注）

的结构。这类对美国劳动人民的历史、奴役与自由的历史、移民与本地人的历史、女性与男性的历史的再发现所具有的活力怎么夸大都不过分。不过,虽然这些历史学家戏剧性地使美国阶级关系的故事复杂化,但是他们并没有避开例外论者所提出的核心问题:为什么规范的、欧式的社会主义并未在美国深深扎根。只要对例外论历史唯一有效的否定是诉诸一种激进的传统,一个意识到它自身利益和政治利益的、自治的工人阶级文化,在历史中心上相当于战前的德国社会民主党或战后的英国工党,那么对例外论历史持不同观点的历史学家的探索将注定失败。新社会史的叙事线索作为一连串英勇的失败和懊丧的机遇展现出来。它的底线并非与哈茨完全不同;毕竟美国不存在充分的社会主义。[35]

要挑战战后美国历史书写的例外论框架,需要在更根本上重塑美国历史学家心目中的世界历史图景。然而,在过去的十年间,很显然,这类挑战已经出现在广阔的史学前沿上。尽管饱受争议,后例外论的美国历史却已经进入了人们的视野。[36]

就此而言,其中一个核心事件是例外论所想象的欧洲正在逐渐消失,与此同时,想象中的其他国家的历史规律也在消失。二战结

---

[35] 这方面的其他一些人:David Montgomery, *Beyond Equality: Labor and the Radical Republicans*, 1862–1972, New York: Alfred A. Knopf, 1967; Alan Dawley, *Class and Community: The Industrial Revolution in Lynn*, Cambridge: Harvard University Press, 1976; John H. M. Laslett and Seymour Martin Lipset, *Failure of a Dream? Essays in the History of American Socialism*, Garden City, N-Y.: Anchor Books, 1974; David R. Roediger, *The Wages of Whiteness: Race and the Making of the American Working Class*, London: Verso, 1991; Kim Voss, *The Making of American Exceptionalism: The Knights of Labor and Class Formation in the Nineteenth Century*, Ithaca: Cornell University Press, 1993. 在缓慢渗入美国职业圈的史学中,英国也没有足够充分的社会主义——原因各异,但同样具有说服力。E. P Thompson, "The Peculiarities of the English" (1965), in his *The Poverty of Theory and Other Essays*, London: The Merlin Press, 1978; Ross McKibbin, "Why Was There No Marxism in Great Britain?" *English Historical Review*, 99 (1984), pp. 297–331.

[36] 这方面至关重要的有 Laurence Veysey, "The Autonomy of American History Reconsidered", *American Quarterly*, 31 (1979), pp. 455–77; Ian Tyrrell, "American Exceptionalism in an Age of International History", *American Historical Review*, 96 (1991), pp. 1031–1055. David Thelen, "Of Audiences, Borderlands, and Comparisons: Toward the Internationalization of American History", *Journal of American History*, 79 (1992), pp. 432–462.

束的55年后，西欧社会固有的不稳定性不再是历史的必然。随着共产主义欧洲陷入混乱，马克思主义史学的目的论动力也失效了。得到认可的既非马克思关于资本主义普遍力量将剥夺无产阶级"所有国民性的痕迹"的信念，也非作为替代选项的、关于普遍现代性的自由主义趋同理论。遍及现代世界，经济一体化和国家特殊化同时发生着。想象中的历史主要趋势不复存在。然而，一个没有规律的世界将不存在例外——只有差异的无穷回归。

例外论史学目的论之箭的褪色对美国劳工史研究造成了最显著的影响。肖恩·维洛兹（Sean Wilentz）的"反对例外论"大概在十年前问世，如今道出了这一领域的惯常智慧。正是没有工人阶级组织的历史模式——而非德国社会民主主义、法国的激进工团主义、斯堪的纳维亚的农民-劳工福利主义或者英国的自由劳动主义——清楚地捕捉到了黑格尔主义的"鬼火"：自在和自为的阶级意识。实际上，有多少欧洲国家就有多少种社会主义。[37] 接受一个没有工人阶级发展的规范道路的世界解放了美国的劳工史家，让他们能够更多地关注美国历史上有什么，而不是没有什么。如今，不必为平民运动和劳工骑士团中不充分的社会主义心怀歉意，就能够去书写二者的历史。工人阶级政治在美国失败的陈旧观点——廉价土地和高额报酬的诱惑，劳动力在人种上的层级特征与内部认同的种族化，白人工人阶级男性早期融入选举政治，政治文化中主导的反计划经济敌意，两党制独特的约束性限制，多数政治——并没有消失不见。但现在人们很少能听说永久的结构性阻碍，而更多地

---

[37] Sean Wilentz, "Against Exceptionalism: Class Consciousness and the American Labor Movement", *International Labor and Working Class History*, 26 (1984), pp. 1 - 24.; Aristide R. Zolberg, "How Many Exceptionalisms?" in Ira Katznelson, Aristide R. Zolberg ed., *Working-Class Formation: Nineteenth-Century Patterns in Western Europe and the United States*, Princeton: Princeton University Press, 1986; Jean Heffer, Jeanine Rovet, *Why Is There No Socialism in the United States*? Paris: Ecole des Hautes Etudes en Sciences Sociales, 1988; James E. Cronin, "Neither Exceptional nor Peculiar: Towards the Comparative Study of Labor in Advanced Society", *International Review of Social History*, 38 (1993), pp. 59-75.

听到偶然性与历史,力量与事件特殊的、偶性的聚合。[38] 偶然历史的回归并没有像其他的工人阶级那样在美国生产出一个工人阶级。但差异的问题从一开始就是错误的、同义反复的。例外论史学核心处的对照关系从不在差异与共性之间,而是在自主和关联之间。

在这个意义上,新兴的史学革命中不太受关注的一面却走得更远:承认美国参与了更大的世界历史动力。在殖民时期美国史的书写中,为了联系着的发展而放弃二分法走得最远。在一篇关于近期史学的综述中,乔伊斯·阿普尔比(Joyce Appleby)强调了殖民社会史家对年鉴学派的方法和剑桥人口统计小组的欣然接受,认为这是美国史家重新发现殖民地时期美国的欧洲性的时刻。就像肯尼斯·洛克里奇(Kenneth Lockridge)1970 年指出的那样,如果一个人埋首于某个新英格兰城镇的早期档案中,他不会发现美国的"国民性",而是会发现一种似曾相识的农民文化,它与弥漫在现代早期欧洲的"古老的、普遍的乡村生活模式"紧密结合在一起。[39] 但如今再看,更具变革性的事件不是时常偏离洛克里奇结论的那种新方法,而是对大西洋经济的重新发现。这方面的关键时刻是菲利普·科廷(Philip Curtin)对大西洋奴隶贸易的人口统计。在比较奴隶制研究的全盛期,科廷的工作为其添薪加火,可能为美国情况的解读提供了一种例外论的道德观。只有在英属北美大陆,奴隶人口才能在人口因素上维持自身,而相比之下,其他地区的经济优势则导致了极高的男女奴隶比例:导致了一种由年轻的、可消费的、

---

[38] Leon Fink, *In Search of the Working Class: Essays in American Labor History and Political Culture*, Urbana: University of Illinois Press, 1994, p. 28.

[39] Joyce Appleby, "A Different Kind of Independence: The Postwar Restructuring of the Historical Study of Early America", *William and Mary Quarterly* 50 (1993), pp. 245–267; Kenneth A. Lockridge, *A New England Town. The First Hundred Years: Dedham, Massachusetts, 1636-1736*, New York: W. W. Norton, 1970, p. 78.

可再购的人力资源组成的无家庭劳动力。然而,科廷研究的更大意义在于使人们重新关注欧洲、非洲和美洲之间开展的大西洋人体贸易的特殊维度。如果奴隶制居于美国历史的核心地位,就像 20 世纪 70 年代一系列著作雄辩地、无可辩驳地证明的那样,那么大西洋经济的力量和它的核心动力是分不开的。[40]

科廷用被奴役的非洲人填写大西洋,其他学者则开始以其他方式填写 17 世纪和 18 世纪大西洋的历史。艾尔弗雷德·克罗斯比(Alfred Crosby)展现了一个充满着植物、农作物和病原体的大西洋——它完全不是屏障,反而是一条宽广的生物交换高速路。研究美国印第安人与欧洲人关系的历史学家重新发现了皮毛的世界贸易,这种贸易深入大陆腹地,产生了深远的破坏性影响。伯纳德·贝林(BernardBailyn)用移民和土地投机者填写大西洋的历史。大卫·哈克特·费舍尔(David Hackett Fischer)用在途中的民俗填写大西洋的历史,而理查德·布什曼(Richard Bushman)则用时尚的物质产品填写之。甚至英帝国也再次成为历史研究的对象。[41]

对殖民时期美国史的核心兴趣出现了从新英格兰——米勒、贝林和爱德蒙·摩根(Edmund Morgan)在 1950 年代的工作帮助还原了它——向切萨皮克的转移。正是这一动向促成了英属殖民地美洲

---

[40] Philip D. Curtin, *The Atlantic Slave Trade: A Census*, Madison: University of Wisconsin Press, 1969; Philip D. Curtin, *The Rise and Fall of the Plantation Complex: Essays in Atlantic History*, New York: Cambridge University Press, 1990.

[41] Alfred W. Crosby, *The Columbian Exchange: Biological and Cultural Consequences of 1492*, Westport, Conn.: Greenwood Publishing Company, 1972; Alfred W. Crosby, *Ecological Imperialism: The Biological Expansion of Europe, 900-1900*, New York: Cambridge University Press, 1986; D. W. Meinig, *The Shaping of America*, Vol. 1, *Atlantic America, 1492-1800*, New Haven: Yale University Press, 1986; Bernard Bailyn, *Voyagers to the West*, New York: Alfred A. Knopf, 1986; David Hackett Fischer, *Albion's Seed: Four British Folkways in America*, New York: Oxford University Press, 1989; Richard L. Bushman, *The Refinement of America: Persons, Houses, Cities*, New York: Alfred A. Knopf, 1992; Jack P. Greene, *Peripheries and Center: Constitutional Development in the Extended Polities of the British Empire and the United States, 1607-1788*, Athens, Ga.: University of Georgia Press, 1986.

被重新定位在广大的大西洋经济体系中的西部边缘。这一在 1970 年代中期变得明晰的动向，就像任何更广泛的议题一样，与过度拥挤的史学的收益递减有很大关系。但很快就变得清楚，将南方重新整合入美国核心故事意味着在一个就像百川汇大海的地方，有界性的故事（就像洛克里奇说的"闭合的、团体性的共同体"）被不稳定性和渗透的故事所取代。相较于以地方色彩构筑的新英格兰研究，社会张力的累积与释放的涂尔干式叙述则是尖锐的、深邃的。烟草、奴隶、仆人、商品、精英和观念过快地穿梭于切萨皮克殖民地，以至于没法将美国历史的边界区分出来。[42]

从这些研究中浮现出来的英属美洲殖民地保留了与英国本土的深刻不同；但这是从边缘到中心的差异，从一个商业帝国的抽提边缘到其内核的差异。事实证明，在一个功能和劳动分配不平等与专门化的世界中，联系远比距离更能够解释差异。随着孤立的隐喻逐渐消失，人们开始能够理解到，在大西洋的西部边缘，被嵌入到一个更大的帝国计划和商业、劳动与权力的世界体系中的是英属（或者西属）北美而非"美国"。

大西洋体系的概念还没有像之前的时期那样深刻地改变美国革命的历史，但在这个问题上，一种转折观点的影响也不能再被忽视。无论为帝国的崩溃列出什么样的原因，显然都不再可能将这一崩溃描述为两个相异之处逐渐增多的民族间的失和。从贝林、戈登·伍德（Gordon Wood）、杰克·格林（Jack Greene）和其他学者的著作中能够清楚地看到，当要动员反对英国殖民政策时，即要用

---

[42] Edmund S. Morgan, *American Slavery, American Freedom: The Ordeal of Colonial Virginia*, New York: W. W. Norton and Company, 1975; T. H. Breen, *Tobacco Culture: The Mentality of the-Great Tidewater Planters on the Eve of Revolution*, Princeton: Princeton University Press, 1985; Lois Green Carr, Philip D. Morgan, Jean B. Russo, *Colonial Chesapeake Society*, Chapel Hill: University of North Carolina Press, 1988; Jack P. Greene, *Pursuits of Happiness: The Social Development of Early Modern British Colonies and the Formation of American Culture*, Chapel Hill: University of North Carolina Press, 1988; Cf. John M. Murrin, "The Irrelevance and Relevance of Colonial New England", *Reviews in American History*, 18 (1990), pp. 177–84.

词语去表达殖民者对税收和贸易限制，占领的、昂贵的军队和帝国管理的通常伴生物的反对时，爱国者们便会从英国激进辉格主义和代议制先例中借取大量的政治语言。出席大陆会议的代表们对伦敦的了解比对彼此的了解更深［正像加里·威尔斯（Garry Wills）在《发明美国》的一段中提到的］，他们发动一项共同事业的能力正根植于他们的英国性之中。不同的背景赋予了共同的观念与口号以不同的意义。然而托马斯·潘恩，这个几乎没离开过充满着激进工匠的伦敦的人，能够触及美国人愤恨的核心以及英国激进分子和美洲殖民地激进分子之间长久的、亲密的关系，他的能力使得帕尔默的大西洋革命时代的观念重新变得流行起来，正是在这个时代中，观念、愿景以及共和与民主的异端邪说能够自由地在英国、法国、美洲，乃至更远的地方传播。[43]

不能说19世纪的美国史也以相同的方式被重写了。但是这段历史中的一些极为重要的片段已经得到了改写，比如特纳的西部。在1980年代对"新"西部史的所有贡献当中，最为重要的是主张西部并非是一个逃避或者重生的地方，而是一个宗主国经济和政治力量投射其上的舞台。在唐纳德·沃斯特（Donal Worster）的西部中，土地资本主义的力量掌握着一切，而在威廉·克罗农（William Cronon）的西部中，掌握一切的则是商品化的力量。在理查德·怀特（Richard White）最近的综合研究中，美国西部充满了联邦政府的高级代理：军事远征军、联邦地产商、地质测量员和领土管理者。"边疆"不是怀特的指标；读者们将他的书读了近三分之一，

---

［43］ Bernard Bailyn, *The Ideological Origins of the American Revolution*, Cambridge: Belknap Press of Harvard University Press, 1967; Gordon S. Wood, *The Creation of the American Republic*, 1776–1787, Chapel Hill: University of North Carolina Press, 1969; Eric Foner, *Tom Paine and Revolutionary America*, New York: Oxford University Press, 1976; Garry Wills, *Inventing America: Jefferson's Declaration of Independence*, Garden City, N. Y.: Doubleday and Company, 1978; Margaret Jacob and James Jacob, eds., *The Origins of Anglo-American Radicalism*, London: Allen and Unwin, 1984; 以及连通英国、北美和拉丁美洲历史，Peggy K. Liss, *Atlantic Empires: The Network of Trade and Revolution*, 1713–1826, Baltimore: Johns Hopkins University Press, 1983.

却找不到农场主、农夫或者农民。从根本上讲，新西部史家的西部是提取和开发的地方，那里的矿藏、森林、动物和农田不可避免地与世界经济体系掺合在一起。那里的牛仔从人种上讲是跨国的；而那里被吹嘘出来的自给自足只是一个神话。美国西部并不是世界经济和政治体系消失于处女地空白的地方，相反，它是被世界经济和政治体系侵蚀得最显著的地方。[44]

正如西部一样，克雷夫科尔的新移民美国人也已经卷入了全球史。把移民想象为一个以美国为中心的故事一直以来是例外论史学的特点。即便是批判的历史学家也很难说到做到地将美国从叙事的重要中心移开，深入到一个沉睡着的、受传统约束的农民世界。然而在过去的十年间，该领域被改写为全球劳工移民史的一个片段。在最新的范式中，关键之处不再是向美国流动，而是在不断扩张的国际劳动市场中的流动本身。新移民史家弗吉尼亚·扬斯-麦克劳克林（Virginia Yans-McLaughlin）写道："作为被蹂躏者的特别避难所的美国被作为世界资本主义扩张体系外围的某个点的美国所替代。"[45]

美国特殊的移民性格几乎消失殆尽。阿根廷、加拿大和巴西本身就是美洲的"吸铁石"；尽管从原始数据上来说，在 1870 年到 1914 年的经典移民时期，这些地方的移民潮并不能和美国的相比，但是阿根廷和加拿大有着比美国更高的移民-本土出生人口比。欧洲诸民族也同样是移民民族，他们远比通常被描绘成的那样更具渗

---

[44] Donald Worster, *Under Western Skies: Nature and History in the American West*, New York: Oxford University Press, 1992; Donald Worster, "Transformations of the Earth: Toward an Agroecological Perspective in History", *Journal of American History*, 76 (1990), 1087–1106; William Cronon, *Nature's Metropolis: Chicago and the Great West*, New York: Norton, 1991; Richard White, "*It's Your Misfortune and None of My Own*": *A History of the American West*, Norman: University of Oklahoma Press, 1991; Patricia Nelson Limerick, Clyde A. Milner II, Charles E. Rankin, *Trails: Toward a New Western History*, Lawrence, Kan.: University Press of Kansas, 1991.

[45] Virginia Yans-McLaughlin, *Immigration Reconsidered: History, Sociology, and Politics*, New York: Oxford University, 1990, p. 6.

透性。所以在1876年到1915年间，当大约800万意大利人远走美洲时，也有超过600万背井离乡的意大利人去了欧洲其他国家。到了19世纪末，劳工们在世界各处漂泊：他们穿越欧洲，横跨大西洋，往来于美洲，通过太平洋，几乎遍布于大印度洋盆地的任何地方。在全球的劳动市场上充满着大量的离散犹太人、贫民和边民，移民和适应的进程并没有让美国变得不同，而是变得相似。[46]

19世纪美国史的其他部分更慢一些地开始反映出这些宽广的视角。社会运动史家开始重绘一个国际影响和借贷的世界，在这一研究动向之中，大西洋体系内的任何一个国家都不可避免地改变着其他国家。自从大卫·布里翁·戴维斯（DavidBrion Davis）关于反奴隶制历史的大作第二卷出版以来，显而易见，想要充分地理解美国的反奴隶制，就不再能够外在于它与英国和其他地方的反奴隶制之间的复杂互惠关系。[47] 美国宗教史是一种大西洋史（到了20世纪也是一种太平洋史）；人们能够在肯塔基发现英国卫理公会信徒，在伦敦发现摩门教徒，在波士顿发现犹太复国主义者，在中国发现

---

[46] Walter Nugent, *Crossings: The Great Transatlantic Migrations*, 1870–1914, Bloomington: Indiana University Press, 1992; "Transatlantic Migration in Comparative Perspective", *American Historical Review*, 88 (1983), pp. 251–346; Mark Wyman, *Round-Trip to America: The Immigrants Return to Europe*, 1890–1930, Ithaca: Cornell University Press, 1993; John Bodnar, *The Transplanted: A History of Immigrants in Urban America*, Bloomington: Indiana University Press, 1985. 与美国历史"欧洲化"的其他时期不同，这一时期深受欧洲学者工作的影响，从1960年弗兰克·西斯尔思韦特设立范式的论文，直到最近德克·霍德尔和他合作者的工作。Frank Thistlethwaite, "Migration from Europe Overseas in the Nineteenth and Twentieth Centuries", in XIe Congrés International des Sciences Historiques, *Rapports*, Uppsala, 1960, Vol. 5, pp. 32–60; Dirk Hoerder, ed., *American Labor and Immigration History*, 1877–1920s: *Recent European Research*, Urbana: The University of Illinois Press, 1983; Dirk Hoerder, *Labor Migration in the Atlantic Economies: The European and North American Working Classes during the Period of Industrialization*, Westport, Conn: Greenwood Press, 1985; Dirk Hoerder Horst Rossler, *Distant Magnets: Expectations and Realities in the Immigrant Experience*, 1840–1930, New York: Holmes' Meier, 1993.

[47] David Brion Davis, *The Problem of Slavery in the Age of Revolution*, 1770–1823, Ithaca: Cornell University Press, 1975.

长老会教徒，在芝加哥发现佛教徒。[48] 19 世纪的妇女运动是一场具有广泛国际结构的国际性运动，一场愿景和策略上的大交换。[49] 劳工运动也一样，几乎不能够在全球视野之外予以理解。在整个大西洋经济体系中，旅居的工匠们将一种公认的工匠激进主义的各种线索汇聚在一起；马克思社会主义装在移民工人的脑子里被带到了美国；手工工会主义（craft unionism）则是一项成功的英国进口货。确认美国社会改革运动的独特社会起源的计划，如今在许多地方遭到了一种分析框架的挑战，这种框架认为社会运动是在相关联的社会和文化系统间来回传递的。

美国经济史的课题长期将重心放在理解美国经济增长进程中的独特因素上，如今也遇到了相似的重新调配：如关于连续不断的资本、技术、技能、劳动力、原材料和制成品的跨国流动进出于美国的故事。[50] 外交政策形成的史学研究顶住了国际史的冲击，但自己的领域也在逐步削减，即便是国家边界和认同也不总是清楚的。[51]

---

[48] Richard Carwardine, *Trans-atlantic Revivalism*: *Popular Evangelicalism in Britain and America*, 1790-1865, Westport, Conn: Greenwood Press, 1978; Mark A. Noll, David W. Bebbington, George A. Rawlyk, *Evangelicalism*: *Comparative Studies of Popular Protestantism in North America*, *the British Isles*, *and Beyond*, 1700-1990, New York: Oxford Unviersity Press, 1994; Thomas, A. Tweed, *The American Encounter with Buddhism*, 1884-1912: *Victorian Culture and the Limits of Dissent*, Bloomington: Indiana University Press, 1992.

[49] Richard J. Evans, *The Feminists*: *Women's Emancipation Movements in Europe*, *America*, *and Australia*, 1840-1920, New York: Barnes and Noble, 1977; Seth Koven, Sonya Michel, "Womanly Duties: Maternalist Policies and the Origins of Welfare States in France, Germany, Great Britain, and the United States, 1880-1920", *American Historical Review*, 95 (1990), 1076-1108; Ian Tyrrell, *Woman's World/Woman's Empire*: *The Women's Christian Temperance Union in International Perspective*, 1880-1930, Chapel Hill: University of North Carolina Press, 1991.

[50] Ian Tyrrell, "American Exceptionalism in an Age of International History", *The American Historical Review*, Vol. 96, No. 4 (1991), pp. 1044-1048.

[51] Thorne, Chistopher, "Writing the History of U. S. Foreign Relations: A Symposium", *Diplomatic History*, 14 (1990), pp. 554-605; Thomas J. Mc Cormick, "The State of American Diplomatic History", in *The State of American History*, ed. Herbert J. Bass, Chicago: Quadrangle Books, 1970.

例外论

在美国史学的所有方面当中，政治史最坚决地站在旧的例外论故事线一边。遵循罗伯特·凯利（Robert Kelley）的《跨大西洋信念》或詹姆斯·克龙彭伯格（James Kloppenberg）的《不确定的胜利》的脉络的大西洋政治文化研究依然很少。[52] 即便是政治世纪的划分，在美国历史书写之内和之外都不尽相同。欧洲历史学家的20世纪非常地短，从1914年到1989年；而美国学者的20世纪开始于19世纪80年代的某个时刻，并且超出了我们的一般认识。但是，美国政治史家可能会借鉴的比较研究著作已经大幅扩充了——这些著作最可取之处在于将普遍的和差异的线索调和进让所有简单的例外论范式都感觉惊讶的图景之中。无论是阿拉巴马和南非的种族隔离进程、美国和普鲁士公共与私人的铁路财政状况、大企业运营和宏观经济危机管理中的策略、蓝领和白领的政治组织，甚至是社会福利政策的发展，一个孤立于外部趋势和影响的美国政治变得再难找到。[53] 政治的普遍力量并没有失去意识。美国政治的发展

---

[52] Robert Kelley, *The Transatlantic Persuasion: The Liberal-Democratic Mind in the Age of Gladstone*, New York: Alfred A. Knopf, 1969; James T. Kloppenberg, *Uncertain Victory: Social Democracy and Progressivism in European and American Thought, 1870-1920*, New York: Oxford University Press, 1986.

[53] John W. Cell, *The Highest Stage of White Supremacy: The Origins of Segregation in South Africa and the American South*, New York: Cambridge University Press, 1982; Colleen A. Dunlavy, *Politics and Industrialization: Early Railroads in the United States and Prussia*, Princeton: Princeton University Press, 1994; Tony Freyer, *Regulating Big Business: Antitrust in Great Britain and America, 1880-1900*, New York: Cambridge University Press, 1992; Peter Gourevitch, *Politics in Hard Times: Comparative Responses to International Economic Crises*, Ithaca: Cornell University Press, 1986; Margaret Weir, Theda Skocpol, "State Structures and the Possibilities for 'Keynesian' Responses to the Great Depression in Sweden, Britain, and the United States", in Peter B. Evans, Dietrich Rueschemeyer, Theda Skocpol ed., *Bringing the State Back In*, Cambridge: Cambridge University Press, 1985; Jurgen Kocka, *White-Collar Workers in America, 1890-1940: A Social-Political History in International Perspective*, London: Sage, 1980; Gary Marks, *Unions in Politics: Britain, Germany, and the United States in the Nineteenth and Early Twentieth Centuries*, Princeton: Princeton University Press, 1989; John Myles, *Old Age in the Welfare State: The Political Economy of Public Pensions*, Boston: Little Brown, 1984; Gøsta Esping-Andersen, *The Three Worlds of Welfare Capitalism*, Cambridge: Polity Press and Princeton, 1990. Cf. George M. Fredrickson, "From Exceptionalism to Variability: Recent Developments in Cross-National Comparative History", *Journal of American History*, 82 (1995), 587-604.

被 19 世纪的欧洲人敏锐地观察着,因为它们是时代的征兆。在 20 世纪初期,美国进步派人士重拾自己的好奇心,在欧洲四处寻找社会-政治借款。[54]

美国非例外论历史的总体概念架构尚未成形。在伊曼纽尔·沃勒斯坦(Immanuel Wallerstein)世界体系的刻板与迈克尔·盖耶(Michael Geyer)和查尔斯·布莱特(Charles Bright)世界体系的松弛之间,存在着概念世界可供选择。[55] 但是无论世界的概貌采取什么样的形式,市场和帝国(正式的与非正式的)都将被纳入其中,且远比它们以前被纳入美国史时坚决。从一个扩张中的欧洲的边缘——遥远的商业帝国的贸易前哨——开始,美国逐渐开始主持一个它自己的全世界商业帝国。从起源到终点,被美国人用来装扮他们历史的光荣孤立很难再被轻易发现。

尽管如此,在一种仍旧极富激情地、与例外论发生联姻的文化之中,这种对美国历史的解读的未来并不容易预测。新西部史无论是世代的,还是职业的,都沉浸在争论之中。正像迈克尔·麦杰尔(Michael McGerr)和迈克尔·卡曼(Michael Kammen)最近的文章展示的那样,在这一学科的核心期刊中,对例外论范式的挑战产生了尖锐的、发自本能的反击。麦杰尔担心跨国史的代价将是"与我

---

[54] R. Laurence Moore, *European Socialists and the American Promised Land*, New York: Oxford University Press, 1970; Henry Pelling, *America and the British Left: From Bright to Bevan*, New York: New York University Press, 1957; Melvyn Stokes, "American Progressives and the European Left", *Journal of American Studies*, 17 (1983), 5-28; Benjamin R. Beede, "Foreign Influences on American Progressivism", *Historian*, 45 (1983), 529-49; Kenneth O. Morgan, "The Future at Work: Anglo-American Progressivism, 1890-1917", in H. C. Allen and Roger Thompson ed., *Contrast and Connection: Bicentennial Essays in Anglo-American History*, Athens: Ohio University Press, 1976; Daniel T. Rodgers, *Atlantic Crossings: Social Politics in a Progressive Age*, Cambridge: Belknap Press of Harvard University Press, 1998.

[55] Immanuel Wallerstein, *The Modern World System*, New York: Academic Press, 1974-89; Charles Ragin, Daniel Chirot, "The World System of Immanuel Wallerstein: Sociology and Politics as History", in Theda Skocpol ed., *Vision and Method in Historical Sociology*, Cambridge: Cambridge University Press, 1984; Michael Geyer and Charles Bright, "World History in a Global Age", *American Historical Review*, 100 (1995), 1034-60.

们的受众疏远"。卡曼辛辣的言辞与他温和的结论相抵牾,他将跨国史中的"新正统说教"与"明智、认真的开创者的扎实工作"对立起来。约翰·海厄姆(John Higham)担心的是一种"国家"不再担任角色的史学,在这种史学中,美国仅仅成了其内部和外部进程的地理容器。安·道格拉斯(Ann Douglas)在她最近的书中如此开篇:"与当前许多学术观点相反,我相信美国是西方发展中的一个特例。"[56]

在一种将其如此多的理想寄托在对自身独特性的信仰上的政治文化中,人们很快就将对例外论的美国特征的挑战解读为对那些理想本身的挑战。随之而来的是对差异的坚守,就好像差异是问题所在,是对例外论术语的坚持,即便构成例外论史学的条件已经不复存在。波考克(J. G. A. Pocock)曾经带着移民学者的反讽写道,美国人喜好"独特性的光荣苦难";"如果与其他民族分享他们的历史,他们也许会更加幸福"。[57] 放弃想象中的其他民族的历史规律(这种规律带着人为的光辉,引发了美国历史的独特性),重新将美国史嵌入一个跨国历史动力的世界中,将不会抹杀美国历史的"差异性"(differentness)——而只会抹去它被强加的豁免与特许。

---

[56] Michael McGerr, "The Price of the 'New Transnational History'", *American Historical Review*, 96 (1991), 1066; Michael Kammen, "The Problem of American Exceptionalism: A Reconsideration", *American Quarterly*, 45 (1993), 6; John Higham, "The Future of American History", *Journal of American History*, 80 (1994), 1289–1309; Ann Douglas, *Terrible Honesty: Mongrel Manhattan in the 1920s*, New York: Farrar, Straus, and Giroux, 1995, p. 3.

[57] J. G. A. Pocock, "Between Gog and Magog: The Republican Thesis and the Ideologia Americana", *Journal of the History of Ideas*, 48 (1987), 325.

美国例外论再思考

[美] 丹尼尔·T. 罗杰斯 著　石烁* 译

"美国例外论"再一次见于报端。数个月来，欧洲观察家如果不援引这个词，几乎就不能书写美国。在对全球聚合和新自由主义"华盛顿共识"的不可抗拒的、国际性的扩散的讨论过了十年之后，有关美国不可通约性的言论又流行起来。《经济学人》以显著的国家差异的图表，率先开始了他们对"后9.11时代"美国的分析。欧洲的时事评论员与美国宗教狂热的奇异性、美国公共话语在道德上的自以为义（self-righteousness）以及高深莫测的美国心智独特性周旋着。国内这边，有关强壮的、权力投射的美国爱国主义的修辞带着一种不同的意味恰好回响在相似的主题中。美国的狂热程度只有在与欧洲或者东亚国家的比较中才显得不寻常，这似乎是无关紧要的；而在美洲之内，美国的狂热几乎是正常的。在必要关头，对盟国和世界意见的轻蔑是所有政府的策略，这似乎不是多么重要的事。最后，尽管美国总统几乎无法操着弥撒亚式语言表达威尔

---

* 石烁，清华大学人文学院历史系博士生。

逊的世界责任，但美国在伊拉克崇高的道德使命最具说服力的发言人是非例外论的英国首相，这似乎也是不值一提的。

例外论主宰着新闻报道，因为它是一种简单的、反思性的分析类型。例外论凸显了强烈的时刻反差，并在这些反差背后编排出一系列支撑它们的证据，所有这些证据都一一对应地挂靠在意味深长的、经久不衰的历史差异的解释性车头上。在这方面来说，例外论叙事实际上是各种聚合理论的一面精准的镜子，将这些理论历史的和当代的证据的分散货箱集合起来，以产生反面的效果。但宏大的全球聚合理论——比如最近还很流行的福山在10多年前提出的预言：除了自由主义的资本主义民主向前展开的运动以外，历史已经走到了终点——在过去十年间民族主义政治运动、种族间暴力和宗教战争的国际性高涨中已经土崩瓦解。在这些宏大理论渐渐褪色的同时，例外论的修辞学配方再次崭露头角。

然而，"例外论"的类别远比它们第一次出现的时候更加充满歧义。从概念上讲，规则和例外的观念充满了困难，并交织着危险的后果。显著的美国例外论历史的主张在过去十年间遭遇了一连串新史学著作的正面挑战。紧接着的是将这两条通常不相干的探究线索联结在一起的尝试。例外论叙事在民族主义意识的产生中做出了什么样的智识工作（无论它们是在哪里发生的）？就美国而言，例外论史学的经典前提遭到了年轻一代历史学家多大程度的破坏？我们应该怎么理解从新一代史家中涌现出来的新的跨国美国历史？对上述问题的追问将不会解决美国差异的问题，因为尽管披着修辞上的外观，差异从来不真的成问题。更确切地说，如果我们足够幸运，我们将在一个古老却被重新强化的讨论和一个再次复兴的陈词滥调的旋涡之中获得某些更加坚实的思想牵动力。

最初，例外论叙事是国家自我意识的原动力。这些叙事协助构建了一个想象的国家：一个作为历史整体被相信、被感知的"美国"。习惯上被称为民族主义的建构过程实际上是如何运作的——日常生活的有限的、地方的、情景化的认同是怎样能够被动员进一个单一的国家边界意识中的——这一直是一个长期而激烈的论辩问题。在其影响深远的《想象的共同体》（1983）一书中，本尼迪克特·安德森（Benedict Anderson）认为民族主义的起源有赖于印刷资本主义，它以跨空间事件的水平同时性意识取代了线性的、朝代式的时间。正是空间变成了想象的国家。对于其他学者来说，国家意识产生中的根本事件在于通过发明的传统或者记忆的形成与消除，形成一个对想象的过去的建构。对于迈克尔·比利格（Michael Billig）（《平庸的民族主义》）来说，国家意识产生的关键在于他用修辞学的把戏所说的"指示语"（deixis），即一个口头的"我们"的创造，其假设因为淹没进了日常生活话语的特定语法之中而更加强有力。在所有的这些进程中，民族的巨大多样性在修辞上被合众为一。繁多变成"我们"；历史的宏大的、杂乱四散的喧嚷变成了对"我们的"经验的记载。

但是很显然，这个"我们"并非是国家塑造过程中的唯一产物。相同的行为产生出一个"我们"，也产生出一个"他们"。甚至开始思考国家"自身"时，几乎需要在脑海中唤起它在其他某处的对立物。想象的"此处"需要一个想象的"别处"。聚焦认同于国家之上的工程中有着这样一个讽刺之处：这一行为涉及将如此多的概念能量转移到别处，转移到一个想象的他者的世界。

但就这点而言，国家例外论的叙事凭借其对外部"他者"的强力浓缩脱颖而出。首先必须指出的是，例外论并没有作为独特性的同义词而进入史学词汇中。一个符合例外论的国家并不是简单地不同于其他国家。例外是对规律的偏离。就像差异论一样，例外论的主张依赖于一个想象的"别处"。然而，它们之所以如此强有力，是因为它们将世界广袤的杂多塞入统摄母国之外的一切地方的普遍历史趋势之中。例外论将历史普遍化，以至于符合例外论的国家的独特性似乎在与世界趋势的对抗之中凸显出来。他们创造了一个"此处"和一个"别处"，从重要的意义上来说，历史本身在这两个地方以不同的动力运行着。

　　这是一种我们与美国相联系的国家意识形式，并有其合理性；但是，例外论话语的出现比我们惯常设想的更加晚近。诚然，逃离平凡无奇的历史这一预期在美国历史上根深蒂固。新英格兰曾是"山巅之城"（约翰·温斯罗普著名的说法）；这个国家将发起"时代的新秩序"（novus ordo seclorum）。然而，这些都是有条件的措辞，并非是必然的。让美德被时间的、自满的、财富的和腐败的酸液侵蚀——像温斯罗普和革命一代的领袖们都几乎确信它终会如此，这些想要成为被拣选者的人的虚荣与炫耀将让他们沦为世人的笑柄。这就留待 19 世纪经常上教堂去的美国人来想象更加大胆的东西，即美国天然的、不可改变的是被选之地，有着一份世界历史性的圣约和使命，这使它与世界上别的地方区别开来。所有虔诚的人都会意识到，任何国家都注定迟早要覆灭。但当美国的宗教先知思索这一事件时，他们发现很难抗拒千禧年本身将最先在美国迸发的信念。被选中的国家和衰退的、罪恶的世界：例外论的张力靠宗教与民族主义两股冲力的强力联合供养着。

　　然而，相抵牾的张力也弥漫于 19 世纪的美国文化中。美国清教徒也许把他们自己当作被神拣选之人，但是他们从未想象他们自己完全脱离于其他地方的基督徒；也并未用一种全然民族主义的天命感来代替基督教宣称的普遍天命。世纪之交，像西奥多·罗斯福（Theodore Roosevelt）这样的美国沙文主义者吹嘘美国的昭昭天命是全世界盎格鲁-撒克逊民族更大的历史性使命的一个阶段。在 19 世纪关于美国的历史书写中，国家的过往依照惯例滑入了更大的跨国模式中：作为基督教世界和文明之历史的一个方面，或作为日耳曼"种族"演进历程中的一个章节，或作为国家凭此兴衰沉浮的美德与腐败的普遍模式的一个阶段。

总之，美国不仅仅是一个史无前例的国家，而且也豁免于支配着其他所有国家的特定社会-历史动力，这种观点很早就被提出来了，却很晚才开花结果。直到二战之后，"例外论"这一术语才进入了美国历史和社会分析的中心。它由精通马克思主义，以至于能够认真地将这一观念当作历史运动的普遍规则加以对待的学者们提出，他们经历过欧洲跌入难以想象的政治暴力中的崩溃，禁不住被自己免于这种悲剧历史而触动。对于1950年代和1960年代早期的这些学者来说，维尔纳·桑巴特（Werner Sombart）关于为什么美国几乎没有社会主义的问题突然成了美国历史分析的基本问题。这代学者在纳粹和世界革命的阴影下进行写作，他们巩固了一种世界历史的新解读，在这种解读之中，美国孑然孤立，意外地与历史趋势分离，成了高度阶级分化、意识形态两极化、革命动荡不安的世界中的一个稳定共识的孤岛（就像他们想象的那样）。

就像更早的天命定数修辞，规律与例外的世俗版修辞带有深邃的内在紧张。同样一种特殊感，既能够让美国人觉得他们是世界历史规律的一个例外，又能够在转瞬之间溜进一种他们是世界之典范的感觉中：其他国家应当羡慕的典范。美国历史拒不服从支配着"其他地方"的规则；美国使历史的普遍法则和理性具体化。两种情绪都在公共话语中竞争着，能够被不同的环境调动起来。

对于生活和工作在这些例外论假设中的我们而言，通常会认为它们是美国特有的，但这种看法是错误的。历史的例外论模式是一种美国人与世界上许多其他民族都拥有的东西。并且事实上，在思考它们的多样性时，我们或许能够更深刻地理解对它们如何运作以及它们如何建构想象的国家。

例外论的各种历史叙事以家族和群集的形式出现，它们彼此间有着重要的差别。其中一类群集由骄傲叙事构成，它赞美着国家对围绕在它四周的普遍风险的规避。美国例外论故事就是这种模式的一种变体，且仅仅是它众多变体中的一个。众多英国新教徒讲述的关于他们在17世纪被特别选中的国家的故事，就是一例。由平庸"文明"世界中的德国"文化"（kultur）捍卫者所讲述的关于20世纪早期德国的故事也是如此。日本的很多关于日本历史和价值观念的故事也同样属于这种模式。它们中的每一个都设想了一个"此处"和一个次要的、高度普遍化的、明显受到不同的历史规则支配的"别处"。

这些例外论历史叙事中的骄傲措辞也许相当不同。其中一些赞美连续性。根据这一标准，世界被想象为因变化所反复震颤着，然而符合例外论的国家却成功地将新与旧编织成一张天衣无缝的网，使得自己能逃离被历史地决定着的"别处"。这是日本例外论书写中特别常见的主题，强调的是日本性格、文化和价值观中的深层连续性。而在以色列建国的最初十几年里，古代传统和乌托邦式复兴的诉求被挤压在了一起，形成了一种同样强大的混合物，就像他们今天在以色列右翼那里再次以不同的方式结合起来一样。

相反，其他的例外论叙事赞美着新与旧之间的彻底决裂，就像支配性的美国例外论叙事如此生动地描绘的那样。据说在这一脉络中，美国移民潮从旧世界带来了数以百万计的人口，并且通过文化互化和同化的过程，使得他们成了"新人"。正如一代沉浸在弗雷德里克·杰克逊·特纳（Frederick Jackson Turner）的观点中的史家所认为的那样，沿着边疆，旧世界的风俗和社会制度重新开始。社会主义在美国的虚弱被看作是这种观点的进一步证明：种姓与阶级关系的老规则在美国已经宣布作废。

另一种不同的例外论叙事群并不作为赞美的故事而发挥作用，而是作为遗憾的故事。在这种例外论中，例外国家之历史的独特性是它的重负，它未能把握住普遍的趋势。这里人们讨论的不是从普遍规律中解放出来，而是封锁、历史错位、亏损和扭曲。德国特殊历史道路（Sonderweg）的观念便是一个显而易见的例子。据说在19世纪晚期和20世纪早期世界上的其他地区，贵族阶级让位给新兴的资产阶级，然而在德国，资产阶级革命失败了；历史的力量偏离了自由民主的目的地，灾难性地转向了纳粹和国家暴力。在拉丁美洲，依附理论被运用于一种有着相似结构的观点上，这种观点将经济欠发达解释成"扭曲"投资和"不平衡"外销生产的特别案例。此处亦然，常规的规律失效了；历史进程的普遍动力被转移到了旁边的铁轨上。

再来看第三个例子，英帝国的管理者们讲述了一个类似的关于印度的故事。像德国道路的观点一样，这里"印度问题"被伪装成一个缺失问题，即基本财产规则和权利的匮乏，就像英国管理者想象的那样，而没有这些规则和权利，古代印度传说中的财富就不可能发展成现代形式。独立后，当印度历史学家开始书写他们自己的历史时，他们重新将经济滞后的责任归咎于帝国剥削，但同样，对于他们来说，规范的发展路线依然在别处。1970年，当我的一位年轻的同事开始在印度学习历史时，他的入门课程是都铎-斯图亚特时期的英国史。英国那边规则发挥着效力；而与之相反，印度是滞后、匮乏、闭塞之地，简言之，是例外之地。

贯穿于所有这些例外论叙述中的结构相似性是惊人的，这些相似之处并非是历史的偶然。通过学者和官员的网络，这些解读历史的方式，连同与之难解难分的、宏大的进化论和发展主义的历史方案在全球传播开来。纳粹得势的德国道路解释恰好与美国例外论的故事同时产生，并且是出自同一批美国流亡社会科学家之手，得益于同一批概念资源。

正是对这种普遍假设的不断改写，一个接一个的国家被建构为对普遍规律的偏离，帮助解释了为什么不同种类的例外论历史叙事中，如此多的概念要素是一致的。搞清楚国家与进步和经济发展的宏大叙事之间的关系是根本性的；出于与之相关的后果，搞懂国内经济分配和社会分裂的问题同样是至关重要的。这就是为什么阶级概念在这么多的方案中都扮演着重要的角色。即便是在美国，在这个声称已经超越了阶级语言的国度，这种著作不再谈论有关阶级的问题也几乎是不可能的——换言之，不坚持认为大量重压于世界人民头上的种姓职责和阶级愤恨，只坚持说美国这个单一的例外。

但并非所有的例外论叙事都有赖于阶级的动力。有一类叙事群的核心动力是种族。19世纪末20世纪初的巴西历史学家经常以这类种族词汇来挑选他们的历史。在其他曾经大规模致力于非洲奴隶制的国家，种族冲突持续加剧（凭此他们首先想到的是美国模式），而巴西的历史据说是一部种族蒸发的历史，人种的产生部分地由于非裔巴西人对混血种族后代特别的漫不经心之感，这一过程"洗白"了它们，使其回到了它的葡萄牙源头上。在20世纪初的墨西哥，一些民族主义作家开始用更为夸张的措辞预示他们历史上旋涡般的民族混合体。这些作家认为，世界各民族在其他地方的相会并没有产生在墨西哥产生的那种结果：一个全新的混血民族，一个新的"宇宙种族"，就像何塞·巴斯孔塞洛斯（José Vasconcelos）1925年写到的，这是一个"由所有民族的天赋和血脉组成的完整种族，因此，它也更有能力具备真正的手足之情和真实的普遍愿景"。

当然，这些都是夸大其词。但是，治美国史的历史学家不得不注意到，在构成美国例外论历史的特征列表中，种族几乎从不见踪迹。美国民族也制造出一个巨大的混合种族群体以及充满生机的黑-白混血与拉丁-印第安混血文化。和美洲其他地方一样，他们在人种上给彼此做标记，跨越这些标记，并为维护种族权力和等级秩序而战。但这种深刻的、构成性的种族经验大多都在例外论版本的美国故事之外。只有通过这种非凡的、富有想象力的替代行为，美国历史学家才有可能将美国的过去描述为独一无二地摆脱了种姓与阶级之紧张关系的历史，这些紧张关系很快就能够在近代早期英国的乡村暴民中或者18世纪的巴黎街头看到。

我想强调并概括这一点，当例外论叙述被认为是一个结构化的整体时，它是非常不同寻常的。所有例外论的历史论述所做的部分工作是使一国历史的一部分淹没无声并边缘化。通过构成他们结构的特定方案，例外论的历史论述将这段历史的一部分装卸到了海外：别处。就像大卫·布莱克本（David Blackbourn）和杰夫·埃利（Geoff Eley）几年前在《德国历史的独特性》一书中所指出的那样，在世纪之交的德国，资产阶级远比一个特别发育不良的中产阶级发展理论所能够容许的更强大，但在一个不民主的政体下，资产阶级发现自己的许多利益得到了满足。日本史上的不连续性比日本例外论的主流叙事所能容许的多得多。墨西哥和巴西的历史上，种族不平等远比逃避"别处"的种族动力的叙事所能容许的更加根深蒂固。美国历史上存在着，并且继续生成着不平等，这些不平等远比美国历史与本质的例外论解读所能承认的多得多。

提出一个普遍规律，同时认定自己的国家不受这一规律约束，这必然会滑入一种漫画式的、夸张性的修辞之中。这一行为制造出一个人为同质性的"我们"，通过想象的尖锐对比，使其与在世界远方的一个普遍化了的"他们"划界而分。但界限终归并不真的牢靠。更确切地说，它特定的措辞削减了其自己的历史向别处出口的那一部分。事实上，这可能是这些例外的虚构在智识上所做的最强有力的工作。

由于替代和责难在例外论框架中如此地居于核心地位，那么去挑战这一术语所想象的国家，则往往直击要害。当位于规律和例外之间的界限变更之时，某国之历史被放逐的和出口的那部分将威胁着要回归。使得当下时刻如此令人忧心的原因中很大一部分正在于此，使历史学家对例外论叙事的争议与当代政治生活中复苏了的例外论种类之间的紧张关系如此尖锐的原因也很大一部分在于此。

例外论史学的替代版本是以认识到现实世界中"此处"范畴与"别处"范畴之间的巨大差异为开端的。它不仅仅需要拆解掉在别处的过于普遍化的和过于想象性的规律，也要意识到别处正在国内。这是后例外论史学和许诺与跨国史计划之间的根本联系，它现在正如此迅速地重构着美国的历史研究。在主要的历史学专业期刊上，在像托马斯·本德（Thomas Bender）的《在全球时代重新思考美国历史》这样有影响力的文集中，在一批新的历史学专著中，一种以国家为中心的美国史的各种类型都能够找得到。

跨国史，即国家间的力量、人、货物和观念之躁动的、连续性的运动历史，其当下的繁荣更多的是从经验而非理论开始的。全球经济强大的跨国力量和流动之下的生活经验已经剧烈地改变了关于什么在国家故事之内、什么在国家故事之外的惯常说法。国家拓展了自身的边界。它们有着遍布全球的存在、权力与脆弱性的孤岛。出于同样的缘故，当今世界以贸易、经济投资、卫星通讯以及新全球城居民的方式出现在几乎所有国家的边界之内。"全球已经从空间上被混为一体了"，在1994年的《批评探究》上，阿里夫·德里克（Arif Dirlik）在其论"后现代氛围"的论文中如此写道，"第三世界出现在第一世界中，而第一世界则出现在第三世界中。新的大流散（diasporas）重新定位了那里的自我和这里的他者，因此，边界和界限已经混乱了"。但就这一点而言，历史学家开始意识到现在和过去本质上没有什么不同。尤其是在北美的情况中，当今全球化的特征早已成为其四个多世纪历史的一部分了。

朝向新的、后例外论的美国史的第一股推动力来自于空间体验上的戏剧性转变。第二股推动力来自于时间意识上相应的戏剧性转变，原因在于伟大的 19 世纪普遍历史方案出人意外地失去了势头。苏联解体后，意味着马克思主义为历史提供目的论动力的能力衰竭了。但是，少了马克思主义作为陪衬，由马克思主义在战后的自由主义替代方案构建起来的现代化理论的预测能力就看起来没有那么具有说服力了。宏大叙事突然陷入了混乱。如果普遍的历史规律不复存在，如果相继的时间与发展的普遍方案不复存在，例外也将不复存在——再也没有例外的国家，也没有例外的历史。

在另一种语境中，这些空间与时间的崩坏可能只产生了一种解释性的混乱。事实上，跨国史著作的广度和力度几乎以难以置信的速度得到了增长。六年前，当我第一次考察这一领域时，殖民时期的美国史正在从根本上被大西洋世界研究的兴起而重塑着。但是 19 世纪与 20 世纪的美国史书写才刚刚开始摆脱人们熟悉的范畴。现在，跨国历史研究混合了此处与别处间的旧有界限，实际上正在重塑着美国史的方方面面。

在以下三个领域中，原本为人熟知的分析界限和叙事的失稳尤其显著：移民史、边疆史和政治史。它们中的每一个都曾塑造出一种战后例外论的史学，三者的假设互相关联。移民的故事被书写为从旧世界的桎梏中解脱出来的故事；边疆的故事是文化复兴的一条线索；而美国的政治故事是一则避开"阶级"的故事。十年间，例外论史学的所有标志——不可通约性、豁免权、逃避和重生——都陷入了争议之中。冷战社会思想的尖锐分析性区分已经让位给更能够反映流动的、全球的、依情况而定的当下体验的术语。移民史已受到了大流散研究之兴起的冲击；美国西部史正受到边境史学（borderlands histories）的挑战；由战后例外论史学提出的问题——为什么社会主义只在美国政治中扮演着如此微不足道的角色——已经被在分析性强调上发生的从静态的国家价值向依情况而定的国家结构和政治进程的转折中改变了。

任何这些学术问题都不仅仅关乎学术。大熔炉、边疆和美国人永恒的国家政治特性全都深嵌在国家自觉和国家神话之中。布什政府的象征性剧目充满着它们的元素：美国作为唯一世界之磁的观念；边疆作为美国直率真理与英雄行为的独特之地的形象；政治作为国家意志和不变的美国价值的直接表达的概念。它们渗透到了公共讨论的各个角落，构成了流行的美国例外论的语言和意象。它们开辟了学校和州的教科书委员会中不断上演的历史"战争"的新战场。国家特殊性主张的每一种方式都被学院派历史学家搞得模糊不清了，随着有关他们这种方式的新闻变得更加广为人知，嚷嚷声只会更大。在此之前，也许值得看看从这些已经开始构造一个全新的后例外论的美国史的主张和范畴中能够学到什么。

本来，"大流散"是个非常古老的词汇，直到十年前它都很少用于美国历史中。无论美国人是谁，都想象不到"分散"（scattered）一词适用于他们，就像它曾被用来形容四散于古地中海地区的希腊商人那样。其他的民族或因驱逐、流放、政治失败，或仅仅因为迁移本身而远离故土。然而战后历史书写的一条公理是，美国是每一个美国人的祖国，无论这个人从多远的地方来，无论来路多么曲折。1970年代，"大流散"一词开始出现在少量关于大西洋奴隶体系的著作的标题中。但是对于大部分20世纪七八十年代从事非裔美国人历史研究的学者来说，压倒一切的分析性议题在于构造一个真正的非-美社会和文化，即便是在19世纪奴隶制和20世纪种族暴力的悲惨境遇之下。对于大多数研究非裔美国人历史的史家来说，关于一个真实的抑或想象的非洲的记忆似乎是偶然的和边缘的，有几分不切正题。

对于研究移民在美国的经历的史家来说，大流散的概念根本就不能算他们工作词汇中的一部分。在整个1980年代，移民研究的分析动力仍然被世纪之交的芝加哥社会学家们塑造着：适应、同化和互化。在这些研究中，移民本质上是前往美国的人。这一旅程充满着经验和意识上的焦虑。但无论如何，就像教科书标题展现的那样，穿越国家边界的那些人全都是"成型中的美国人"。并且，这不仅仅是一场空间上的运动，或是一次政治公民身份的转变。而应该说，这更是一次深刻的身份重塑的过程，是对无拘无束的自我和文化的一次释放，得以在新土地上自由发展。社会史家对移民在新世界建立的真正"共同体"的探寻加强并反映了这一核心假设。

在过去的十年里，所有这些都发生了变化。"大流散"如今是个时髦词了。共同体已经从一个单一的位置上松动下来，并且流动起来。历史认同已经断裂了。这些转变的一个强有力的标志是研究非裔美国人历史的学者们对十七八世纪兴趣的激增，彼时非洲人的认同、语言和记忆仍旧强烈存在着，并且非洲奴隶贸易以其伸向全球的触手连接着四个大陆。大流散的研究项目现在是大学校园中的固定项目，它将美国、非洲、拉丁美洲、加勒比地区和欧洲帝国的学者们召集起来一同研究"黑色太平洋"的历史与文化。然而，大流散刚刚进入非裔美国人研究项目的分析中心，就被一些人挪用为一个无所不包的、可以形容任何跨国运动的民族的术语。

这两个动向的一个关键动力显然是现代世界经济体系的人口转变。首先，是因为这些转变使来自19世纪的非洲、亚洲和加勒比的旧帝国的全球人流涌向了他们在欧洲的宗主国，这一过程重塑了一个新的"黑色大西洋"的和大量新的亚洲和非洲的移民。其次，也因为这些转变将各地的劳动市场改造为复杂的多国雇佣劳动体系，就像现在联合了美国、墨西哥、加勒比国家、中美洲和太平洋的那些体系一样。进入了这些在美国传播的跨国劳动体系的人起初并不是奔着美国来的，尽管他们的工作可能在这里。不如说，他们是同时隶属于不止一个国家和一种文化的工人，流动于信息、邻里和家族的跨国网络中。简而言之，他们是分散的、离散的。

　　显而易见，跨国劳动系统的过往与它的现在不尽相同。如今，自由与强制的条件不同于奴隶制和劳动契约的时代；和以前相比，通讯和运输系统的工作速度要快得多，全球资本的行动主体更加有权势，分布更广；国家的边境监管机构则扮演着更重要的角色。但是，现在与过去的跨国劳动系统的移民却并非是完全不同的。移民史家如今在所谓的"回转移民"（return migrants）上花费的功夫比以前更多。"回转移民"指的是有着多个或者相继的国家认同的、穿行过美国又重新退回去的人们，对于他们来说，文化互化模式从未占据过重要位置。太平洋劳工移民史的最新书写将亚洲劳工的跨国循环流动放在故事的正中心，因为家庭将它们一部分的劳动资源派往加利福尼亚、夏威夷或者秘鲁，将得到的收入吸纳回来以维持地方的家庭经济。在墨西哥、地中海地区和加勒比地区的情况中，短期逗留者和长期移民混居在贫民区和城市社区中，同一个人有时认同这一类身份，有时则认同另一类身份。当然，对于经历过1924年到1965年40年高度移民限制的欧洲移民来说，芝加哥学派的模式仍旧有着强大的吸引力。然而对于美国历史上的大部分时期而言，跨国移民并不一定是国家化的（nationalizing）。抵达的或许是流放之地，或许是长期不确定之地，又或许是某处背井离乡之地——它或者真实存在，或者纯属想象。

　　在这些对地点与身份之单一性的挑战中，大流散的概念本身就是分裂的，不稳定的。离散体验是漂泊无根的现代性的普遍状态吗？或者应该说，它仅仅属于像非裔美国人、犹太人或者亚美尼亚人这样的某一些人，这些人的身份认同基于他们被驱逐和流放的异常残酷性？通过将它的民族认定为独一无二的离散者和无家可归者，特殊离散意识的兴起恰好变成了对单一且真实的认同要求的重申，这种认同正是无家可归的普遍概念所消解的。它使身份认同的流动在全球性的今天稳定下来，或者试图这么做。大流散的例外论含义与普遍含义之间的张力迅速转变为谁有权利使用这个词来描述他们的历史这个问题，这种转变最终可能会削弱这个词的分析能力，使其仅仅沦为人种-种族真实性的对抗性斗争中的一个标记。

但是无论如何，这个词的作用是暂时地将美国（所有它被想象的吸引力）移出意识的中心。在这一从文化互化到大流散模式的转变中，轴心从时间转移到空间。不同于总是处于生成过程中的民族，大流散的民族在某些根本标准上是流离失所的、分裂的，同时在"这里"也在"别处"。他们根本没有在美国获得重生，也不是国家非凡的救赎能力和可能性的证明。侨居者（immigrants）（无论是被奴役的还是自由的）成了具有复杂而多重目的地的和复杂而多重身份的移民（migrants）。甚至长期居住的居民都可能重新发现他们自己是有着不止一个效忠对象的人。过去和现在一样，我们能够看到国家与地区之间属于经验和想象的领地，1999 年大卫·古铁雷斯（David Gutierrez）在《美国史期刊》关于美国和墨西哥的专刊上称之为"第三空间"，那里居住着自觉地生活在不止一个国家历史和身份之中的人。这不是一种反常现象。我们没有忽视文化互化和文化改造的力量，不过与此同时，我们开始承认这种同时发生的国家意识的重叠也是美国历史基本经历中的一种。

例外论美国史旧范畴的模糊化的第二个格外显著的标志是对边境（borderlands）概念的兴趣迅速升温。"边境"一词有着甚至比"大流散"一词还要丰富的并且相抵牾的用法，其中有些用法拓展得远超于该词核心的、地理学意义上的含义，延伸进了一般的文化隐喻之中。对于许多历史学家和地理学家来说，美国边境指的是墨西哥和美国现在交汇和重叠的文化区域，这与很久以前赫伯特·博尔顿（Herbert Bolton）用来为一种不那么狭隘的民族主义的美洲史辩护时使用的词汇相呼应。一部分人用"边境"一词描述所有生活在一个更加强大国家周围的人的地区体验，这些人深陷在这个国家的经济和文化的阴影中，但却在法律上不属于它——这是许多加拿大学者在描述现代加拿大是一个典型的边境国家时所使用的术语。对另一部分人来说，"边境"指尚未牢固地并入国家和帝国的边界的地区——那些法律和公民身份仍旧模糊不清的地方。无论被用来描述什么，这个词都迅速超越了"边疆"（frontier）这个曾位居美国研究中心地位的更老的词，并且有充分的理由预示着"边疆"一词很快就会被"边境"一词替代。

在最近的美国历史书写中，边疆是例外论世界的边界。那里是美利坚民族特殊性格被创造且不断翻新的地方。随着定居线向西移动，居住空间遭遇无人空间，就好像国家自身迈着大步穿越了仍旧支配着所有美国学龄儿童国家地理意识的地图。边疆是个体巍然屹立的地方，是混沌构成秩序的地方。它标志着老欧洲人的习惯和风俗侵扰着纯粹自然的那条边界线，对于特纳以及受到"边疆在美国历史上的意义"一文所迷惑的人来说，这条边界线是使它成为如此有力的个人和文化重生之隐喻的那个东西。

相比之下，边境是人与空间相遇的地方，他们的影响在彼此之间相互渗透。在分析上，现在史家中最负盛名的边境是理查德·怀特（Richard White）在《中间地带》中予以关注的北美五大湖地区。17世纪晚期和18世纪早期，美洲原住民和英法侵入者在那个地方相遇，怀特坚持认为，这种相遇即便不是双方条件平等的，也是在互惠和文化交流的要素下进行的。历史学家开始强调，文化接触的地带不仅是暴力与征服的地区，也是谈判、结盟、和解的地区。简而言之，它们是中间地带——同时属于多种的民族和多重的历史。

在被怀特和其他人所打破的社会历史范畴中，后现代文化研究的词汇一拥而入——将原来的范畴拓宽、理论化并扩展到人文学科的更大知识转向中。曾经强调忍耐、野性和英雄主义的边疆史家开始讲起了全球世界主义的语言：互相渗透和融合的文化生产地带、不确定的临界空间、流动的自我以及杂交的文化。神话般的西部，那个美国性格塑造成型的地方，如今在一些叙述中被出人意料地解读为一座现代的、全球性的城市：一个社会认同特别模糊的、可商榷的变形（shape-shifting）区域。整个世界的势力于此纵横交错，西部的美国性如今已是它最不确定之物了。

并非所有的历史学家都被边境不确定性的新词汇完全说服。在一篇1999年发表在《美国历史评论》的杰出文章中，杰米尔·阿德尔曼（Jeremy Adelman）和史蒂芬·阿隆（Stephen Aron）认为，除非有足够的大国竞争来与对欧美权力掮客有利的原住民结成联盟，否则流动的边疆地区很快就被欧美入侵者吞食了。两位学者认为，毫不含糊的国家权威很快就带来了同质权力的全部力量，在暂时充满争议，模糊不清的领土上镌刻下财产权和公民身份的新规则。偶然的"流动性"很快就让位给了民族国家的支配力与"稳定性"。

阿德尔曼和阿隆对国家强制力的再强调是对后现代边境观念中不确定性的自由游戏的一次不可或缺的矫正。然而，在北美的欧洲竞争对手定居很久之后，边界区域仍旧是充满竞争和不确定性的地方。将我们的注意力放在那些冲突的区域上，美国历史就变得看上去不同以往。这个北美大陆上强大的内部帝国，其中间地带如今以军事前哨站和土著居民"预留地"为标志，有着它们复杂的合作关系与强制关系，变得看上去非常像南非或者南亚的其他帝国。正如研究欧洲、非洲和亚洲的"边境"区域的社会学家和人类学家现在强调的那样，即便是更加牢固维持着的20世纪民族国家边界也没有消除边缘处相遇的民族与社会关系的模糊性。墨美边境尽管有围墙与边界和运输安全部（Border and Transportation Security）的巡逻队,但它仍旧是深度互相渗透的区域:经济、文化、社会和人口。城市史家开始把城市描写成复合的边陲地形——它们的唐人街、日本街、小非洲、小波兰以及爱尔兰区全都是彼此碰撞着的、互通贸易的、互相激怒的、破坏着对方稳定性的以及互相重构的。在一些民族研究学者中,"边境"已经变成美国研究的核心术语,关涉着所有深刻运行在美国历史上的差异关系。这些学者认为,就其核心而言,美国是一个分裂的、不断变化的边境。

此处,就像在大流散研究中一样,概念上的过度延伸是有威胁的。阅读过往,以反思当代世界主义智识生活的幻象,这样的诱惑并不总是能够拒绝的。边境的文化商人和政治掮客曾经被侮辱为背信弃义的"小杂种",现在则作为跨文化的艺术家而现身,有着任意转换表演身份的能力。在催生一种融合美国的软性多元文化主义观念的诱惑中,文化经纪业的痛楚能够被轻而易举地抹去,从而使波卡洪塔斯(Pocahontas)[2]迪士尼化。规则与角色的流动性以及爆发性的暴力,都是边境的地方病,并且亲密地、难解难分地关联着。

然而,这种分析上的转变却是惊人的。将美国构想为一个不断移动的边界区域混合物,而非一个扩展着的同质空间,目光转向了民族相遇之地调和与妥协、暴力与占用以及文化杂交与交流的螺旋进程中。在边境,"此处"也同时不可避免的是"别处"。

对于那些仍旧对美国例外论叙事最感兴趣的人来说,我上文描述的转变可能离题太远。对于发明了现代例外论范式的那一代人来说,将规律与例外区分开来的根本议题并非是边境或者跨国移民的问题,而是冷战的问题:为什么相较于其他发达的工业国,马克思主义在美国政治中仅发挥着微不足道的作用?社会学家西摩·马丁·李普斯特(Seymour Martin Lipset)就是那代学者中硕果仅存的

---

[2] 电影《风中奇缘》的女主角,一位印第安公主。——译者注

一员，并且是最高产的和最有影响的那位。这是一个远远超过政治本身的政治问题。二十年前对此问题的大部分答案中，社会主义政党未能在美国建立起持续的制度根基乃是长期社会特征和国民价值结构的标志物。这一点对于比较阶级和意识形态关系中非常棘手的课题来说，是一条有力的捷径。据称，社会主义在美国的失败乃是因为不同于在其他地方，它与美国这个例外论国家的社会和意识形态特征相抵牾。社会主义的虚弱认可了美国历史的例外论基础；这种虚弱成了李普塞特那一代的"只在美国论"（only in America）的证据，而这种证据总是比论题本身要大得多。

应该说，这种方案的"只在美国"部分从来没有看上去那么坚实。即便在第二次世界大战后，政治重组使得社会主义和工党在整个欧洲掌权或者接近掌权，仍在美国之外存在着一些社会主义政党明显虚弱的国家：尤其是近在手边，却又不知为何总也想不起来的加拿大和墨西哥。随着工业国有化的观念在1980年代的法国咽下最后一口气，如今甚至从欧洲社会主义者的记忆中渐渐淡去，随着所有的政党都向国家管控型资本主义的不同方案靠拢，现在更加难以把社会民主党的存在当成是冷战时期那看上去清晰而永恒的标志物了。现在似乎比以往任何时候都清楚，阶级结构在政治上以多种多样的方式表明自身：在左派那边，或以四分五裂的、互相矛盾的激进政党的形式（就像在法兰西第三共和国那样），或以在制度上与集权化的劳工运动紧密相连的形式（正如今天的德国），或者以基础广泛的工农联盟的形式（就像在1930年代到1960年代的美国那样）；在右派那边，或以威权统治的政体形式（正如拉丁美洲的大部分国家），或以高级资本主义与流行的文化保守主义的便利联盟的形式（正如今天的英国和美国）。甚至社会主义政党也已经沿着不同的制度轴心发展，并且取得了截然不同的结果。这些难道都不意味着美国政治和其他国家没什么两样吗？然而，有关社会主义在美国缺席的争论并未涉及差异，而是有关于例外。它刚刚开始升温，普遍规律就开始瓦解了。

然而，这里更深层的现象可能更加重要。这指的是对前一代政治学家论点的削弱，即人们在分析上能够从政党组织的主张转移到潜在国家价值的主张。在对1945年后大量涌现的例外论政治读物中，人们可以谈论美国政治特征的表现，而几乎不对历史偶然性的力量或政治制度和国家能力的结构性影响表示肯定。这里同样，冷战的语境被深深地镌刻在这些假设上。在地缘政治学对峙的双方那里，意识、社会结构和政治经常被看成是铁板一块："他们的"国民性和"我们的"国民性。随着苏联体制的崩溃，美国政治意外地也开始变得更具偶然性、更不协调以及更难以预测。

如果说这些反例外论项目有着一个核心的口号，那么它应该是由具有历史视野的那代政治学家提出的"找回国家"（bring the state back in）的号召。西达·斯考切波（Theda Skocpol）这句名言的意思是强调行政体制、官僚职能和政党系统对于政治产出的强大干预作用，而后者过去被太过轻率地归给了深层的思想结构和社会组织。她的工作和她的学生们就重写美国社会福利政策史所做出的工作——将社会福利政策史并非当作抵制社会支出的静态历史，而是作为一系列开端与节点、格外慷慨的花销（对于教育、退伍老兵的津贴和最开始的需要赡养的母亲）以及路线上的急促转变，其混乱的动态特征远不能用国家共识予以解释，而是要靠美国公共机构的职能加以理解——已经改变了政策史领域。随着新型国家体制和准国家组织涌现出来并管理着全球经济，随着国家政策构成的规则与边界移出了它们习惯的舒适区，随着全球各地的政党结构因此都被打乱，在斯考切波的口号提出近20年后，其对美国政治的后例外论观念的意义更加清晰了。

从"国家价值"转入国家和政党组织问题的后果之一是，揭示出国家在美国的每一个关头都深深地参与了阶级关系和劳工政治的形成。1894 普尔曼大罢工（Pullman strike）到 1930 年代中期这段美国工会的形成时期就体现了国家的这种干预。当时联邦法官肆意颁布了反罢工的禁令，这样做的同时，使得美国劳工运动的奠基领袖们对后来被称为劳资关系中的"美国方式"的国家行为产生了强烈的不信任感。国家的参与在今天仍旧存在着，借由国家劳动关系委员会演变而来的法律规则构成了工会力量和会员资格的强有力决定因素。桑福德·雅各比（Sanford Jacoby）认为，20 世纪早期美国阶级关系的真正独特之处并非是工人阶级的意识形态，而是雇主对工人集体组织坚决而成功的抵制，这使得人们能够依靠另一条路线快速地找回国家——因为首要的是，正是通过他们进入了立法和司法机构中，美国雇主才能够将反工会做法坚持到底。当然，在 19 世纪末和 20 世纪初的任何地方，工人都是国家规训权力的接受者。问题在于，比较的基础已经变得更加具体和切实，其根源不在于对工人意识的全面概括，而在于国家和法律权力的组织和表达的精确问题。

"找回国家"也带回来了偶然性和时间性的问题。历史学家更多地关注转变中的历史性时刻和机遇，而不是将政治党派组织的问题归因于社会与思想的永恒（与例外）特征。一些史家将第一次世界大战特别指定为一个偶然性的时刻，在此时刻，美国社会主义运动的团结性在反对美国参战中付出了在政治机遇、合法性和资源上的沉重代价。另一些学者则指出了罗斯福新政联盟（New Deal coalition）的偶然性，该联盟不协调地将政治劳工主义嫁接在白人至上党派和南方农场利益集团的主干之上，其影响一直延续至今。还有一些人指出 1960 年代"伟大社会"联盟（Great Society）——除了名字，所有方面都是一场民主运动——在战争和种族冲突的特殊张力下解体的方式。

当然，基于永恒的、整体的、同质结构的国家价值假设的论点仍然存在。但可以肯定地说，赞同这种观点的史家越来越少了。"谁的想法和价值？更准确地来说，关于什么的想法和价值？"1992年，斯考切波本人在《保护大兵和母亲：美国社会政策的政治起源》中提出了这一关键问题。将多样性、偶然性和政治性重新纳入政党组织的研究中，使得美国历史学家与其他现代国家的历史学家保持步调一致，在这些国家中，战后曾喧嚣一时的国家价值类型学也同样地失去了影响力。随着民族国家行为自主性的减弱，随着跨国政策体制——"新自由主义"就是流行的一种——席卷一度极富特色的旧边界，国家的政治特征似乎不再那么牢固。在这些新的势力领域，"此处"和"别处"的政治相遇并且互相交织着。

这些历史编纂学的事件——例外论政治、例外论大熔炉、例外论边疆这些观念的消逝——都不应该被看成是对美国特殊性或者美国史特殊性的消解。所有的国家都极富差异性。他们的变化都格外复杂和广泛。但是，差异乃是自明治理；就其本身来说，它从不是问题所在。

而应该说，争论的关键在于孑然一身对抗整个世界的观念，它不受到世界大势的束缚，是历史本身的规律与必然性的例外。虽然这是许多国家民族主义修辞中的陈词老调，但却是一种充满着危险结果的自负。国族想象建构的例外论方式激进地简化了外部世界。这种方式没有仅仅把外部世界漫画化，并认定为均质的；比这更危险的是，它给外部世界打上了想象的国族自身的反向投射。因为外面的世界从来不是这样的，而是远比这复杂而且难以预料的东西，所以，例外论对世界的理解在国际领域内形成了一个靠不住的路线图；按照这张图，高速公路永远也到达不了预想的终点。例外论对世界的理解削弱了国际争辩和妥协的合法性；因为对于例外的国家来说，太容易接受被指责、误解和孤立的命运了，因为它们把这些视为对其特殊的历史命运和必然性所做的回应。这些模式中，仅仅在一个无限差异的世界中与众不同是不够的，甚至与其他国家竞争以成为最好的也是不够的。例外论的国家基于它与其他国家的不可通约性来理解自身。

在这种国家内部，例外论的歪曲也同样强大。例外论模式建构的"我们"创造了一个有关过去与现在的不真实的整体形象。它不能理解国家事实上有多么开放，跨越边界的程度有多么深，以及国家所包含的一系列社会空间有多么复杂。例外论方案掩饰了即便是最强大的国家也不能够在跨国进程中独善其身的事实——并非所有它们的东西都是它们自己造的。例外论方案冻结了时间，圈出了空间。它掩盖了国家在历史上的偶然特征。它将自身经历中受谴责的部分抛到了别处。

话说回来，这些例外论模式的文化力量和修辞力量还是显而易见的。在经历过冷战结束的低潮后，例外论修辞已经在"反恐战争"的激烈争吵中卷土重来，回到了美国政治中。从白宫到电话访谈节目，最杰出的声音再一次在公共生活中唱起了纯粹简单的例外论调子。美国之于其他所有国家的特殊使命再次被公开声明。新的"昭昭天命"业已宣告，被一些人披上了宗教的外衣，被另一些人认为是一种独一无二的超级霸权的责任（需要认真对待其帝国职责）。在竞选过程中，对所有严肃的候选人来说，尊重美国的例外论历史特许仍旧是强制性的。从表面上来看，大学里的思想潮流和政治修辞之间的差距从未如此之大。

在中小学这些产生国家意识的关键机构，例外论模式依然发挥着效力。世界史与美国史课程之间的明线依然牢固地刻在学校（和高校）的课程安排中，这两门课教科书的出版方抵制着任何合并的可能。学校中分配给世界史教学的依然是新的、缺乏经验的师资份额；更多有资历的老师去教美国史。大学里的历史系中，十年前那种对跨国史转向的普遍怀疑反应大部分已经消散，而在中小学校中，"历史学战争"的新时期才刚刚开启。

然而，逆流同样汹涌，它反映了当下的时刻是多么的不安。新的全球经济体系——其思想影响给所有的后例外论美国史项目留下了难以磨灭的痕迹——现已切入了所有美国人的生活。它体现在他们的购物篮、职业选择和裁员单上。"别处"从未如此接近，利用任何单一国家的经济管理者能够利用的工具维持经济繁荣的事业也比以往更加令人气馁。在学校里，新的移民人口渴望着以一种混淆世界与国家间的旧边界的方式讲述的、更大范围的历史叙述。

在公共生活中，例外论的张力也与其他东西纠缠在一起，它们的确定性取决于更深层次的怀疑。对于大部分伊拉克战争的支持者来说，这场冲突是为了对抗一个充满敌意的世界。这已成为布什政府公开的象征性语言，通过他的"农场总统"（president-as-ranch）之手予以表现：顽固的、狭隘的、道德上不复杂的"美国人"。另外，对于大部分反恐战争的核心设计师来说，"此处"和"别处"更加不可避免地混杂在一起。对于国防部最杰出的平民知识分子来说，中东被想象得和俄亥俄州或得克萨斯州一样熟悉。他们认为，摆脱了独裁政权和失败的国家结构的不利影响后，该地区将随着开放市场、友好政府之弧以及非常接近于美国式民主的东西而变得繁荣。这种对世界地缘政治意义上的大规模可塑性的感觉与总统的美国第一直觉相抵牾，同时也与政府军人转变为首席外交官的国际主义谨慎相抵牾。其结果并非是例外论信心的简单复兴，而是嘈杂声、混乱和（表面之下的）深深焦虑。因为如果当前例外论修辞的政治复兴有着某种单一的基础，那便是美国人新的、史无前例的脆弱感：意识到国家的边界最终是不可密封的，意识到大洋不再确保他们的安全，而它仅仅是一个处于危险世界中的国家，就像其他所有国家一样。

国家意识不一定要建立在例外论叙事在"我们"与"他者"之间划下的卡通式界线上。伴随着一种会不断延伸到接近现实的地图上的差异和相关之感,民族感与对世界错综复杂的认识将并不相矛盾。对地方与国家的爱能够从亲戚和邻里的关系网、对城市和景观的喜爱、对公民和公共生活的参与、对共同理想和诺言的同舟共济上发展起来。例外论叙事改变了这些能量的方向,将想象力向外转移到了"他者"的世界。它们塑造了一种将视线从自己的对象上移开的国家意识。怪不得美国就像其他地方一样,那里的例外论叙事会在艰苦焦虑的时候散布开来。

论文

国家形成、国家想象与国家实践
——国家人类学研究的理论变迁

黄锦辉[*]

摘要：区别于理性选择与历史制度主义视角，一种关注文化的国家人类学视角在人类学内部兴起，进而被引进政治学的思考中。文章系统地梳理了国家人类学融贯国家形成、国家想象与国家实践三个主题的理论谱系，并在此梳理基础上考察了国家人类学的类型学建构。通过综述性的反思，文章有三个主要发现：一是人类学对于国家研究的周期性关注与其研究范式变迁密不可分；二是国家人类学的类型学可以基于是否运用民族志方法和是否运用阐释分析法两个维度进行划分；三是格尔茨所引领的诠释主义民族志对于主流国家研究的反思十分关键。这种视角通过关注国家的文化建构和微观基础，为我们展现了国家的本质，提供了一种独特的政治学理论建构和比较政治思考的路径。

关键词：国家人类学　国家形成　国家想象　国家实践

---

[*] 黄锦辉，中国人民大学国际关系学院硕士研究生。

一、导言

作为人类学和政治学交叉子学科的政治人类学,对众多政治事件和现象做出独有的阐释:社会冲突的来源、复杂社会对原始社会的影响、人类学概念与方法对现代复杂社会的应用等。[1] 同时,这些阐释在不同的政治人类学范式下有不一样的展现。比如,结构功能主义从宏观与静态分析描述了前工业社会,而后现代的诠释主义更关注社会关系形成的文化和符号。可以说,人类学在调查技术和理论视角上拓展了政治分析的范畴和深度。

然而,人类学理论谱系中流行的文化主义视角却长期在政治学内部的国家研究中处于边缘地位[2]。当前的国家研究为一种更强调结构的制度主义视角所主导,学者们致力于解决现代国家起源或者国家的兴衰这样的宏大问题。[3] 尽管中观层次的历史制度主义视角强调了行动者与结构的互动过程,它依然掩盖了国家权威形成与衰退的情境变量,以个体利益和偏好作为互动背景忽视了国家嵌入社会的广阔文化背景。换言之,这种流行的制度主义视角丰富了国家行为的多样性,但仍然倾向于将国家视作一个与其他社会力量隔离开的政治实体。

相比政治学,人类学内部以文化主义视角对于国家现象做出更细致的观察和更丰富的成果。这种视角倾向于将国家看作一个权力运行的过程和效应,而非一个稳定不变的自主性政治实体。从20世纪60年代开始,人类学兴起了从"无国家的人类学"到"国家

---

[1] David Easton, "Political Anthropology", *Biennial Review of Anthropology*, 1 (1959), pp. 210-262.

[2] [美] 乔尔·S. 米格代尔:《社会中的国家:国家与社会如何相互改变与相互构成》,李杨、郭一聪译,江苏人民出版社2013年版,第240-245页。

[3] Hendrik Spruyt, "The Origins, Development, and Possible Decline of the Modern State", *Annual Review of Political Sicence*, 5 (2002), pp. 127-149.

中（的）人类学"的视角转变。人类学者开始将经典人类学对"孤岛式社区"的研究与更大的政治-经济体系的影响结合起来，并慢慢发展出一些关注国家及其制度的理论，国家人类学的研究由此兴起[4]。正如科尔茨所言，除了过程模式倾向于仅将国家看作微观现象的容器之外，其他的政治人类学范式都对国家本身的研究不断做出新贡献[5]。同时，部分政治学者也以不同视角将国家人类学引入国家研究中：一方面，米格代尔等学者倡导一种突破"国家中心论"与"社会中心论"这两种国家研究基础视角的路径，即以"有限国家"为逻辑起点的"社会中的国家"思路[6]，力图推进制度主义视角与文化主义视角的融合；另一方面，斯科特深度参与了国家人类学议题的相关研究并对区域研究做出反思。

迄今为止，对于国家人类学这个方兴未艾的子领域仍然没有一个明确的定义。本文试图对国家人类学的理论兴起和发展构建一个相对完整的理论谱系，并在文章最后讨论国家人类学的类型学。文章认为，国家人类学经历了国家形成、国家想象和国家实践三个阶段性思考。在第二到四部分中，我会依次综述国家人类学的阶段性研究，并在第五部分做出总结，思考何种国家人类学视角更有解释力。

二、兴起：国家人类学与国家形成

早期国家人类学研究的兴起与结构功能主义和政治演化范式相关联。经典人类学者通过探讨前资本主义、前工业和非西方国家的

---

[4] Thomassen Bjorn, "What Kind of Political Anthropology?", *International Political Anthropology*, 1 (2008), pp. 263-274.

[5] Donald V. Kurtz, *Political Anthropology: Paradigms and Power*, Westview Press, 2001, pp. 169-170.

[6] [美] 乔尔·S. 米格代尔：《社会中的国家：国家与社会如何相互改变与相互构成》，李杨、郭一聪译，江苏人民出版社2013年版，第3-39页。

政治现象，对于三方面的主题做出贡献：国家的起源、国家的类型与国家组织形成和发展的动力学[7]。

(一) 国家的起源

基于对未开化社会的关注以及考古人类学的研究，人类学者对于国家的起源得以做出重要贡献。奠基性的研究是摩尔根的《古代社会》。他将人类社会区分为蒙昧状态、野蛮状态与文明状态，相应将政治形态划分为以人身关系为基础的氏族社会与以地域和财产为基础的政治社会。国家起源于从氏族社会到政治社会的过渡，这个过程是城市的扩大引起行政权力的分化、阶级分化的过程[8]。

在摩尔根的基础上，学者们主要从自愿论、强制论、综合论和政治论四个路径讨论了国家的起源：一是自愿论的学者认为人们基于对更好生活的需求创立国家，比如魏特夫的"灌溉产生国家"理论。魏特夫认为东方专制主义的国家形态起源于干旱或半干旱地区，治水对于大型灌溉设施的需求促成了对大型组织（国家）的需求[9]。二是强制论认为国家起源于一个政体对其他政体的征服[10]。三是综合论给出了关于国家起源的多因解释。一方面，有学者认为国家是对某些具体的文化、地理和生态条件的可预测的回应，比如所处空间有限的地形、人口密度大都会成为国家起源的优良条件，而这些条件又通过推动战争的需求和形态促成国家诞生[11]；另一方面，恩格斯认为阶级关系与国家的辩证互动解释了

---

[7] Donald V. Kurtz, *Political Anthropology: Paradigms and Power*, Westview Press, 2001, pp. 169–170.

[8] 王铭铭主编：《西方人类学名著提要》，江西人民出版社2004年版，第31页。

[9] See Karl Wittfogel, *Oriental Despotism: A Comparative Study of Total Power*, New Haven and London: Yale University Press, 1957.

[10] Cohen Y. A., "Ends and Means in Political Control: State Organization and the Punishment of Adultery, Incest, and Violation of Celibacy", *American Anthropologist*, 71 (1969), pp. 658–687.

[11] Carneiro Robert L., "A Theory of the Origin of the State", *Science*, 3447 (1970), pp. 733–738.

国家起源[12]。四是较新的研究强调政治因素。基于民族志的考察，学者从文化互动实践的关系分析国家起源与政治集权的关联[13]。

(二) 国家的类型

在国家起源之外，人类学者还探讨了在最早期国家和现代国家之间的诸种次级国家形态。早期人类学者通过对非洲国家的考察，对国家和无国家社会进行二元划分。[14] 有国家社会的特征是拥有中央权威、行政机器和司法制度，并伴随着对应的分层社会体系；无国家社会则缺乏有权威的政府和财富分层。这个类型划分对应了基础的历史阶段划分，即原始和文明阶段。作为一个特定的整合工具的国家的出现将文明社会和由亲缘组织的原始社会区分开来。[15]

然而，这种简单的二元划分忽视了国家类型谱系连续体中的众多国家类型。更深入的研究从政治演化的视角对原始国家和次级国家做出区分。学者指出国家的原始功能在于从内部和外部对于一个特定分层秩序的维持。国家必须通过物质的和意识形态工具维持秩序，而次级国家在这方面延展更深。[16] 此外，一个对非洲王国的比较研究展现了更加丰富的类型学，描述了专制王国、王室王国、大一统王国等五种王国形态。[17] 基于前人的研究，科恩化繁为简，试图重新从政治分析角度结合政治演化的形态抽象出两个国家类型——大一统国家（incorporative state）与被征服国家（exploited

---

[12] See Friedrich Engels and Tristram Hunt, *The Origin of the Family, Private Property, and the State*, New York: Penguin Classics, 2010.

[13] Roscoe, Paul B., "Politics and Political Centralization: A New Approach to Political Evolution", *Current Anthropology*, 34 (1993), pp. 111–140.

[14] See Fortes, Meyer, and E. E. Evans-Pritchard, eds., *African Political Systems*, London: Oxford University Press, 2006.

[15] Elman R. Service, *A Century of Controversy: Ethnological Issues from 1860 to 1960*, Orlando: Academic Press, 1962, p. 365.

[16] See Morton H. Fried, *The Evolution of Political Society: An Essay in Political Anthropology*, New York: Random House, 1967.

[17] J. Vansina, "A Comparison of African Kingdoms", *Africa: Journal of the International African Institute*, 32 (1962), pp. 324–335.

state)。

随后，一个集大成的国家类型学从早期国家的发展角度展现了国家形态的丰富性和历史性。学者指出，从非国家到国家的转型不是机械式的，而是一个非常漫长的历史过程。在这个过程中间会呈现很多种国家形态。国家形态的界定主要根据以下七个因素：人口数量和分层、基于领土的公民身份、主权与集权政府、独立的军队、生产力的发展水平、社会分层、统治者的普遍合法性。[18]

(三) 国家组织的动力学

国家形成的动力学是国家人类学路径中最具综合性的议题，旨在结合上述两个主题的研究，关注不同类型的次级国家如何演化为更高级国家类型，比如集权国家的不同国家形成路径。学者们做出了系统梳理，强调贸易、技术创新、意识形态、战争、世系与婚姻、生态等因素对于国家演化的影响[19]。同时，各个影响因素的作用形式不一样。其中，战争是最为重要的一个直接影响因素，国家建立依赖于强制、暴力和威胁。然而，战争主要是影响国家建设，而国家形成则是一个更漫长的历史过程。在这个历史过程中，官方意识形态的形成及其与其他对抗性意识形态的张力和冲突更是影响国家形成的关键。这个冲突的方面往往是讨论现代国家形成的文献中容易忽视的部分，也是人类学研究重点补充的方面。

以上还是基于宏观层面的分析，有着深厚的结构功能主义意涵。利奇对静态的结构功能主义的国家分析提出了批判，认为应该考察动态的过程。"人口的、生态的、经济的和外部的政治情境不能建立一个固定的环境，而是建立了一个不断变动的环境。"[20] 基

---

[18] Henri J. M. Claessen and Peter Skalník, eds., *The Early State*, Mouton Publishersr, 1978, p. 235.

[19] See Henri J. M. Claessen and Peter Skalník, eds., *The Study of the State*, New York: Mouton, Walter de Gruyter, 1981.

[20] [英] 利奇：《缅甸高地诸政治体系——对克钦社会结构的一项研究》，杨春宇、周歆红译，商务印书馆2010年版，第19页。

于动态视角,科恩从国家对社会大众行为的规制实践入手探讨了大一统国家的形成。大一统国家形成于一个大一统的民族,这个民族的文化发展水平是高度相似的,统治者和被统治者的符号距离非常小。实际上,一体化进程概括了国家形成的关键方面,这需要不断拓展国家垂直整合的深度,并尽可能破坏地方性的组织和实践,因为这些实践会成为抵抗国家权力的基础。每当国家的权力延伸到新的民族,艰巨的一体化进程就需要开启。

对于国家形成的议题,我们已经看到视角变迁的痕迹。一方面,部分学者开始提出需要通过更加深度的民族志考察去破除国家形成研究对于考古学研究和历史记录等材料的依赖,将非物质环境和物质环境一并纳入社会过程分析,展现前人研究中被忽视的非物质的因素,比如文化实践的作用;另一方面,国家形成乃是一个动态过程,结构主义的缺陷在这个议题上非常明显。研究国家形成既不能简单通过对当今世界中未开化社会的民族志进行推论,也不能只通过历史记录探讨前工业社会的结构,二者实际上都抛弃了国家的历史性。

斯科特以诠释视角去解读历史记录,对观察国家形成提出了新发现。如何在历史社会学对于国家形成的宏观研究基础上建构更加微观的国家形成过程分析呢?在《逃避统治的艺术》一书中,斯科特关注了山地社会和谷地国家之间的互动过程,突破了将二者看作政治演化两端抑或相互割裂的两个社会类型的视角的桎梏。他指出,正是谷地国家建构了山地社会人群的社会组织、生活方式以及文化形态。"大多数采集者和游牧民,可能还包括游耕民,不是原始人的遗留,而是在国家的阴影中所产生的适应的产物"。[21] 基于这个相对关系的视角,斯科特对所谓的"原始社会"和早期国家做

---

[21] [美]詹姆斯·斯科特:《逃避统治的艺术》,王晓毅译,生活·读书·新知三联书店2019年版,第417页。

出了区别于结构功能主义和政治演化范式的建构主义分析。在最新的研究中，斯科特深化了这个视角。他指出了历史上最早的国家的脆弱性，国家与其深刻依赖的野蛮（或无国家）社会相互塑造和建构[22]，这展现了一个更加生动丰富的国家形成过程。

三、转向：国家人类学与国家想象

对国家形成的研究为国家人类学这座理论大厦搭建了基本架构，而对国家想象与文化的讨论则让这个理论视角发生了大转向，并一度让政治人类学陷入危险之中。伴随着20世纪80年代末人类学的"政治化"[23]与政治学基于对"将国家带回来"的反思后的"文化转向"[24]，国家人类学研究在理论和概念上有了新发展，开始回应国家的历史性和现代国家的议题[25]。

对国家文化讨论的较早国家人类学成果来自于格尔茨。他提供了一种后现代范式的阐释学路径去解读文化现象，在方法论上更新了人类学视角。其中，"文化阐释"和"地方性知识"这两个概念十分关键。格尔茨认为，文化是符号体系，文化分析是一种探索意义的阐释学科学，重在阐释行为或符号的意义。理清文化形态的意义来源需要一种行为者自身的内部视角，而这种视角是基于诠释主义的民族志的。通过个体经验的民族志研究，我们可以去构造人们的想象，阐释日常生活经验背后的意义，以及意义体系背后的社会结构基础。民族志不仅仅充当搜集原始数据的技术手段，它的成功

---

〔22〕 Hendrik Spruyt, "The Origins, Development, and Possible Decline of the Modern State", *Annual Review of Political Sicence*, 5 (2002), pp. 127–149.

〔23〕 See Tatjana Thelen, Larissa Vetters and Keebet von Benda-Beckmann, eds., *Stategraphy: Toward a Relational Anthropology of the State*, New York: Berghahn Books, 2018.

〔24〕 See George Steinmetz ed., *State Culture: State-Formation after the Cultural Turn*, Ithaca, NY: Cornell University Press, 1999.

〔25〕 王铭铭：《关于国家的人类学》，载《中国农业大学学报（社会科学版）》2007年第1期。

与否不取决于能否捕捉原始事实,而是取决于作者能否说清在哪些地方发生了深描,能否减少读者对于具体人群做出的特殊行为所产生的困惑。[26] 由此,想要真正地对于"事实"做出有利于理解世界的阐释,需要致力于探求一种"地方性知识",即从本地人的视角出发思考生产的知识——一种专喜于细微差别的鉴赏家与热衷于比较的注释学家这两种取向间的混合体。[27]

基于上述对文化分析的方法论思考,格尔茨提出了"剧场国家"的论点,国家想象是如何与权力交相辉映呢?他通过对印尼政治的考察阐释了"剧场国家"的概念。印尼是一个"由传统城市、城市所孕育的高等文化及集中在城市里的超凡政治权威体系组成的世界"[28]。以往关于国家的现代概念无法很好地概括这样一种国家的类型——既非东方专制主义,也非西方封建主义。一方面,文化来自于呈下降趋势的顶端和呈外向趋势的中心;另一方面,权力生成于呈上升趋势的底部和呈内向趋势的边缘。

在剧场国家中,社会不平等与地位炫耀才是国家最核心的内容。文化成了国家的中心和本质,格尔茨展现了一个文化构成的国家。印尼当地人普遍认为,王室-首都都无非是超自然秩序的一个微缩宇宙和政治秩序的物化载体。国家中心通过一种秩序的文化对于边缘地带施加影响力。即便身处边缘,人们仍然会寻求某种政治秩序的意义,模仿首都的政治秩序和社会等级。在剧场国家中,政治纽带是文化性和象征性的,而非社会性和结构性的。

格尔茨展现了一个"文化的国家",而当时更主流的学者对于国家想象的讨论却沦为了"国家的文化"。一方面,国家人类学研

---

[26] 参见[美]克利福德·格尔茨:《文化的解释》,韩莉译,译林出版社1999年版。
[27] 参见[美]克利福德·格尔茨:《地方性知识:阐释人类学论文集》,王海龙、张家宣译,中央编译出版社2000年版。
[28] 参见[美]克利福德·格尔茨:《尼加拉:十九世纪巴厘剧场国家》,赵丙祥译,上海人民出版社1999年版。

究从文化的视角出发,反思全球化时代对于国家认同、身份、文化等方面的挑战[29];另一方面,一部分学者保持了人类学对于国家边缘地带现象的关注,聚焦国家边缘统治者与被统治者之间的实践与互动[30]。学者们结合了全球化和跨国主义对于国家主权的挑战,转向研究公民身份、民族主义、移民、种族等议题,人类学的领域与人们的日常生活领域都大大地政治化了。这个新兴人类学的路径受到了诸多来自于学科外部的知识传统影响,核心传统有两个:一个是后结构主义权力分析的福柯理论,另一个是后殖民主义政治表征的萨义德理论。[31] 文化的政治化不可避免动摇了人类学在分析文化差异时运用的语言。政治学者们致力于从马克思主义和后马克思主义的意义上去研究国家对于文化的影响,以及"观念"对于国家的影响,分析术语包括了政治文化、意识形态和符号。然而,与传统的人类学研究对象不一样,这些政治学的国家与文化关系分析追随西方研究民族国家的传统,以西方国家早期现代形成阶段和西方化的非西方现代化国家为研究对象。[32]

区别于主流讨论对于格尔茨的选择性忽视,斯科特综合地对"剧场国家"和"意识形态霸权"两个理论进行了批判,并拓展了"文化的国家"。在对东南亚农民社区的民族志考察的基础上[33],他很好地分析了剧场之中和剧场之外的权力现象,指出意识形态霸

---

[29] 例如 Jonathan Spencer, *Anthropology, Politics, and the State: Democracy and Violence in South Asia*, New York: Cambridge University Press, 2007. Aradhana Sharma and Akhil Gupta, eds., *The Anthropology of the State: A Reader*, Oxford: Blackwell Pub, 2006.

[30] See Veena Das and Deborah Poole, eds., *Anthropology in the Margins of the State*, London: Oxford University Press, 2004.

[31] Jonathan Spencer, *Anthropology, Politics, and the State: Democracy and Violence in South Asia*, New York: Cambridge University Press, 2007, pp. 5-6.

[32] George Steinmetz ed., *State Culture: State-Formation after the Cultural Turn*, Ithaca, NY: Cornell University Press, 1999, p. 12.

[33] See James C. Scott, *Weapons of the Weak: Everyday Forms of Peasant Resistance*, New Haven and London: Yale University Press, 1985; James C. Scott, *Domination and the Arts of Resistance: Hidden Transcripts*, New Haven and London: Yale University Press, 1990.

权的确体现了国家表面的强大形象以及一个稳定的秩序。然而，剧场国家分析忽视了被统治者并不只是简单的观众这一点，他们也是演员。对国家符号和剧场展示的权力景象的服从行为与他们内心真实的对国家权威的看法是有距离的。斯科特的这个批判丰富了国家想象的分析，并显示了上述国家人类学路径对于国家观念的过度关注难以抓住国家权力日常运行的现实的问题，而这是国家人类学新综合重点复兴的内容。

四、新综合：国家人类学与国家实践

随着学者们对于过度强调国家想象的反思，国家人类学将国家实践放在中心位置，兴起了基于实践和观念两个层次[34]的新国家人类学分析。汉森在较早的研究中指出研究现代国家的想象离不开对现代国家的实践的分析，在文化转向的思潮后重新将国家实践放到中心。国家人类学研究需要给现代国家的观念如何普遍化以及现代形式的治理如何渗透到世界各个角落一个历史解释，这个解释探讨的是葛兰西意义上的意识形态霸权和福柯意义上的治理术之间的空间中发生的张力和矛盾。这个张力既要展现国家建构文化的努力，也要展现人们的日常抗争与文化。[35]

对于国家实践与国家观念的互动分析产生了众多概念，其中米格代尔是政治学者中贡献比较突出的。他对一个过程导向的国家进行界定，在特定场域中研究国家实践和观念。"国家是一个权力的场域，其标志是使用暴力和威胁使用暴力，并为以下两个方面所形塑：一个领土内具有凝聚力和控制力的、代表生活于领土之上的民

---

[34] [美] 乔尔·S. 米格代尔：《社会中的国家：国家与社会如何相互改变与相互构成》，李杨、郭一聪译，江苏人民出版社2004年版，第3-39页。

[35] See Thomas Blom Hansen and Finn Stepputat, eds., *States of Imagination: Ethnographic Explorations of the Postcolonial State*, North Carolina: Duke University Press, 2001.

众的组织的观念；国家各个组成部分的实际实践。"[36] 米格代尔的核心分析概念是边界和归属感。一方面，正是国家的权力实践以及民众对于治理术的回应不断重构着国家和人们之间的社会边界，米格代尔将这些实践称为社会边界的检查点（checkpoints）；另一方面，人们的归属感构成了边界的虚拟检查点，个体的多重身份决定了人们在具体选择时不得不面临多重归属感的冲突，而国家的实践正是促成了国家的形象和观念的形成。[37]

最新研究进一步强化了对于国家实践和国家观念的互动模式分析。学者们提出基于关系模式、边界运转和嵌入关系网络的行动者等分析概念展开新的国家人类学研究，试图弥补国家实践和国家观念之间的裂痕。他们以福利制度这个国家实践为切入点去研究处于社会关系网络中的人民与国家的基层工作人员如何在不同情境下做出各式各样的选择和行为。国家人员和人民产生的关联节点和互动形成了一幅国家的行动地图，而国家人类学正是要提供一个超越民族志的国家志（stategrapy）。

简言之，基于国家实践的国家人类学研究将文化与制度重新关联起来，以一种制度文化的思路将官僚制的日常实践与国家想象的塑造有机结合起来。

五、结语：何种国家人类学？

基于上述梳理，我们可以看到国家人类学经历了从关注结构的国家形成，到关注文化的国家想象，再到关注制度文化的国家实践的转变。最新的国家人类学面向将国家权威的形成、运作与衰减看

---

[36] [美] 乔尔·S. 米格代尔：《社会中的国家：国家与社会如何相互改变与相互构成》，李杨、郭一聪译，江苏人民出版社 2004 年版，第 16 页。

[37] See Joel S. Migdal ed., *Boundaries and Belonging: States and Societies in the Struggle to Shape Identities and Local Practices*, New York: Cambridge University Press, 2004.

作是国家代理人与人民接触的每一个交汇点上发生的互动实践所反馈出来的国家志。

国家人类学是一个受到不同学科知识影响的交叉研究领域，它也曾在人类学的政治学化之中变得黯淡。然而，国家人类学从本原上是兴起于人类学内部的，它的不同研究类型也理应根据人类学的理论视角而界定。通过上述的文献梳理，本文认为是否运用民族志和是否运用诠释法这两个维度可以一定程度概括国家人类学的研究类型。一方面，当我们讨论人类学资料收集的方法时，我们通常会指向历史记录和民族志田野研究这两种主要途径；另一方面，当我们讨论如何对选取材料的分析方法上，则主要有基于行动者内部视角的诠释法和行动者外部的非诠释法。由此，这个类型学建构了四种国家人类学的具体类型。

表1 国家人类学类型学建构

材料搜集/材料分析	诠释法	非诠释法
民族志	诠释主义民族志	田野数据搜集
非民族志	诠释主义历史志	考古学

第一种是诠释主义民族志。这种类型的国家人类学研究是格尔茨所倡导的。通过一手的民族志考察以及与本地人建立联系，学者得以观察到行动者行为背后的意义。第二种是诠释主义历史志。区别于历史社会学对于历史和结构的关注，诠释主义历史志以诠释视角解读历史材料，试图还原历史行动者的真实意图。第三种是作为田野数据搜集方式的民族志。比如，结构功能主义者通过搜集不同非洲社会的田野数据，建立了非洲国家的类型学。这里的民族志并未运用阐释的方法，而是聚焦于结构与功能的联系。第四种是既非诠释也非民族志的人类学研究，典型代表是考古学研究。

那么，何种国家人类学类型更有解释力呢？实际上，如类型学建构所显示的理论轮廓，这个问题的答案取决于分析层次和议题。当我们想要讨论一些更为宏观的议题时，基于非诠释法的国家人类学更能通过比较分析产生理论成果；当我们想要讨论一些涉及文化的微观议题时，诠释主义民族志无疑最能提供深度考察。此外，格尔茨所引领的诠释主义民族志对于拓展政治分析的深度和诠释微观的政治现象尤其关键。诠释主义的人类学强调社会事实的建构性，并关注内嵌于特定权力关系的社会知识。这个理论视角从多个方面丰富了政治权力的分析：展现政治行动者的日常经历和行为轨迹、分析重要事件及其所处的"剧场"、弥补官方文本与日常经验的裂痕等[38]。结合斯科特的相关研究，正是这种诠释主义的民族志最能重构政治学中基于制度和结构的国家研究。诠释主义民族志从更微观和深度的考察去展现哪些现象体现了国家的本质，比较何种理论对一般性的国家效应更具解释力。这也是国家人类学对于国家研究的意义——告诉我们社会建构的"国家"是如何从微观上构成的。

---

[38] Wedeen Lisa, "Reflections on Ethnographic Work in Political Science", *Annual Review of Political Sicence*, 13 (2010), pp. 37-47.

图书在版编目（CIP）数据

政治与法律评论.第 11 辑,帝国与地缘政治/孔元主编
北京：当代世界出版社，2021.5
ISBN 978-7-5090-1551-3

Ⅰ.①政… Ⅱ.①孔… Ⅲ.①法学－政治学－研究
Ⅳ.①D90-05

中国版本图书馆 CIP 数据核字(2021)第 071611 号

书　　名：	政治与法律评论.第 11 辑,帝国与地缘政治
出版发行：	当代世界出版社
地　　址：	北京市东城区地安门东大街 70-9 号
网　　址：	http://www.worldpress.org.cn
邮　　箱：	ddsjchubanshe@163.com
编务电话：	(010) 83907528
发行电话：	(010) 83908410
经　　销：	新华书店
印　　刷：	北京中科印刷有限公司
开　　本：	710 毫米×1000 毫米　　1/16
印　　张：	20
字　　数：	240 千字
版　　次：	2021 年 5 月第 1 版
印　　次：	2021 年 5 月第 1 次
书　　号：	978-7-5090-1551-3
定　　价：	79.00 元

如发现印装质量问题，请与承印厂联系调换。
版权所有，翻印必究；未经许可，不得转载！

POLITICS
AND LAW REVIEW